高等职业教育"互联网+"新形态教材

统计学原理与实务

朱 艳 李 明 张明齐 主 编
代 婷 李恒旺 杨厚玲 尤凤英 副主编

微信扫描
获取课件等资源

 南京大学出版社

内 容 简 介

本书是高职高专院校规划教材,主要阐述了统计学的基本理论与方法,旨在培养学生的实际应用能力。本书框架体系按照统计工作的实际顺序展开,共分为 9 个项目,内容包括:认识统计、统计调查、统计整理技术、总量指标和相对指标分析、数据分布特征的描述、时间数列分析、统计指数、统计推断、分析现象的相关性和线性。项目开始有项目说明、知识目标和能力目标,并由任务导入引出每个项目下的统计任务,应用性项目每项目最后均结合具体实例介绍了利用 Excel 来实现该项目统计任务的有关的计算和图表制作,书中插入了大量的例题,每个项目均配有适量的练习题,具有很强的针对性、应用性和实践性。

本书既可以作为高职高专院校财经与管理类各相关专业的统计学教材,也可用作在职人员的职业培训教材和参考读物。

图书在版编目(CIP)数据

统计学原理与实务 / 朱艳,李明,张明齐主编.--
南京 :南京大学出版社,2019.5(2022.1 重印)
 ISBN 978-7-305-21879-8

Ⅰ.①统… Ⅱ.①朱… ②李… ③张… Ⅲ.①统计学－高等职业教育－教材 Ⅳ.①C8

中国版本图书馆 CIP 数据核字(2019)第 062810 号

出版发行	南京大学出版社
社　　址	南京市汉口路 22 号　　邮编　210093
出 版 人	金鑫荣
书　　名	统计学原理与实务
主　编	朱 艳　李 明　张明齐
策划编辑	胡伟卷
责任编辑	胡伟卷　蔡文彬　　编辑热线　010-88252319
印　　刷	南京人民印刷厂有限责任公司
开　　本	787×1092　1/16　印张　14.75　字数　368 千
版　　次	2019 年 5 月第 1 版　2022 年 1 月第 3 次印刷
ISBN	978-7-305-21879-8
定　　价	46.50 元
网　　址	http://www.njupco.com
官方微博	http://weibo.com/ njupco.
微信服务号:	njuyuexue
销售咨询热线:(025) 83594756

* 版权所有,侵权必究

* 凡购买南大版图书,如有印装质量问题,请与所购图书销售部门联系调换

统计学是一门关于获取统计信息、显示、描述和分析研究数据,为决策提供科学依据的方法论学科。随着我国市场经济体系的发展和完善,以及大数据时代的到来,统计手段和统计信息在社会生活中的地位日益重要。统计的基本理论和方法已成为从事社会、经济、管理和科学研究等人才必须具备的基础知识。只有具备了统计素质,才能及时获取所需信息,为科学决策提供依据。统计学是高职院校财经与管理类各专业的核心课与必修课。

本书按照高职高专教育的培养目标和高职院校财经管理类专业的教学需要而编写,并融合了统计理论的最新研究成果和编者多年的教学经验。本书框架体系按照统计工作的实际顺序——统计设计与调查、统计整理、统计分析的过程展开,以项目化教学为依托,全书共分9个项目,重点讲述统计学的原理及方法,主要内容包括:认识统计、统计调查、统计整理技术、总量指标和相对指标分析、数据分布特征的描述、时间数列分析、统计指数、统计推断、分析现象的相关性与线性。

本书内容上强调理论与实践的紧密结合,各项目开始设有项目说明、知识目标和能力目标,并以任务导入为案例引出每个项目下的统计任务,展开统计学知识的学习,使读者不仅在学习中能抓准知识重点,掌握基本知识,还能通过取材于实际生活中的案例和统计任务,增加课程学习的趣味性和吸引力,给人以"统计就在我们身边"的亲切感。结合所讲述的内容,书中插入了大量的例题,并配有相应练习题和实训题;在确保理论体系完整的情况下,充分展示统计方法的实用性本质,在应用性章节的最后一节均结合具体实例介绍了利用Excel来实现该章有关的计算和图表制作,增强学生对现实问题进行数据处理的能力,体现了高职院校注重学与做相结合的教学特点,有利于提高学生的实际统计技能,适应高职高专教学改革的发展趋势。

本书由济南职业学院朱艳、李明,天津海运职业学院张明齐任主编,济南职业学院代婷、李恒旺、杨厚玲、尤凤英任副主编。全书由朱艳、张明齐负责起草大纲、修改、统稿和定稿。编写人员分工如下:项目一、项目九由张明齐编写;项目二由杨厚玲编写;项目三由李明编写;项目四、项目五由代婷编写;项目六由朱艳、李恒旺编写;项目七、项目八及附录由朱艳编写;尤凤英审核了利用Excel来实现各项目有关的计算和图表制作。

在本书的编写过程中,编者参考并吸收了许多统计学教材和统计学研究成果的精华,在此向这些作者表示诚挚的感谢!同时,南京大学出版社为本书出版做了大量的工作,一并深表谢意。

由于作者水平有限,书中如有错误与疏漏之处,敬请广大读者批评指正。

编 者
2019年4月

目 录

项目一　认识统计 / 1

　　任务一　什么是统计 / 2
　　任务二　认识统计的工作过程与研究
　　　　　　方法 / 7
　　任务三　认识统计工作的基本概念 / 9
　　复习思考题 / 13

项目二　统计调查 / 16

　　任务一　统计调查的意义和种类 / 17
　　任务二　统计调查的方法及调查
　　　　　　方案的设计 / 19
　　任务三　统计调查的组织方式 / 23
　　任务四　调查问卷的设计 / 29
　　复习思考题 / 32

项目三　统计整理技术 / 36

　　任务一　统计整理的意义和程序 / 37
　　任务二　统计分组 / 38
　　任务三　分配数列 / 44
　　任务四　统计数据的显示 / 50
　　任务五　Excel 在统计整理中的应用 / 55
　　复习思考题 / 62

项目四　总量指标和相对指标分析 / 66

　　任务一　总量指标 / 67
　　任务二　相对指标 / 72
　　任务三　Excel 在总量指标和相对
　　　　　　指标中的应用 / 82
　　复习思考题 / 83

项目五　数据分布特征的描述 / 87

　　任务一　平均指标 / 89

　　任务二　标志变异指标 / 102
　　任务三　Excel 在平均指标中的
　　　　　　应用 / 109
　　复习思考题 / 111

项目六　时间数列分析 / 115

　　任务一　时间数列概述 / 116
　　任务二　时间数列的水平分析指标 / 119
　　任务三　时间数列的速度分析指标 / 124
　　任务四　时间数列的趋势分析 / 128
　　任务五　Excel 在时间数列分析中的
　　　　　　应用 / 133
　　复习思考题 / 136

项目七　统计指数 / 143

　　任务一　统计指数的概念 / 144
　　任务二　综合指数 / 146
　　任务三　平均指数 / 151
　　任务四　指数体系和因素分析 / 154
　　任务五　平均指标指数及因素分析 / 160
　　任务六　Excel 在指数分析中的
　　　　　　应用 / 162
　　复习思考题 / 164

项目八　统计推断 / 170

　　任务一　抽样推断的基本概念 / 171
　　任务二　认识抽样推断误差 / 177
　　任务三　总体参数估计 / 184
　　任务四　样本单位数目的确定 / 188
　　任务五　用 Excel 进行参数的区间
　　　　　　估计 / 190
　　复习思考题 / 193

项目九 分析现象的相关性与线性／198

　　任务一　认识现象的相关性／199
　　任务二　测定现象的相关关系／201
　　任务三　测定现象的线性关系／204
　　任务四　应用 Excel 分析现象间
　　　　　　关系／214

复习思考题／218

附录 A　国民经济和社会发展的重要统计指标／223

附录 B　正态分布概率表／228

参考文献／230

项目一
认识统计

项目说明

统计分为理论统计和应用统计两个分支。该课程从应用方面,以社会经济现象为研究对象,说明社会经济现象的数量性特点,以及随着时间推移经济现象发展变化在数量上呈现出的规律性。本项目从社会经济现象的数量方面入手,概要介绍统计(学)的研究对象、内容、基本方法,使初学者对统计有一个总体印象,明确统计理论的基本框架。

能力目标

1. 能够从统计的视角去观察、认识社会经济现象和具体问题。
2. 对统计工作各个环节有明确的认识。
3. 能够在浏览统计资料过程中,自觉地发现现象呈现的规律性。
4. 对统计分析的理论框架有明确认识。

知识目标

1. 理解统计的含义。
2. 了解社会经济统计学的产生和发展历史、研究对象和基本研究方法。
3. 掌握统计学的基本概念,包括统计总体、总体单位、标志、统计指标、变量和相互关系。

任务导入

2017 世界各国 GDP 排名:中国 13.1 万亿美元,是日本 GDP 的 3 倍

2017 世界各国 GDP 排名如下表所示。美国 2017 年 GDP 约为 19.55 万亿美元,高居榜首。排名第二的是中国,2017 年 GDP 约为 13.17 万亿美元。日本排名第三,2017 年 GDP 约为 4.34 万亿美元。2017 年共有 15 个国家 GDP 超万亿美元。

排 名	国 家	GDP/亿美元	GDP/亿元	地 区
1	美国	195 558.74	1 222 242.125	美洲
2	中国	131 735.85	827 122	亚洲
3	日本	4 3421.6	271 385	亚洲
4	德国	35 954.06	224 712.875	欧洲
5	英国	32 322.81	202 017.562 5	欧洲
6	印度	26 074.09	162 963.062 5	亚洲
7	法国	25 865.68	161 660.5	欧洲

任务分析

当今世界上每个经济体都期盼国民经济运行平稳和经济持续发展。判断一个经济体国民经济的运行是不是平稳和经济是不是持续发展,需要对经济运行的情况不时地采集数据,并对这些数据进行汇总分析,客观地对国民经济做出基本的判断。这一系列工作被称为统计。可见,统计工作对于国民经济运行有着重要而深刻的影响。那么什么是统计?统计工作是如何进行的?具体包括哪些环节?统计工作过程中运用哪些方法?统计包含哪些指标以及它们之间的关系是怎样的?通过该项目的学习,我们会得到具体的答案。

任务一 什么是统计

一、统计的产生与发展

(一)统计实践的产生和发展

1. 统计实践的萌芽

统计是随着人类生产活动实践的需要而产生的。原始社会的先民以打绳结方式记录经济活动的数量。据史料记载,我国早在氏族公社的伏羲时代,人们在长期测量土地、清点人口、牲畜和观测天象的过程中,就总结出了九九乘法口诀。因此,统计实践活动在原始社会已经出现萌芽。

2. 统计实践的形成与发展

随着人类社会的发展,计数的方法也随之发展。《管子·揆度篇》记述:"上古结绳,后易之以书契。"用刻刀将数刻在兽骨、竹木、龟甲、土石崖上,以便长久保存,不易损坏。

社会发展到奴隶社会以后,奴隶制国家组织的人口、财富和军事统计得到了长足的发展,统计被认为是维护阶级统治、兴邦安国的重要手段。大约公元前6世纪,罗马帝国就以国势调查作为治理国家的手段,规定每5年进行一次人口、土地、牲畜、家奴的调查,并以财产总额作为划分贫富等级以及征丁课税的依据。

长达十几个世纪的封建社会,以自给自足的自然经济为主要生产方式,统计实践随着生产力的发展不断得到发展。

机器大工业的发展,物质生产的规模空前膨胀,极大地拓宽了统计的内容,各部门都要求提供更多的统计资料。于是,统计活动开始从一般的人口、税赋、军事领域扩展到工业、商业、交通运输等社会经济活动的各个领域,为统计科学的产生奠定了物质基础。

(二)统计学的产生与发展

通常认为,直至17世纪中叶,英国古典经济学家威廉·配第所著《政治算术》一书的问世,才标志着统计学的诞生。所以,使人类的统计实践上升到理论予以总结和概括成为一门系统的科学——统计学,却是近代的事情,距今只有300多年的历史。从统计学的产生和发

展的过程来看,大致可以划分为3个时期:统计学的萌芽期、统计学的近代期和统计学的现代期。

1. 统计学的萌芽期

统计学初创于17世纪中叶至18世纪,当时主要有国势学派和政治算术学派。

国势学派产生于17世纪的德国,其代表人物是赫尔曼·康令(H. Conring,1606—1681)和戈特弗里德·阿亨瓦尔(G. Achenwall,1714—1772),代表作是《近代欧洲各国国势学概论》。康令和阿亨瓦尔都在德国的大学开设国势学课程,讲授和传播国家比较记述方法的知识。阿亨瓦尔也是最早将"统计"一词当作学名来使用。国势学派的特点是不用数量来说明各研究状态,主要以文字记述"国家的显著事项",故又称作记述学派。严格地说,这一学派的研究对象和研究方法都不符合统计学的要求,只是登记了一些记述性材料,借以说明管理国家的方法。因此,这一学派的统计学是"有统计学之名,无统计学之实"。

国势学派对统计学的贡献在于提出了至今仍为世界公认的名称——统计学(statistics),并提出了至今仍为统计学者所采用的一些术语,如统计数字资料、数字对比等。

政治算术学派起源于17世纪的英国。其主要代表人物是威廉·配第(William Petty,1623—1687)和约翰·格朗特(John Graunt,1620—1674)。17世纪的英国学者配第在他所著的《政治算术》(1676年)一书中,对当时的英国、荷兰、法国之间的国情国力进行了数量上的计算和比较,做了前人没有做过的从数量方面来研究社会经济现象的工作。正是在这个意义上,马克思称配第是"政治经济学之父,在某种程度上也可以说是统计学的创始人"。

配第的朋友格朗特,通过对伦敦市50多年的人口出生和死亡资料的计算,写出了第一本关于人口统计的著作《对死亡表的自然观察和政治观察》(1662年)。从此,统计的含义从记述转变为专指在"量"的方面来说明国家的重要事项,这就为统计学作为一种从数量方面认识事物的科学方法,开辟了广阔的发展前景。

政治算术学派第一次运用可度量的方法,力求将自己的论证建立在具体的、有说服力的数字上面,依靠数字来解释与说明社会经济生活。因此,这一学派的统计学是"有统计学之实,而无统计学之名"。

2. 统计学的近代期

统计学的近代期是18世纪末至19世纪末,这个时期的统计学主要有数理统计学派和社会统计学派两大流派。

数理统计学派代表人包括拉普拉斯(Pierre-Simon Laplace,1749—1827)、阿道夫·凯特勒(Adolphe Quetelet,1796—1874)。19世纪初法国天文学家、数学家、统计学家拉普拉斯把古典概率论引进了统计学领域。他发展了对概率论的研究,阐明了统计学的人数法则,并进行了大样本推断的尝试。这奠定了数理统计学的基础。

随着资本主义经济的发展,统计被应用于社会经济的各个方面,统计学得到快速发展。比利时统计学家、数学家、天文学家凯特勒把英国的政治算术学派、德国的国势学派和法国的古典概率论融合改造,形成了近代意义上的统计科学,把统计科学推向了一个新的发展阶段。至此,"统计"的含义由过去仅指国家统计资料,扩展到包括统计资料、统计工作和统计科学在内。凯特勒完成了统计学和概率论的结合。从此,统计学开始进入更为丰富的发展新阶段。国际统计学界有人称凯特勒为"统计学之父"。

同时,凯特勒也是数理统计学派的奠基人,在凯特勒发展了统计的基础上,英国的弗朗西斯·高尔登(Francis Galton,1822—1911)和卡尔·皮尔森(Karl Pearson,1857—1936),创立和发展了生物统计学,发现了相关分析与回归分析统计方法,形成了现代数理统计学派。

社会统计学派19世纪后半叶兴起于德国,由德国大学教授尼斯(K. G. A. Knies)首创,主要代表人物为恩格尔(C. LE. Engel,1821—1896)和梅尔(G. V. Mayr,1841—1925)。他们认为,统计学的研究对象是社会现象,目的在于明确社会现象内部的联系和相互关系;统计应当包括资料的搜集、整理,以及对其的分析研究。他们认为,在社会统计中,全面调查,包括人口普查和工农业调查,居于重要地位;以概率论为理论基础的抽样调查,在一定的范围内具有实际意义和作用。这一学派融合了国势学派和政治算术学派的观点,并把政府统计和社会调查融合起来,形成了社会经济统计学派。

3. 统计学的现代期

统计学的现代期是自20世纪初到现在的数理统计时期。数理统计和社会统计学派在争论不休中共存和发展,逐步融合为现代统计学。20世纪30年代,R.费希尔的推断统计理论标志着现代数理统计学的确立。统计学的主流也从描述统计学转向推断统计学。

从世界范围看,自20世纪60年代以后,统计学的发展有几个明显的趋势:①随着数学的发展,统计学依赖和吸收的数学方法越来越多;②向其他学科领域渗透,或者说,以统计学为基础的边缘学科不断形成;③随着统计学应用日益广泛和深入,特别是借助计算机后,统计学所发挥的功效日益增强;④统计学的作用与功能已从描述事物现状、反映事物规律,向抽样推断、预测未来变化的方向发展。统计学已从一门实质性的社会性学科,发展成为方法论的综合性学科。

二、统计的含义及相互关系

在日常生活中,会经常遇到"统计"这个词。提到统计,我们首先想到是统计工作,比如,小王在统计局工作,是做统计的。这种理解是不够全面的。在今天,我们对"统计"一词的理解有3种含义,即统计工作、统计资料和统计学。

(一)统计工作

统计工作即统计实践活动,是指运用科学的方法,按照预先设计的要求,对客观现象总体数量方面进行搜集、整理、展示和分析的过程。社会经济统计是指对社会经济现象的数量方面进行搜集、整理和分析的工作过程的总称。一个完整的统计过程包括统计设计、统计调查、统计资料整理和统计分析等几个阶段。

(二)统计资料

统计资料是在统计工作过程中取得的各项反映社会经济现象和过程的数字资料及与之相联系的其他资料的总称。统计资料是统计工作各阶段的成果,既包括统计调查搜集的原始资料,也包括经过加工整理、分析研究而形成的综合统计资料,如国家统计局编辑、中国统计出版社出版的每年一册的《中国统计年鉴》以及国家统计局每年初公布的《国民经济与社会发展统计公报》等。准确可靠的统计资料是宏观经济决策和微观经济管理中分析、研究社会问题不可缺少的重要依据。

（三）统计学

统计学也称为统计理论，是关于统计的原理、原则和方法的科学。统计学可以分为理论统计学和应用统计学。理论统计学是研究和阐明搜集、整理和分析客观现象数据资料的原理和方法的学科，应用统计学是揭示客观现象的本质特征和发展规律的学科。

统计的3种含义之间存在着密切的联系。首先，统计工作和统计资料是统计活动与统计成果的关系：一方面，统计资料的需求决定了统计工作的布局；另一方面，统计工作的好坏又直接影响着统计资料的数量和质量。其次，统计工作与统计学是统计实践与统计理论的关系：一方面，统计学来源于统计实践，只有当统计工作发展到一定程度，才可能形成独立的统计学；另一方面，统计工作的发展又需要统计理论的指导，统计科学研究大大促进了统计工作水平的提高，统计工作的现代化和统计科学的进步是分不开的。总之，三者中最基本的是统计工作，没有统计工作就不会有统计资料，没有丰富的统计实践经验就不会产生统计科学。

三、统计学的研究对象及特点

统计学的研究对象是指统计研究认识的客体，从统计的产生和发展可知，统计学是从研究社会经济现象的数量开始的，是研究客观现象总体的数量特征和数量关系，并通过对这些数量关系的研究来表现现象规律性。统计学研究对象的特点如下。

（一）数量性

数量性是统计学研究对象的基本特征，因为统计学总是在和数据打交道。其数量表现包括：①数量多少，如一个国家或一个地区的人口多少、耕地多少等；②各种现象之间的数量关系，如人口中男、女数量的比例；③质与量互变的界限，如农村居民生活收入的贫困线是多少。统计学不仅要研究这些数量的现状，而且要研究其过去和未来的变化。可以说，没有数量就没有统计。

（二）总体性

统计学的研究对象是自然、社会经济领域中现象总体的数量方面，是对总体普遍存在着的事实进行大量观察和综合分析，得出反映现象总体的数量特征和规律性。自然、社会经济现象是在一系列复杂因素的影响下形成的。对于总体中每一个个体来说，就具有一定的随机性质，而对于有足够多个体的总体来说又具有相对稳定的共同趋势，显示出一定的规律性。统计研究对象的总体性是从对个体的实际表现的研究过渡到对总体的数量表现的研究。例如，工资统计分析要反映、分析和研究一个地区的工资情况，先要从每个职工的工资开始统计，然后再综合汇总得到该地区的工资情况，只有从个体开始，才能对总体进行分析研究。研究总体的统计数据资料，不排除对个别事物的深入调查研究，这是为了更好地分析研究现象总体的统计规律性。

（三）具体性

统计研究对象是自然、社会经济领域中具体现象的数量方面。搜集的数据都是在一定时间、地点、条件下的客观现象的具体数量表现，而不是数学上的纯数字。正因为统计的数量是客观存在的、具体实在的数量表现，它才能独立于客观世界，不以人的主观意志为转移。

统计资料作为主观对客观的反映,只有如实地反映具体的、已经发生的客观事实,才能为人们进行统计分析研究提供可靠的基础,才能分析、探索和掌握事物的统计规律性。

 补充阅读

统计学与其他学科的关系

统计学的迅速发展,已使它从各门具体学科中分离出来,并逐渐形成与经济学、哲学和数学等并列的一级学科。但统计学在某些地方还与这些学科有着密切的联系,并很难严格区分开来。

（一）哲学、数学与统计学的关系

哲学是关于世界观的学说,是自然知识和社会知识的概括和总结,是人类认识世界最一般的方法论学说。因此,对于认识社会的具体方法论科学——统计学,也就必然是以哲学为其理论基础的,它在把统计方法应用于其他科学研究以探索客观规律性的实践活动中,起着哲学普遍原理的指导作用。

数学是研究现实世界的空间形式和数量关系的科学。它属于自然科学,是其他科学的数理基础,为一切科学研究提供数理依据。统计学是计量、分析的工具,离不开数学方法,与数学有着密切的亲缘关系,许多统计方法都离不开数学方法的应用。首先,统计学对客观事物的数量认识,要遵循各类事物间的关系的客观性,而数学方法正是对客观数量关系的规律性认识,所以,采用数学方法是对数量关系处理和认识的捷径。其次,统计研究经常利用数学模型来进行,通过模型对事物数量关系进行本质的反映,抛开了杂乱的次要因素及随机因素的影响,属于科学的认识方法。再次,统计学中各种特征值的计算都是数学方法的具体体现,所以说统计研究中注意数学方法的应用是统计学发展和进步的客观要求。统计学与数学的主要区别就在于,数学是以确定性数量关系为主要研究对象的,而统计学是以随机性数量关系为主要研究对象的。

任何事物都是在质与量的辩证统一中存在和发展的,统计学正是在这种关系中侧重于事物的数理规律的研究。它在哲学思想的指导下,应用数学等方法为其他科学研究和管理提供有效的方法论工具。

（二）经济学与统计学的关系

经济学是研究与资源最优配置相关的一系列经济问题的一种学说。为使资源配置最优,就要客观地认识各种经济规律,了解各类经济现象的特征,这主要是实证经济学的任务,而实证的方法工具主要就是统计学。

作为经济学的分支,计量经济学是以经济理论为基础,运用数学和统计方法对经济数据等信息进行分析,以测定经济关系的方法论科学。

作为统计学的分支,经济统计学是以经济理论为指导,对经济生活中各类指标、经济关系进行计量、反映和分析研究的学说。

（三）经济统计学与经济核算的关系

经济统计学是以经济生活中大量存在的数量特征及数量关系为对象的统计学科。它以经济现象指标体系的设计与核算及指标间的数量关系为主要研究内容,为经济管理和经营分析提供依据和方法。这样经济统计学就必然以经济核算为其主要的研究内容,而属于经济核算范畴的并不只是统计核算,它主要包括会计、业务和统计3种核算,这3种核算各自

独立、相互联系,共同构成经济核算的有机整体。会计核算是以企业的资金运动为对象的微观经济具体的价值量核算;业务核算是以各类业务工作为对象的具体实物量核算;统计核算是以经济生活的总体行为为对象的,不同于前两种具体核算的综合性核算。

经济统计核算主要包括两部分内容:一是国民经济核算,即以一定的经济理论为指导,综合运用统计、会计和数学等方法,对某地区的国民经济各类总量指标及其构成,在特定时刻的存量及一定时期内的各类经济流向和流量所进行的综合核算;二是企业经济统计核算,即在会计和业务核算的基础上,为满足宏观经济核算和企业自身经营管理的需要,对企业经济总量及其构成所进行的各类存量和流量的核算。

任务二 认识统计的工作过程与研究方法

一、统计的工作过程

统计工作以客观事物总体的数量特征作为研究内容,是对客观现象本质和规律性的认识活动。人类对客观现象的认识经历着由浅到深,由定性认识到定量认识,再到定性认识与定量认识相结合的完整过程。所以,对客观现象本质和规律性的认识可能需要多次重复性的统计工作才能完成。一般说来,具体到一次统计工作过程,大致可分为 4 个阶段,即统计设计、统计调查、统计整理及统计分析。

(一)统计设计

统计设计是统计工作的首要阶段,是根据统计研究对象的性质和研究目的,对统计工作各个方面和各个环节所做的通盘考虑和安排。其基本任务是制定出各种统计工作方案。统计设计所制定的方案包括统计指标体系、统计分类目录、统计报表制度、统计调查方案、统计汇总或整理方案以及统计分析方案等诸多方面的内容。统计设计贯穿于统计工作的全过程,没有统计设计阶段,整个统计工作就会杂乱无序,难以达到统计工作的最终目的。

(二)统计调查

统计调查是根据统计设计方案的要求,对统计调查对象中各单位的相关特征进行测量和登记,以获取丰富、全面的关于研究对象的信息资料的工作过程。统计调查是统计认识事物的起点,是统计整理和统计分析的基础。为了保证统计研究的真实可靠,统计调查的信息资料必须尽可能的丰富、翔实。

(三)统计整理

统计整理是根据统计研究的目的与要求,将通过统计调查所获得的信息资料进行审核、分类、汇总、编制统计图表等科学地加工处理的过程。由于统计调查直接获得的信息资料是个体的、分散的、不系统的,所以只能说明个别事物或总体的某个侧面或外部联系。统计整理就是对这些资料进行去伪存真、去粗取精、由表及里的加工整理,得到概括说明总体的资料的过程。只有经过科学地加工整理,信息资料才能过渡到反应现象总体本质特征和数量规律性的统计指标。由此可见,统计整理是统计调查的继续,又是统计分析的前提,在整个统计工作中起到承前启后的作用。

（四）统计分析

统计分析是指运用各种分析方法，对整理好的统计资料计算各种分析指标，从定量与定性的结合上进行揭示事物本质和规律的研究活动。它是继统计设计、统计调查、统计整理之后的一项十分重要的工作。通过统计分析，实现了对客观现象由感性认识到理性认识的升华。统计分析方法主要有统计指数法、时间数列法、相关分析法、统计预测法和统计决策法等。

二、统计学的研究方法

在无数统计工作实践经验的基础上，经过逐步概括和总结，社会经济统计学形成了一系列专门的研究方法，其中，大量观察法、统计描述法、统计推断法和实验设计法是最基本的研究方法。

（一）大量观察法

大量观察法是统计学所特有的方法，是指对被研究现象总体的全部或足够多数的单位进行调查研究的方法，其主要依据为大数定律。由于受偶然因素的影响，在测量或登记被研究现象各个单位某方面特征的具体数值时具有差异，这种数值上的差异随着观察的单位数足够多时会相互抵消，这一原理称为大数定律。大量的、复杂的社会经济现象是在诸多因素的综合作用下形成的，各个单位的特征及数量表现往往差别很大。因此，只有观察全部总体单位或足够多数的单位，并进行综合概括，消除偶然因素或特殊因素的影响，才能呈现出总体的本质和规律。该方法主要用于统计调查阶段。

大量观察法的具体调查形式要根据所观察事物的特点和统计工作的条件来确定。在统计实践中常用到的统计调查方法有抽样调查、定期统计报表、普查等。

（二）统计描述法

统计描述是将各种反映总体数量特征的综合指标，用表格或图像把它表示出来。统计描述是统计研究的基础，为统计推断、统计咨询、统计决策提供必要的事实依据。统计描述也是对客观事物认识不断深化的过程。它通过对分散无序的原始资料的整理归纳，运用统计分组法、综合指标法和统计模型法得到现象总体的数量特征，揭示客观事物内在数量规律性，达到认识的目的。

① 统计分组就是根据事物的特点和统计研究的目的，按照一定的标志，将所研究的对象划分为不同类型的组。社会经济现象是多层次、多种类、错综复杂的，只有运用统计分组法来划分社会经济现象的类型，确定所研究现象的同质总体，才能为统计资料的加工整理和统计分析研究奠定基础。统计分组法是统计研究的基本方法，在统计工作的各个阶段都有意义。统计调查必须首先对社会经济类型加以分组，才能确定调查的范围，占有必要的资料；统计整理阶段也必须运用统计分组法将大量的原始资料进行加工整理和汇总。

② 综合指标法是运用各种综合指标对社会经济现象的数量方面进行综合概括的分析方法。统计中常用的综合指标有总量指标、相对指标和平均指标，借助于综合指标来综合反映社会经济现象的规模、水平、结构、速度、比例关系等。该方法主要用于统计分析阶段。

③ 统计模型法是根据一定的理论和假定条件,用数学方程或公式去模拟客观现象相互关系的分析方法。利用这种方法,可以对客观现象和过程中存在的数量关系进行比较完整和全面的描述,凸显所研究的综合指标之间的关系,如相关分析法、回归分析法和统计预测法等都是统计模型分析法。

以上方法在实际应用过程中通常都是彼此联系、相互结合的。统计分组法、综合指标法、统计模型法都是建立在大量观察法的基础上,而统计分组法又为综合指标法创造了前提条件。

(三) 统计推断法

统计推断是通过样本推断总体的统计方法。统计在研究现象的总体数量关系时,需要了解的总体对象的范围往往是很大的,有时甚至是无限的,有时在客观上只能对部分单位或有限单位进行计算和分析,根据局部观察结果来推断总体。例如,要说明一批灯泡的平均使用寿命,只能从该批灯泡中抽取一小部分进行检验,以推断这一批灯泡的平均使用寿命,并给出这种推断的置信程度。这种在一定置信程度下,根据样本资料的特征,对总体的特征做出估计和预测的方法被称为统计推断法。统计推断法是现代统计学的基本方法,在统计研究中得到了极为广泛的应用,既可以用于对总体参数的估计,也可以用于对总体某些分布特征的假设检验。从这种意义上来说,统计推断法是在不确定条件下做出决策或推断的一种方法。

任务三 认识统计工作的基本概念

一、统计总体与总体单位

(一) 统计总体与总体单位的概念

统计总体和总体单位又简称为总体和个体,是反映统计认识对象的基本概念。

统计总体是指根据一定的目的所确定的研究对象的全体。它是客观存在的、在某一共同性质的基础上结合起来的许多个别事物的整体。构成总体的这些个别事物称为总体单位。例如,所有的工业企业就是一个总体,因为在性质上每个工业企业的经济职能是相同的,都是从事工业生产活动的基本单位。对于该总体来说,每一个工业企业就是一个总体单位。

总体可以分为有限总体和无限总体。总体所包含的单位数是有限的,称为有限总体,如人口数、企业数、商店数等。总体的单位数难以确定,其数量可能是无限的,称为无限总体,如大自然中某种鸟类(如麻雀)的数量、宇宙中星球的个数等。对有限总体可以进行全面调查,也可以进行非全面调查;但对无限总体只能抽取一部分单位进行非全面调查,据以推断总体特征。

(二) 统计总体的特征

统计总体是由客观存在的许多个别事物构成的,这些个别事物都是客观存在的,有着丰富的特征。由这些个体构成的总体呈现出的特征如下。

1. 同质性

同质性是指总体中的各个单位必须具有某种共同的属性或标志数值。例如,要研究某高校在校会计专业学生的学习情况,则该校所有在校会计专业学生构成一个总体,其中,每个学生必须具备"在校""会计专业"这两个性质。同质性是总体的根本特征,只有个体单位是同质的,才能通过对个体特征的观察研究,归纳和揭示出总体的综合特征和规律性。同质性是构成总体的基本前提。

2. 大量性

大量性是指构成总体的个别单位必须是大量的。由于个别现象往往具有特殊性和偶然性,因而不足以代表和说明总体特征,只有对大量个别现象的数量表现进行综合分析研究,才能反映出总体的本质特征。例如,某市职工是一个总体,每个职工是一个总体单位,如果要了解该市职工工资的一般水平,只抽查少数几个职工是不行的,但如果抽查足够多的职工并求其平均工资,则偶然性的偏差就会大大减少,就可得出比较可靠的数据。

3. 差异性

差异性(或称变异性)是指总体的各个单位除在某一方面必须具有相同性质之外,在其他许多方面是有差别的。例如,在农民家计调查中,每个家庭的社会成分是相同的,但各农户的家庭人口、家庭总收入、家庭总支出等方面是各不相同的。差异性是统计研究的前提和主要内容,统计研究客观现象,就是通过研究总体单位的变异情况来反映总体的综合特征。

统计总体的 3 个特征是密切相关的,同质性是构成总体的条件,大量性是统计研究的根本要求,差异性是统计研究的前提和主要内容,三者缺一不可。

(三)统计总体与总体单位的关系

首先,统计总体与总体单位是整体与部分的关系;其次,统计总体与总体单位具有相对性,随着研究目的的改变而改变。同一研究对象在某种情况下是总体,在另一种情况下可能变成总体单位。例如,要研究一个企业的职工人数,则企业是总体,职工是单位;若研究一个城市的企业规模时,则该市所有企业是总体,企业又成为单位,而企业的职工人数只是单位的标志。

二、标志、指标和指标体系

(一)标志

统计标志简称标志,是说明总体单位属性或特征的名称。每个总体单位可以设置许多标志,如每个职工可以有性别、年龄、民族、工种等标志。

标志表现是标志特征在各单位的具体体现。职工的性别是女,年龄为 32 岁,民族为汉族等,这里的"女""32 岁""汉族"就是性别、年龄、民族的具体体现,即标志表现。

1. 标志按其变异情况可分为不变标志和变异标志

当一个标志在各个单位的具体表现都相同时,这个标志称为不变标志;当一个标志在各个单位的具体表现有可能不同时,这个标志称为可变标志或变异标志。例如,中国第五次人口普查规定:"人口普查的对象是具有中华人民共和国国籍并在中华人民共和国国境内常住的人。"按照这一规定,在调查对象的人口总体中,"国籍"和"在国境内居住"是不变标志,而"性别""年龄""民族""职业"等则是变异标志。不变标志是构成统计总体的基础,至少有一个不变标志将各总体单位联结在一起,才能构成一个总体。变异标志是统计研究的主要内容,如果标志在各总体单位之间的表现都相同,就没有进行统计分析研究的必要了。

2. 标志按其表现特性可以分为品质标志和数量标志

品质标志表示事物的质的特性,是用文字表示的,如职工的性别、民族、工种等;数量标志表示事物的量的特性,是可以用数值表示的,如职工的年龄、工资、工龄等。品质标志主要用于分组,将性质不相同的总体单位划分开来,便于计算各组的总体单位数、计算结构和比例指标;数量标志既可用于分组,也可用于计算标志总量。

(二) 统计指标及其构成要素

1. 统计指标的含义

对统计指标和含义,一般有两种理解。

① 统计指标是指反映总体现象数量特征的概念,如人口数、商品销售额、劳动生产率等。它包括3个构成要素,即指标名称、计量单位、计算方法。这是统计理论与统计设计上所使用的统计指标含义。

② 统计指标是反映总体现象数量特征的概念和具体数值。它包括6个具体的构成因素,即指标名称、指标数值、时间范围、空间范围、计量单位和计算方法。例如,某市2009年国内生产总值为900亿元。这个概念的含义中包括了指标名称——国内生产总值;指标数值——900;时间范围——2009年;空间范围——某市辖区;计量单位——亿元;计算方法——计数加总。这是统计实际工作中经常使用的统计指标的含义。统计指标是统计研究中最重要的内容,在统计中处于中心地位。

2. 统计指标的特点

① 数量性。数量性即所有的统计指标都是可以用数值来表现的。这是统计指标最基本的特点。统计指标所反映的就是客观现象的数量特征,这种数量特征是统计指标存在的形式,没有数量特征的统计指标是不存在的。正因为统计指标具有数量性的特点,才能对客观总体进行量的描述,才使统计研究运用数学方法和现代计算技术成为可能。

② 综合性。综合性是指统计指标既是同质总体大量个别单位的总计,又是大量个别单位标志差异的综合,是许多个体标志数量综合的结果。一个职工的工资不能成为统计指标,一个企业或一个地区的工资总额或平均工资才成为统计指标。统计指标的形成都必须经过从个体到总体的过程,它是通过个别单位数量差异的抽象化来体现总体综合数量的特点的。

③ 具体性。统计指标的具体性有两个方面的含义。一是统计指标不是抽象的概念和数字,而是一定的、具体的社会经济现象的量的反映,是在质的基础上的量的集合。这一点使社会经济统计和数理统计、数学相区别。二是统计指标说明的是客观存在的、已经发生的事实,反映了社会经济现象在具体地点、时间和条件下的数量变化。这一点又和计划指标相区别。统计指标反映的是过去的事实和根据这些事实综合计算出来的实际数量,而计划指标则说明未来所要达到的具体目标。

3. 统计指标的种类

① 统计指标按其说明总体内容特征的不同分为数量指标和质量指标。数量指标是说明总体的总水平总规模的统计指标,如人口数、企业数、工资总额、商品销售额等。数量指标

所反映的是总体的绝对数量,具有实物的或货币的计量单位,其数值的大小随着总体范围的变化而变化。它是认识总体现象的基础指标。质量指标是说明总体内部数量对比关系和总体单位水平的统计指标,如人口的年龄构成、性别比例、平均工资等。质量指标是数量指标的派生指标,用相对数和平均数来表示,其数值的大小与范围的变化没有直接关系。

② 统计指标按其作用和表现形式的不同,可分为总量指标、相对指标和平均指标。总量指标反映总体的总规模、总水平,如人口总数、工资总额等。相对指标反映总体内部或不同总体间的数量对比关系,如人口密度、经济发展速度等。平均指标说明总体单位某一数量标志的一般水平,如平均工资、平均发展速度、平均成本等。

(三) 统计指标体系

由于现象的复杂多样性,各种现象之间相互联系的性质,只用个别统计指标来反映是不够的,需要采用指标体系来进行描述。统计指标体系就是一系列相互联系的统计指标所构成的一个有机整体,用来说明所研究现象的各个方面相互依存、相互制约的关系。统计指标体系因各种现象本身联系的多样性和统计研究目的的不同而分为不同的类别。

① 根据所研究问题的范围大小不同,统计指标体系可分为宏观统计指标体系、微观统计指标体系和中观统计指标体系。宏观统计指标体系是反映整个现象大范围的统计指标体系,如反映整个国民经济和社会发展的统计指标体系;微观统计指标体系是反映现象较小范围的统计指标体系,如反映企业或事业单位的统计指标体系;介于这两者之间的可以称为中观统计指标体系,如反映各地区或各部门的统计指标体系。

② 根据所反映现象的范围内容不同,统计指标体系可分为综合性统计指标体系和专题性统计指标体系。综合性统计指标体系是较全面地反映总系统及其各个子系统的综合情况的统计指标体系,如国民经济和社会发展统计指标体系;专题性统计指标体系则是反映某一个方面或问题的统计指标体系,如经济效益指标体系。

统计指标体系也可以指若干个统计指标之间的联系表现为一个方程关系。例如:

$$工资总额 = 平均工资 \times 职工人数$$
$$商品销售额 = 商品销售量 \times 商品销售价格$$

统计指标体系对于统计分析和研究具有重要意义,通过一个设计科学的统计指标体系,可以描述现象的全貌和发展的全过程,分析和研究现象总体存在的矛盾以及各种因素对现象总体变动结果的方向和程度,也可以对未来的指标进行计算和预测,对未来现象发展变化的趋势进行预测。

三、变异和变量

统计中的标志和指标都是可变的,如人的性别有男、女之分,各时期、各地区、各部门的工业总产值各有不同等,这种差别叫作变异。变异是标志在总体各单位之间的具体表现的差异,包括质的差别和量的差别。变异是统计的前提条件。

可变的数量标志称为变量,各种统计指标也是变量。变量的具体表现就是可变数量标志或统计指标的不同取值,称为变量值。一个变量可以取多个变量值,二者不能混淆。例如,工资这个变量,可具体表现为 840 元、780 元、900 元、680 元等多个变量值。

按照变量值的连续性不同,变量可以分为连续变量和离散变量。连续变量取值是连续不断的,相邻两个整数间可取多个数值。例如,生产零件的规格尺寸,人体测量的身高、体重、胸围等,其数值只能用测量或计量的方法取得。可按一定顺序一一列举其数值的变量叫作离散变量。例如,企业个数、职工人数、设备台数、学校数、医院数等,都只能取整数,不能分隔,离散变量的数值一般用计数方法取得。

复习思考题

一、填空题

1. 统计总体的特征可概括成_____、_____和_____。
2. 在现实生活中,"统计"一词有3种含义,即_____、_____及统计学。
3. 统计的作用主要体现在它的三大职能上,即信息职能、_____及_____。
4. 从认识的特殊意义上看,一个完整的统计过程,一般可分为4个阶段,即_____、统计调查、_____及_____。
5. 当某一标志的具体表现在各个总体单位上都相同时,则为_____。
6. 当某一标志的具体表现在各个总体单位上不尽相同时,则为_____。
7. 同一变量往往有许多变量值,变量按变量值是否连续可分为_____和_____。
8. 凡是客观存在的,并在某一相同性质基础上结合起来的,由许多个别事物组成的整体,我们称之为_____。

二、单项选择题

1. "统计"一词的基本含义是(　　)。
   A. 统计调查、统计整理、统计分析　　B. 统计设计、统计分组、统计计算
   C. 统计方法、统计分析、统计预测　　D. 统计科学、统计工作、统计资料
2. 要了解400名学生的学习情况,则总体单位是(　　)。
   A. 400名学生　　B. 400名学生的学习成绩
   C. 每一名学生　　D. 每一名学生的学习成绩
3. 统计指标按其说明的总体现象的内容特征不同,可以分为(　　)。
   A. 基本指标和派生指标　　B. 数量指标和质量指标
   C. 实物指标和价值指标　　D. 绝对数指标、相对数指标和平均数指标
4. 一个统计总体(　　)。
   A. 只能有一个标志　　B. 只能有一个指标
   C. 可以有多个标志　　D. 可以有多个指标
5. 要了解某市国有工业企业生产设备情况,则统计总体是(　　)。
   A. 该市国有的全部工业企业　　B. 该市国有的每一个工业企业
   C. 该市国有的某一台设备　　D. 该市国有制工业企业的全部生产设备
6. 变量是(　　)。
   A. 可变的质量指标　　B. 可变的数量指标和标志
   C. 可变的品质标志　　D. 可变的数量标志

7. 构成统计总体的个别事物称为(　　)。
   A. 调查单位　　　B. 总体单位　　　C. 调查对象　　　D. 填报单位
8. 统计总体的基本特征是(　　)。
   A. 同质性、大量性、差异性　　　B. 数量性、大量性、差异性
   C. 数量性、综合性、具体性　　　D. 同质性、大量性、可比性
9. 下列各项中,属于品质标志的是(　　)。
   A. 工人年龄　　　B. 工人性别　　　C. 工人体重　　　D. 工人工资
10. 标志是说明(　　)。
    A. 总体单位特征的名称　　　B. 总体单位量特征的名称
    C. 总体质特征的名称　　　　D. 总体量特征的名称
11. 下列各项中,属于数量标志的是(　　)。
    A. 性别　　　B. 年龄　　　C. 职称　　　D. 健康状况
12. 在全国人口普查中,总体单位是(　　)。
    A. 每一户　　B. 每个人　　C. 每个地区的人　　D. 全国总人口

三、多项选择题

1. 统计指标的特点有(　　)。
   A. 数量性　　　B. 社会性　　　C. 总体性　　　D. 综合性
   E. 具体性
2. 变量按其是否连续可分为(　　)。
   A. 确定性变量　　B. 随机性变量　　C. 连续变量　　D. 离散变量
   E. 常数
3. 品质标志表示事物的质的特征,数量标志表示事物的量的特征,所以(　　)。
   A. 数量标志可以用数值表示　　　B. 品质标志可以用数值表示
   C. 数量标志不可以用数值表示　　D. 品质标志不可以用数值表示
   E. 两者都可以用数值表示
4. 某企业是总体单位,数量标志有(　　)。
   A. 所有制　　　B. 职工人数　　　C. 月平均工资　　　D. 年工资总额
   E. 产品合格率
5. 统计指标的构成要素有(　　)。
   A. 指标名称　　　　　　　　　B. 计量单位
   C. 计算方法　　　　　　　　　D. 时间限制和空间限制
   E. 指标数值
6. 下列各项中,属于品质标志的有(　　)。
   A. 年龄　　　B. 工资　　　C. 职务　　　D. 性别
   E. 民族
7. 下列各项中,属于离散变量的是(　　)。
   A. 机器设备台数　　　　　　　B. 国有企业职工人数
   C. 城市家庭户数　　　　　　　D. 职工工资

E. 企业个数

四、判断题

1. 政治算术学派的创始人是威廉·配第和拉普拉斯。（ ）
2. 统计具有数量性、具体性和差异性的特点。（ ）
3. 用文字表述的指标是质量指标，用数值表示的指标是数量指标。（ ）
4. 变异是可变标志在总体各单位之间所表现出来的差异。（ ）
5. 某市的人口数、学校数、工厂数是连续变量。（ ）
6. 比利时统计学家凯特勒对统计学的主要贡献是将自然科学的研究方法引进社会现象的研究中来。（ ）
7. 以社会经济问题为主要研究对象的社会经济统计是以国势学派为开端形成和发展起来的。（ ）

五、简答题

1. 简述统计的含义。
2. 简述标志与指标的区别与联系。
3. 什么是统计总体？它的特征是什么？
4. 统计总体和总体单位的关系如何？
5. 统计工作、统计资料和统计学的关系如何？

六、案例分析

2010年我国进行了第六次全国人口普查，说明在这次普查中的统计总体、总体单位。总体单位应该设立哪些标志？这些标志中，哪些是数量标志？哪些是品质标志？

项目二
统计调查

项目说明

统计设计是统计工作的第一阶段,统计调查是统计工作的第二阶段。作为第一阶段的统计设计是对统计全过程的规划,主要介绍统计设计的概念、分类和内容。作为第二阶段的统计调查是统计工作的基础环节,重点介绍统计调查的方法、调查方案的设计、统计调查的组织方式和调查问卷的设计。

能力目标

1. 认识统计调查在整个统计工作中的地位和作用。
2. 结合统计学的学习进度,能够在相关媒体、网站上搜寻相关的统计资料。
3. 能根据某一实际问题初步设计统计调查方案和拟定统计调查问卷。

知识目标

1. 熟悉统计调查的概念、分类。
2. 理解统计调查组织方式的特点和应用范围。
3. 掌握统计调查方案的内容和调查问卷的基本结构。

任务导入

新中国成立至今,已经完成了 18 次重大国情国力普查,包括 6 次人口普查、3 次全国经济普查(第 4 次正在进行中)、3 次农业普查、3 次工业普查、1 次第三产业普查和 2 次基本单位普查。改革开放后,我国普查工作逐步进入规范化、制度化,2003 年 12 月根据《国务院关于开展第一次全国经济普查的通知》,工业普查与第三产业普查、全国基本单位普查合并,不再单独进行。全国经济普查除《全国经济普查条例》发布第一次经济普查为 2004 年外,以后经济普查每 5 年进行一次,在逢 3 和逢 8 的年份实施;农业普查继续单独进行,每 10 年进行一次,逢 6 的年份实施;人口普查每 10 年进行一次,在逢 0 的年份实施。这些变化,既压缩了过多的普查项目,又扩大了普查的涵盖面;同时在普查周期的安排上,与编制国民经济和社会发展五年规划相衔接。

任务分析

普查是统计调查的一种重要形式,它能比较全面地掌握国家某一方面的详细信息。除此之外,在实际生产生活中还有其他一些统计调查方式。掌握这些统计调查方式是学习统计学的基础,也是该项目的主要学习内容。

相关知识

任务一　统计调查的意义和种类

一、统计调查的意义和要求

(一) 统计调查的意义

统计调查是按照预定的调查方案,采用科学的调查方法,有组织、有计划地向调查对象搜集统计资料的工作过程。因此,统计调查是统计数据的来源,是从统计信息源(基本统计调查单位)上采集基础数据的方法,是具体认识客观事物的起点。统计调查是统计工作的第二阶段,是决定统计工作质量的重要环节,又是统计整理和统计分析的基础。统计调查的质量直接关系着统计数据的质量。

统计数据的来源主要有两种渠道:一是第一手或直接的统计数据(初级资料),来源于直接调查和科学试验,这是统计数据的直接来源;二是第二手或间接的统计数据(次级资料),来源于别人的调查或试验的数据(已经加工整理过的资料),这是统计数据的间接来源。第二手或间接的统计数据都是从第一手或直接的统计数据过渡而来的,因此,统计调查主要是指第一手或直接的统计数据,即原始资料的采集。

统计调查的基本任务是根据统计指标体系,通过一项项的统计调查,取得反映社会经济现象及其各部分间互相联系的原始统计资料。

(二) 统计调查的要求

根据统计制度方法的统一规定,统计调查必须达到以下要求。

① 准确性。它指提供的统计资料必须符合客观实际情况,保证各项统计资料真实可靠。

② 及时性。它指各项调查资料不但要求准确,而且需要及时。因为过时的资料落在了形势发展的后面,失去了时效,犹如"雨后送伞"一样,起不到统计的真实作用。

③ 完整性(全面性)。它指在规定时间内毫无遗漏地搜集调查资料,尽可能全面地搜集反映事物发展过程中各方面的情况和问题。如果搜集到的资料片面、零碎,就会影响统计的汇总与分析。

经济性。它指统计调查要讲求经济效益,要以尽量少的投入获得所要求的统计资料。

二、统计调查的种类

由于统计研究现象的性质和统计研究的任务不同,针对错综复杂的经济现象,要具体情况具体分析,采用各种不同的调查方式。这就需要对统计调查方式进行分类,如图 2.1 所示即为统计调查方式体系。

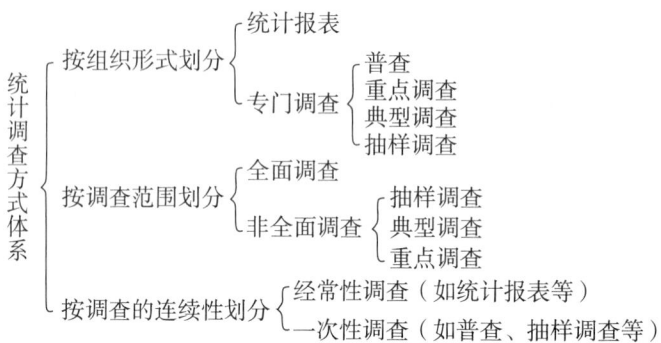

图 2.1 统计调查方式体系

（一）按调查的组织形式的不同,可将统计调查分为统计报表和专门调查

统计报表是按国家规定的内容和表式,自上而下统一布置,自下而上提供统计资料的一种统计调查方式。在我国,统计报表中绝大部分是定期统计报表,也有非定期统计报表。二者都是我国统计调查的基本组织形式。

专门调查是为了研究某些问题而专门组织的调查,多属于一次性调查。专门调查有普查、抽样调查、重点调查、典型调查等。

（二）按调查范围的不同,可将统计调查分为全面调查和非全面调查

全面调查是指对被研究对象所有的单位无一遗漏地进行调查登记的一种调查方式,如普查和全面统计报表就属于全面调查。全面调查的目的在于取得比较准确且全面的统计资料。

非全面调查是对被研究对象的一部分单位进行调查。在统计实践中,非全面调查是应用非常广泛的调查方式。随着我国市场经济的不断深入和管理体制的进一步改革,非全面调查将会得到更广泛的应用。这种调查既适用于有限总体,也适用于无限总体。例如,为了了解居民社会商品购买力情况而进行的抽样调查,借以推算和判断全部居民的购买力水平。抽样调查、典型调查、重点调查都属于非全面调查。

全面调查和非全面调查各有其不同的特点和适用场合。为了了解国情、国力,掌握国民经济和社会发展的基本情况,就必须对国民经济各部门和各地区的全面情况进行调查,以便准确地对国民经济实施宏观管理,这就需要全面调查来完成。但全面调查往往涉及的面较广,调查单位较多,因而需要花费大量的人力、物力、财力和时间。因此,一般应使用非全面调查而不是全面调查,可以用较少的力量较快地取得所需的资料,并可根据调查资料推断全部总体的情况。

项目二　统计调查

（三）按调查登记的时间是否连续，可将统计调查分为经常性调查和一次性调查

经常性调查是指随着研究对象的发展变化，对其进行连续不断地调查登记，主要用于连续观察一定时期内事物发展的过程。例如，统计报表中产品产量就是某一时期产量连续观察的结果。

一次性调查就是对被调查对象在某一时点上的状况进行登记，然后根据需要，每隔一段时期再进行一次登记，如我国先后进行的 6 次人口普查。这种调查方式适用于时点现象，因为时点现象在一段时期内的变化量相对较小，故不需经常登记。一次性调查可以定期或不定期进行，定期调查是每隔一固定间隔期而进行的调查，如每月末登记职工人数、每 5 年一次的投入产出调查等；不定期调查是根据调查的目的和需要，在间隔不等的时间上所进行的调查。

任务二　统计调查的方法及调查方案的设计

一、统计调查的方法

按搜集资料的方法不同，统计调查的方法可分为直接观察法、访问法、报告法、问卷法、通信法、网络调查法等。

（一）直接观察法

直接观察法是指调查者亲临现场，实际观察调查对象发生的经过和结果，并进行计量、清点、记录，以获得资料的方法。

通过直接观察法获得的资料的准确性较高，但消耗的人力、物力和时间较多。

（二）访问法

访问法是指调查者向被调查者通过访谈、询问等方式获得资料的方法，可以通过面谈询问、邮寄、留置问卷、电话等方法进行。调查者可根据统计调研的目的和实际情况选用。

（三）报告法

报告法是利用各种原始记录和核算凭证，向有关单位提供统计资料的方法。例如，我国现有企业所填写的统计报表就是应用了这种调查方法。

（四）问卷法

问卷法是调查者利用问卷这种工具向被调查者了解情况、采集资料。在统计研究活动中，问卷法或单独使用，或与其他方法一起使用。例如，它可以与采访法、直接观察法同时使用。

问卷法是应用范围比较广泛的一种调查方法，它既适用于理论性问题的调查，又适用于应用性问题的调查；既适用于小规模的调查，又适用于大规模的调查。

（五）通信法

通信法分为邮寄调查和电话调查两种方式。

邮寄调查是通过邮寄、宣传媒体和专门场所等将调查表或问卷送至被调查者手中,由被调查者填写,然后将调查表寄回或投放到收集点的一种调查方法。这是一种标准化的调查方式,其特点是调查人员和受调查者没有直接的语言交流,信息的传递完全依赖于调查表。邮寄调查在统计部门进行的统计报表及市场调查机构进行的问卷调查中经常被使用。

电话调查是调查人员利用电话同受访者进行语言交流,从而获得信息的一种调查方法。该方法具有时效快、费用低等特点。随着电话的普及,电话调查也越来越广泛。电话调查可以按照事先设计好的问卷进行,也可以针对某一专门问题进行。电话调查所提问题要明确,且数量不宜过多。

(六)网络调查法

网络调查法是指利用互联网来搜集统计资料的方法,其主要方式是调查者在网上直接发布调查问卷或调查表,被调查者在网上递交调查信息。

网络调查法便利、快捷,调查成本低,但受上网用户分布及结构状况等因素影响。

二、调查方案的设计

(一)确定调查目的

明确调查目的是调查方案最重要、最基本的内容,是制定调查方案的首要问题。调查目的决定着调查对象、调查内容和调查方法。

确定调查目的就是要明确这次调查要了解什么问题并解决什么问题。只有在此基础上,才能进一步确定调查对象、调查内容以及调查方法,才能进一步明确具体的调查任务。否则,调查目的不明确,就会使整个调查工作陷入盲目状态,最终造成整个调查工作的失败。例如,《第四次全国经济普查方案》(2018年)中的普查目的在于全面调查我国第二产业和第三产业的发展规模、布局和效益,了解产业组织、产业结构、产业技术、产业形态的现状以及各生产要素的构成,摸清全部法人单位资产负债状况和新兴产业发展情况,进一步查实各类单位的基本情况和主要产品产量、服务活动,全面准确地反映供给侧结构性改革、新动能培育壮大、经济结构优化升级等方面的新进展。通过普查,完善覆盖国民经济各行业的基本单位名录库以及部门共建共享、持续维护更新的机制,进一步夯实统计基础,完善"三新"统计,推进国民经济核算改革,推动加快构建现代化统计调查体系,为加强和改善宏观调控、深化供给侧结构性改革、科学制定中长期发展规划、推进国家治理体系和治理能力现代化提供科学准确的统计支持。

(二)确定调查对象和调查单位

确定调查对象和调查单位就是确定向谁调查,由谁来具体提供统计资料。

① 调查对象就是需要进行调查研究的现象总体,由性质相同的许多调查单位所组成。确定调查对象就是要明确规定该总体的范围或统计的界限。

② 调查单位就是在调查中登记其具体特征的单位,是调查资料的承担者。调查单位的确定取决于调查目的和调查对象。调查单位可以是一个企业、一个事业单位,也可以是一个人、一件产品。例如,要对山东省的大学教育状况进行调查,那么山东省所有大学就构成了调查对象,即调查总体,而其中的每一所大学都是调查单位。若调查目的是要了解全省大学

生的学习和生活情况,则全省所有大学的大学生就是调查对象,而每一个大学生就是调查单位。

③ 在确定调查单位的同时,还要确定填报单位(或称登记单位、报告单位),也就是负责报告调查内容,提交报表的单位。调查单位和填报单位有时一致,有时不一致。例如,在工业普查中,调查单位和填报单位是一致的,都是具体的每一个工业企业;而在科技人员调查中,调查单位和填报单位就不一致,前者是指每一个科技人员,而后者则是科技人员所在的工作单位。

(三) 确定调查项目与编制调查表

1. 确定调查项目

确定调查项目就是确定要向调查单位调查什么,也就是能说明调查单位特征的有关标志,包括品质标志和数量标志。选择品质标志还是数量标志,选择多少标志,要根据调查目的和调查对象本身的特点来确定。确定调查项目时应注意以下几个问题:

① 调查项目要简明扼要、抓住中心;
② 对不必要或不可能取得的标志不要列入调查项目;
③ 调查项目的含义要明确,不能有两个以上的解释;
④ 各调查项目的设计、排列要有逻辑关系,以便核对。

2. 编制调查表

调查项目经确定之后,就要编制调查表。调查表用来登记统计数据,将项目按一定顺序排在其上。调查表是调查方案的核心部分,必须紧紧围绕调查目的和现象之间的相互联系,从现象的过去、现在和发展等方面出发,提出所要调查的项目,编制调查表。调查表一般由表头、表体、表脚3个部分组成。

① 表头。它在表的中间主要部位,表明调查表的名称,左上角填写报告单位的名称、地址、隶属关系、经济类型等。表名要力求简明,单位名称要写全称,地址也应详尽。

② 表体。它是调查表的主要部分,表现为表格形式,由主语和谓语组成,包括栏号、调查单位名称或编号、调查项目、计量单位等。其结构的基本形式呈"王"字形,如表2.1所示。按一般习惯,调查表的纵列叫作"栏",横行叫作"行"。

表2.1 调查表的基本结构

主　语	谓　语
体现主语特征的标志及计算单位	体现谓语特征的标志值和资料

③ 表脚。它包括调查员或填表人的姓名、签章、填报日期、上报日期等,有的还填写报告单位负责人的姓名、签章等,用于明确责任,发现问题时便于查询,如表2.2所示。

调查表分单一表和一览表。单一表是在一张调查表上只登记一个调查单位的项目,信息量大,如学生报到信息;一览表是在一张调查表上登记若干调查单位的项目,如成绩汇总表。一览表便于合计和核对差错,当调查项目不多时,适于采用;当调查内容较多、较细时,则适于编制单一表。例如,人口普查登记表便是一览表,每张表可以登记几个人的资料。

(四)确定调查时间和方法

1. 调查时间

调查时间一般是指调查资料所属的时间(时期或时点),如果是时期现象,就要明确规定资料的起止日期;如果是时点现象,就要规定统一的标准时间。例如,2018年第四次全国经济普查的标准时点为2018年12月31日。普查登记时,时点指标填写2018年12月31日数据,时期指标填写2018年1月1日—12月31日数据,这就是2018年第四次全国经济普查的调查时间。

2. 调查期限

调查期限是指进行调查工作的时间,包括搜集资料和报送资料的整个工作所需要的时间。例如,2018年第四次全国经济普查的标准时点为2018年12月31日,普查登记工作时间为2019年1—4月。

3. 调查的空间标准

调查的空间标准是指调查资料在什么地点接受调查。在多数情况下,调查单位和调查地点是一致的。例如,工业企业生产经营情况调查,其统计报表就是在工业企业的所在地编制的。但是,若调查单位处于流动状态,或者某些地区间存在交叉状况,这就必须有明确规定。例如,人口普查中的调查单位是不断流动的人,就必须明确规定是按户籍所在地登记、按常住人口登记,还是按现有人口登记。有时候,为了研究目的的需要也有按几个空间标准登记的,那更要规定明确,以免混淆。

4. 选择调查的方式、方法

统计调查方式主要包括报表调查、普查、重点调查、典型调查和抽样调查5种形式。在设计统计调查方案时,要根据调查对象和研究任务,选择一种调查方式,或结合使用几种调查方式。

调查方法就是搜集统计资料的具体方法,主要包括前面已经介绍过的直接观察法、询问法、报告法、问卷法和网络调查法等。

(五)制订调查的组织、实施计划

一项较大规模统计调查的顺利实施,需要有一套严密细致的工作组织系统与之匹配,具体包括以下几个方面。

① 调查领导机构的成立。我国历次人口普查、工业普查、农业普查等,都成立了专门的领导机构,负责组织协调整个统计调查工作。

② 调查人员的配备。通常统计调查人员是从统计业务部门抽调的,他们是统计调查的

业务指导员,对统计调查的成败有至关重要的影响,同时还要通过他们培训调查员。

③ 对调查意义的宣传。进行广泛宣传的目的在于使更多的人了解和认识开展调查的目的、任务和意义,取得调查单位的理解和支持。这对统计调查来说是很重要的。

④ 相关人员的培训。一项大规模的统计调查单靠统计部门是难以完成的,需要动员社会各界人士参与。

⑤ 各种文件及调查表格的印刷、调查经费的筹集和管理等。

任务三　统计调查的组织方式

常用的统计调查组织方式有统计报表、普查、重点调查、典型调查和抽样调查等,它们各有特点。1994年,全国统计工作会议提出要建立以必要的周期性普查为基础,经常性的抽样调查为主体,同时辅之以重点调查、科学推算和少量的全面报表综合运用的统计调查方法体系。

一、统计报表

(一) 统计报表的概念

统计报表是按国家规定的内容和表式,自上而下统一布置,自下而上提供统计资料的一种统计调查方式。统计报表制度曾经作为一种取得统计资料的主要方法,在我国长期广泛使用,为制定社会经济政策,进行宏观决策提供了详细的基础数据。目前,统计报表仍然是我国政府部门获得资料最重要的方式。

(二) 统计报表的作用和局限性

统计报表的作用如下。

① 统计报表是国家获得统计资料的重要途径,是国家制订计划和检查计划执行情况的主要依据。

② 通过完整地积累统计报表资料,可以满足各种分析研究的需要。

③ 各级领导部门可以通过统计报表资料,经常了解本部门、本地区的经济和生活发展情况,以对基层企业进行宏观指导,确保不偏离本地区、本部门的远景发展目标;在微观上,统计报表资料可以为企业的经营管理提供信息,实现资源的合理配置。

统计报表的局限性是报表中的指标比较固定,缺乏灵活性。在我国实行市场经济的条件下,企业内部等的有关资料不能通过报表方式如实取得。

(三) 统计报表的分类

1. 按主管系统的不同,统计报表可以分为基本统计报表和专业统计报表

基本统计报表是由国家统计局制发的统计报表,一般用于搜集国民经济和社会发展情况的基本统计资料;专业统计报表是业务部门为搜集适应本部门业务管理所需要的专业统计资料,由业务主管部门制发的,也叫作业务部门统计报表,只在本系统内执行。

2. 按调查范围的不同,统计报表可以分为全面统计报表和非全面统计报表

全面统计报表要求调查对象中的每个单位都填报;非全面统计报表要求调查对象中的一部分单位填报。

3. 按报送周期长短的不同,统计报表可以分为日报、旬报、季报、半年报和年报

除年报之外,其他统称为定期报表。日报、旬报由于时效性强,也称为进度报表。

有些重要的、需要经常了解的资料,报送周期就要短一些。一般说来,报送周期越长,统计范围就越广,报表指标项目就应多设一些,分组就细一些;报送周期越短,花费的人力、物力和财力就越多,因此,指标项目要少一些,分组可以粗一些。

4. 按填报单位的不同,统计报表可以分为基层报表和综合报表

基层报表是由基层企事业单位根据原始记录、统计台账汇总整理、编报的统计报表;综合报表是由各级业务主管部门根据基层报表汇总整理、编报的统计报表,反映一个地区、一个部门或全国的基本情况。

5. 按报送方式的不同,统计报表可以分为电信报表和邮寄报表

电信报表分为电话、电报、传真、电子邮件和网络传输等报表。邮寄报表可以是纸张,也可以是数据软盘和光盘。

在各种统计调查方法中,统计报表是一种搜集基本统计资料的基本的、传统的方法。但由于报表制度的内容较固定,且必须经过统一的报送与汇总程序,中间环节增多,因而取得资料要花费较多时间,而且容易产生调查误差。从经济和效率的角度考虑,凡通过别的调查方法能够满足需要的调查,都应避免使用统计报表。

(四) 统计报表制度

统计报表制度是对统计报表内容的一系列规定,是各地方、各部门、各单位必须向国家履行的一种义务。

我国的统计报表制度包括报表内容和指标体系的确定,报表表式的设计,报表的实施范围、报送程序和报送日期、填表说明、统计目录的规定以及报表管理办法的制定等。

1. 内容和指标体系的确定

报表内容和指标体系要有充分的科学根据,要以反映国民经济和社会发展情况及生产经营活动的主要情况为出发点,避免烦琐,做到精练实用,同时要考虑到与会计核算和业务核算指标体系的一致性。

2. 报表表式的设计

每张统计报表都要将指标内容按一定规格形式安排,同时要明确规定表名、表号、报送期别、报送单位、报送日期、报送方式、单位负责人及填表人签章等。

3. 报表实施范围的规定

报表实施范围即填报范围。它要明确规定每种报表的填报单位、各主管部门和综合部门的具体范围。

4. 报表的报送程序和报送日期的规定

报送程序包括填报单位报表的份数、方式和受表单位。报表还要规定报送的日期。一般地说,基本统计报表既要满足当地统计部门的需要,又要满足业务部门的需要,所以要同时报送当地统计部门和上级业务主管部门。

5. 报表填表说明的规定

在制定统计报表时,应附有填表说明,具体说明填表的方法、指标解释、指标计算方法及有关注意事项,使各填报单位编制报表时对规定的一些单位和内容有一个统一的理解。指标解释非常重要,它可以使填报单位对每个统计指标的概念都能统一理解,采用统一的计算方法,确定统一的计算范围,从而保证统计数字的准确性和统计资料的可比性。对统计指标的解释在概念上应简明清晰,在计算方法上应科学、具体,在计算口径和计算范围上应界限分明,以便统计人员能确定和熟练掌握。

6. 报表统计目录的规定

统计目录是指在报表主栏中填报的统计分组和具体项目的一览表,大体可分为两类:一类是分组用的目录,如国民经济部门分类目录、工业部门分类目录等;另一类是具体项目的目录,如工业产品目录、主要技术经济指标目录、主要设备及原材料目录等。

7. 报表管理办法的制定

对报表的管理应包括制定报表的程序和审批制度,报表的定期清理和整顿等。在统计报表的管理中要遵守统一组织、统一审核、统一实施的原则。

(五) 统计报表的资料来源

统计报表的资料来源于基层单位的原始记录。从原始记录到统计报表,中间还要经过统计台账和企业内部报表。

1. 原始记录

原始记录是基层单位对其从事的生产经营活动,通过一定的表格形式所进行的第一手数字或文字的记录。它是未经任何加工整理的初级资料,是对企业整个活动的过程和成果的一事一时的记录,如当日的生产记录、出勤记录、工时记录、现金收支凭证、库存记录等。

2. 统计台账

统计台账是分级填报报表的单位根据经营管理需要而设置的一种系统积累统计资料的表册。它将分散的原始记录资料,分门别类地按时间顺序登记在表册上,使资料系统化。其基本形式有多指标综合台账和单指标分组台账两种。

3. 企业内部报表

企业内部报表是企业根据原始记录和统计台账,经过汇总计算后编制的。它是企业内部各职能部门和企业领导取得统计资料的一种形式,也是搞活企业、实行科学管理、提高企业经济效益的主要信息来源。它只在企业内部实行,是编制基本统计报表和专业统计报表的基础。

二、普查

(一) 普查的概念和特点

普查是指为了某一特定目的而专门组织的一次性全面调查,如人口普查、工业普查、农业普查等。世界各国一般都定期进行各种普查,以便掌握有关国情、国力的基本统计资料。

普查主要用于搜集那些不能够或者不适宜用定期全面报表搜集的,处于某一时点状态上的社会经济现象的数据资料,目的是全面、系统地掌握国情、国力的基本情况,为国家制定有关方针、政策提供事实依据。

普查作为一种特殊的调查方式,具有以下特点。

① 普查通常是一次性的或周期性的。由于普查涉及面广、调查单位多,需要耗费大量的人力、物力和财力,一般需要间隔较长的时间进行一次,如我国人口普查从 1953 年至目前共进行了 6 次,另外还进行 3 次全国经济普查(第 4 次正在进行中)、农业普查 3 次、工业普查 3 次、第三产业普查 1 次和基本单位普查 2 次。

② 普查一般要规定统一的标准时间,以避免调查数据的重复或遗漏,保证普查结果的准确性。例如,我国前 4 次人口普查的标准时间为普查年份的 7 月 1 日零时,第五次和第六次人口普查的标准时间为普查年份的 11 月 1 日零时;农业普查的标准时间为普查年份的 1 月 1 日零时。经济普查的标准时间为普查年份的 12 月 31 日。标准时间一般定为调查对象比较集中、变动相对较小的时间。

③ 普查的数据一般比较准确,规范化程度较高,因此,可以为抽样调查或其他调查提供基本依据。

(二) 普查的组织形式

普查工作一般是采用"逐级布置,逐级汇总"的办法,需要花费大量的时间。随着计算机的普及与功能强大,资料汇总的时间将大大缩短。当调查任务紧迫时,为了满足国家的紧急需要,就必须组织快速普查。快速普查是一种特殊形式的普查,调查项目少,涉及范围小,要求时效强,一般多采取"越级布置,越级上报"的办法。组织普查的最高机构可以越过一切中间环节,直接将调查方案下达到被调查的基层单位;基层单位可以越过一切中间环节,以电信方式或直接将普查资料上报组织普查工作的最高机构,进行集中汇总,达到缩短整理时间的目的。

普查有以下两种组织形式。

① 成立专门的普查机构,从中央到地方,建立普查领导小组,配备普查员,对调查单位进行直接登记,如全国人口普查等。

② 基层单位利用本身的组织系统和它们的原始记录、核算资料进行资料搜集,不再另外设置专门的普查机构,但在利用本系统组织结构的基础上,也需有专门的组织和人员从事该项普查工作,如全国工业普查等。

三、重点调查

(一) 重点调查的概念和特点

重点调查是指在调查对象中选择一部分重点单位进行的一种非全面调查方法。重点单位是指调查对象中的一小部分单位,但其某一主要标志总量在总体标志总量中却占较大的比重。因而对这部分重点单位进行调查所取得的统计数据能够反映社会经济现象发展变化的基本趋势。

重点调查的特点如下。

① 由于重点调查单位的选择着眼于调查对象的标志值总量的比重,因而它的选择不带有主观的因素。因此,对于某些单位因技术先进、管理先进或特殊原因而被列为重点管理单

位的,只要调查的标志值总量在调查对象总体中不占绝大比重,就不是重点调查的单位。

② 重点调查的目的是反映现象总体的基本情况。一般地说,若调查任务只要求掌握现行的基本情况,而部分重点单位又能比较集中地反映所研究的项目和指标时,采用重点调查比较适宜。由于重点调查中的重点单位与一般单位的标志值差别很大,所以,重点调查的结果不能用来推断总体的总量指标。

(二) 重点单位的选择

重点调查的关键在于确定重点单位。重点单位是指在总体中具有举足轻重作用的单位,这些单位虽然数目不多,但就调查的标志值来说,它们在总体中却占了绝大部分比重。通过对这些单位的调查,能够反映出整个研究对象的基本情况。因此,当调查任务只要求对总体的基本情况进行了解,而部分重点单位又能集中反映所研究的问题时,便可采用重点调查的方式。

选取重点单位,应遵循以下两个原则。一是要根据调查任务的要求和调查对象的基本情况来确定选取的重点单位及数量。一般来讲,要求重点单位应尽可能少,而其标志值在总体中所占的比重应尽可能大,以保证有足够的代表性。二是要注意选取那些管理比较健全、业务力量较强、统计工作基础较好的单位作为重点单位。

(三) 重点调查的适用条件

① 总体中要有重点单位。例如,对全国汽车行业生产情况进行调查,就可采用重点调查。因为全国汽车的生产量较为集中在一汽、上海汽车、二汽等特大型企业。有了重点单位,就可采用重点调查的方法来了解总体的基本情况。对于没有重点单位的总体现象,就不能采取重点调查。例如,对全国居民生活水平的调查,对某地区饮食业经营情况的调查等。

② 调查任务只要求掌握调查总体的基本情况而不是详细情况,不需进行数量上的准确推算。

具备以上条件时,便可采用重点调查方法组织调查。

(四) 重点调查的组织形式

重点调查根据研究问题的不同需要,可以采取一次性调查,也可以进行定期调查。一次性调查适用于临时调查任务;定期调查适用于经济性调查任务,可以颁发定期报表,由所选择的重点单位填报,定期观察一些重点单位的主要技术经济指标的完成情况及其变动。

四、典型调查

(一) 典型调查的概念和特点

典型调查是根据调查的目的和要求,在对调查对象进行初步分析的基础上,有意识地选取少数具有代表性的典型单位进行深入、细致的调查研究,借以认识同类事物的发展变化规律及其本质的一种非全面调查。所谓典型单位,是指在所有总体单位中最能体现总体某一方面共性的单位。例如,要研究工业企业的经济效益问题,可以在同行业中选择一个或几个经济效益突出的单位作为典型,做深入、细致的调查,从中找出经济效益好的原因和经验。

典型调查的特点如下。

① 调查单位是从调查对象总体中有意识地挑选出来的。显然,典型调查单位的确定取

决于调查者的主观认识。由于社会经济现象的复杂性和希望调查结果尽可能准确些,这就要求被选中的各个典型单位在总体所要研究的特征中最具有代表性,这些典型单位的数量标志表现最能反映总体各单位的一般水平。

② 典型调查是对典型单位进行深入、细致的调查。在典型调查中,因为所选取的单位是典型的,所以调查单位较少,设置的指标可多一些、内容可细一些,以便对现象的存在状况和发展状况进行深入的分析和研究。

③ 调查的目的是了解被研究对象的特征和发展趋势。

(二)典型调查的形式和方法

1. 典型调查的形式

典型调查有两种形式。一种是对个别典型单位进行的调查和研究,即"解剖麻雀"式典型调查。它可以对少数典型做深入、细致的分析研究,做到采集资料与分析研究相结合,并能解决一些不可能用报表来回答的问题,其目的在于通过典型单位的特征来说明事物的一般情况或规律性。另一种是在对总体进行分类的基础上,选择一部分典型单位进行调查,即"划类选典"式典型调查。在总体单位比较多、各单位发展条件和发展程度又相差较大时,就需要将总体单位按某种与研究任务有关的标志划分为若干个组,以缩小组内各单位的差异,然后再从各组中选出典型单位。

2. 典型调查的方法

进行典型调查的具体方法有直接观察、个别访问和开调查会,其中,开调查会是典型调查最常用的有效方法。调查之前要拟好调查提纲,做好充分准备,以便取得更好的调查效果。

(三)典型单位的选择

与重点调查类似,典型调查的关键也在于典型单位的选择。要选出能够反映总体分布特征的典型,总的原则是以研究对象的特点和调查目的为依据,同时需注意以下几个方面。

1. 根据调查目的确定典型单位

调查目的不同,确定的典型单位也不同。如果调查目的是为了取得成功的经验或失败的教训,可以选择好的或差的单位作为典型;如果调查的目的是研究新生事物,可以选择能反映新生事物特性的单位作为典型。

2. 根据调查对象具体情况,选择典型单位的个数

如果各单位的差别不大时,典型单位可少选些;如果差别大,则要多选些。最好用划类选典的方法,划分出不同类型组来分别选择典型,以减少典型单位标志值的差异,提高调查结果的准确度。

(四)典型调查的应用范围

典型调查适用于调查总体同质性比较大的情况。同时,它要求研究者有较丰富的经验,在划分类别、选择典型上有较大的把握。该种调查法较为细致,适用于对新情况、新问题的调研。典型调查法具有省时、省力的优点,但也有不够准确的缺点。典型调查一般用于调查样本太大,而调查者又对总体情况比较了解,同时又能比较准确地选择有代表性对象的情况。

五、抽样调查

（一）抽样调查的概念

抽样调查是按照随机原则,在调查研究对象中抽选一部分单位作为样本,根据样本资料来估计和推断总体数列特征的一种非全面调查方法。显然,抽样调查虽然是非全面调查,但它的目的却在于取得反映总体情况的信息资料,因此,也可起到全面调查的作用。

（二）抽样调查的特点

抽样调查与其他非全面调查相比,具有以下特点。

① 完全排除主观意识,调查样本是按随机原则抽取的,在总体中每一个单位被抽取的机会是均等的,因此,能够保证被抽中的单位在总体中的均匀分布,不至于出现倾向性误差,代表性强。

② 能从数量上推断总体是以抽取的全部样本单位作为一个代表团,用整个代表团来推断总体的数量特征。

③ 抽样误差可以事先计算并加以控制,在调查前就可以根据调查样本数量和总体中各单位之间的差异程度进行计算,并控制在允许范围以内,调查结果的准确程度较高。

基于以上特点,抽样调查被公认为是非全面调查方法中用来推算和代表总体最完善、最有科学根据的调查方法。

任务四　调查问卷的设计

问卷调查是指通过制定详细周密的问卷,要求被调查者据此进行回答以搜集资料的方法。所谓调查问卷是一组与研究目标有关的问题,或者说是一份为进行调查而编制的问题表格,又称调查表。问卷调查是人们在社会调查研究活动中用来搜集资料的一种常用工具。调研人员借助这一工具对社会活动过程进行准确、具体的测定,并应用社会学统计方法进行量的描述和分析,获取所需要的调查资料。

一、调查问卷的含义与结构

（一）问卷的含义

依据统计研究的目的和要求,按照一定的统计理论设计出来的,由一系列问题、项目备选答案及说明所组成的,向被调查者搜集资料的一种工具。

（二）问卷的种类

问卷有两种,一种是自填式问卷,由被调查者自己填答;另一种是代填式问卷,由调查者根据被调查者的回答填写。

（三）调查问卷的基本结构

问卷的基本结构包括调查问卷的题目、引言、被调查者的基本情况、调查问题和答案、填写要求和解释、结束语等几部分。

① 调查问卷的题目。调查问卷的题目是问卷的主题,要简明扼要地概括出问卷的内容和性质,要准确、醒目、突出,要有吸引力、感染力,能激发被调查者的兴趣。如大学生就业心理调查问卷、济职财经商贸学院在校生手机消费状况调查问卷等。

② 引言。引言一般位于问卷开头,包括调查目的、调查者身份、填写方法、注意事项等内容,态度要诚恳、亲切,要用简练、准确的语言来表达,便于与被调查者沟通,使其了解此次调查的意义,引起被调查者重视和兴趣,赢得被调查者的支持与合作。

③ 被调查者的基本情况。被调查者的基本情况是被调查者的一些主要特征,是对调查资料进行分类的基本依据。这部分便于进行构成分析,也便于进行资料的筛选。其主要包括被调查者的性别、民族、职业、文化程度、收入、婚姻、家庭人口等,具体内容可根据调查的目的、要求而增减。

④ 调查问题和答案。调查问题和答案是调查问卷的主要组成部分,资料的搜集主要通过这一部分来完成。其内容包括要了解的各种问题和相对应的备选答案。

⑤ 填写要求和解释。填写要求和解释是对填表的要求、方法、注意事项等总的说明。

⑥ 结束语。对被调查者感谢,以及对问卷设计和问卷调查的感受。此部分有时可以不要。

二、问题的设计

(一)问题设计的种类

按调查内容分:事实性问题、意见性问题和解释性问题。事实性问题是指根据事实回答的问题;意见性问题是指用于了解被调查者的意见而设计的问题;解释性问题是指为了了解被调查者行为、看法等产生的原因而设计的问题。

按回答方式分:开放式问题和封闭式问题。开放式问题是指不提供备选答案而需要被调查者自由回答的问题;封闭式问题是指列出所有可能答案以供选择的问题。

开放式问题主要分为两种类型:填空题和自由回答题。

① 填空题是指留出空格,由被调查者自己根据实际情况来填写的问题。例如,你喜欢的手机品牌是:①_____;②_____;③_____;④_____。你的年龄是_____。

② 自由回答题是指由被调查者自由回答的问题。例如,你家的电视是什么品牌?你每月的生活费是多少元人民币?

封闭式问题的表达方法常见的有双向选择、多项选择、排序选择、等级评定等。

① 双向选择。该类选择题的答案只有两项,被调查者选择其中一项。这是封闭式问题中最简单的一种。例如:

你家有小汽车吗?　　A. 有　　B. 没有

② 多项选择。这是指列出 3 个或 3 个以上的答案,由被调查者从中选择。根据答案多少的不同有 3 种选择类型:单选、多选、限选。

A. 单选。这是指从备选答案中选择一项。例如:

请问你的工资收入是多少?

a. 3 000 元以下　　b. 3 000~5 000 元　　c. 5 000~7 000 元　　d. 7 000~9 000 元

e. 9 000 元以上

B. 多选。要求被调查者选择两个或两个以上的答案。例如:

目前你迫切需要解决的问题是什么?(至少选两项)

a. 业务进修　　b. 更换工作　　c. 找工作　　d. 找对象　　e. 增加收入

f. 改善居住条件　　g. 获得理解　　h. 其他(请注明)

又如:你家今明两年是否准备以下项目支出:

a. 购买家电设备　　b. 现有住房装修　　c. 购买成套家具　　d. 支付子女教育费

e. 购买汽车　　f. 国内或国际旅游　　g. 购买(或置换)房屋

C. 限选。这是指要求在备选答案里限定选几项。例如:

在家庭耐用消费品中你优先购买哪几种?(限选 3 项)

a. 彩电　　b. 冰箱　　c. 洗衣机　　d. 热水器　　e. 空调　　f. 电脑　　g. 手机

h. 摄像机　　i. 轿车　　j. 健身器材

③ 排序选择。这是指在列出的多个答案中,由被调查者对所选的答案按要求顺序进行排序。例如:

你上大学确定专业方向时考虑的因素有哪些?(按考虑因素的先后顺序排序)

a. 个人兴趣、爱好及特长　　b. 预期就业　　c. 预期收入　　d. 发展前景

e. 预期工作环境　　f. 别人建议　　g. 其他(请注明)

④ 等级评定。答案由表示不同等级的形容词组成,让被调查者选择。例如:

你对我们公司提供的售后服务满意程度如何?

a. 非常满意　　b. 满意　　c. 较满意　　d. 不满意　　e. 很不满意

(二) 问题设计的原则

① 设计问题要符合客观实际、经济发展水平和人们的习惯。

② 设计问题不能太多。问题过多,被调查者可能不愿意回答,问卷的回收率低。

③ 设计问题应是被调查者有能力回答的,应避免设计被调查者不了解的问题。

④ 设计问题时不能直接提出禁忌或敏感性问题。

⑤ 设计问题不能带有诱导性或倾向性,要保持客观中立。

⑥ 设计问题的内容要单一,一个问题只能有一个询问内容。

⑦ 设计问题的语言要简单易懂、标准规范。少用一般、经常、很多等词语。

⑧ 设计问题的排列要讲究逻辑性。先简后难;先过去,后现在、将来;先封闭,后开放;先事实性问题,后意见性和解释性问题。

三、问题答案的设计

(一) 问题答案的设计形式

① 是非式。问题只有两个相对立的答案可供选择。例如,双向选择题中的答案有"a. 有　b. 无""a. 是 b. 非"或"a. 对 b. 错"等。

② 多项式。问题有 3 个或 3 个以上的备选答案。多项选择中的备选答案就属于多项式类型。

③ 顺位式。要求将备选答案按重要程度等排出顺序。例如：

你购买商品考虑的主要因素是:(请按你认为的重要性在□中写上位序)

a. □实用价值　　b. □品牌　　c. □商品质量　　d. □售后服务　　e. □价格

④ 程度评价式。列出几个不同程度的答案并排序给分,分差相等,被调查者选择一个答案。多个备选答案中的单选题就属于这种类型。例如：

你家人均月收入是：

a. 3 000元以下　　b. 3 000~4 000元　　c. 4 000~5 000元　　d. 5 000~6 000元

e. 6 000~7 000元　　f. 7 000~8 000元　　g. 8 000元以上

（二）问题答案的设计原则

① 所列答案应包括所有可能的回答。如果答案过多,可将不太重要的答案用"其他"来代替。

② 不同答案之间不能相互包含。例如：

你喜欢哪项体育运动？

a. 游泳　b. 跑步　c. 球类　d. 足球　e. 篮球　f. 田赛　g. 跳高　h. 其他

很显然,答案c中包括d、e；答案f中包括g。

③ 答案的表达必须简单易懂、规范,并符合通用标准和惯例。

④ 每一项答案都应有明显的填答标记。例如,填答标记：A、□、@、（　）、[　]，打"√"或"×"或涂黑等。

复习思考题

一、填空题

1. 常用的统计调查方式主要有_____、_____、_____、_____、_____等。
2. 统计调查按调查范围不同可分为_____、_____。
3. 重点调查是在调查对象中选择一部分_____进行调查的一种_____调查。
4. 调查表一般由_____、_____和_____3个部分组成。

二、单项选择题

1. 下列调查中,调查单位与报告单位一致的是(　　)。
   A. 企业设备调查　　B. 工业普查　　C. 人口普查　　D. 农村牲畜调查
2. 某地区有200家工业企业,现要调查这些企业生产设备状况,调查单位是(　　)。
   A. 200家企业　　B. 每个工业企业　　C. 全部生产设备　　D. 每件生产设备
3. 对全国各铁路交通枢纽的货运量、货物种类进行调查,以了解全国铁路货运概况,这种调查属于(　　)。
   A. 普查　　B. 重点调查　　C. 典型调查　　D. 抽样调查
4. 抽样调查与典型调查都是非全面调查,二者的根本区别在于(　　)。
   A. 调查范围目的不同　　　　B. 选取调查单位方法不同
   C. 组织方式不同　　　　　　D. 作用不同

5. 调查对象与调查单位具有一定的对应关系,如果调查对象是全部商业企业,则调查单位是(　　)。
    A. 每一件商品　　　　　　　　　　B. 每一个商业企业
    C. 每一个商业企业领导　　　　　　D. 职工每一个销售班组
6. 抽样调查抽取样本时必须遵守的原则是(　　)。
    A. 随机性原则　　B. 灵活性原则　　C. 可靠性原则　　D. 准确性原则
7. 统计调查方案的首要问题是(　　)。
    A. 确定调查目的　　B. 确定调查对象　　C. 确定调查项目　　D. 确定调查时间
8. 下列调查中,属于全面调查的是(　　)。
    A. 普查　　　　　B. 重点调查　　　　C. 典型调查　　　　D. 抽样调查
9. 下述调查中,属于经常性调查的是(　　)。
    A. 对 2010 年大学毕业分配状况的调查　　B. 我国的人口普查
    C. 按月上报的钢铁产量　　　　　　　　　D. 对物价变动情况进行一次摸底调查
10. 对百货商店工作人员进行普查,调查对象是(　　)。
    A. 各百货商店　　　　　　　　　　B. 各百货商店的全体工作人员
    C. 一个百货商店　　　　　　　　　D. 每位工作人员
11. 全国人口普查中,调查单位是(　　)。
    A. 全国人口　　　B. 每一个人　　　　C. 每一户　　　　D. 工人工资
12. 某城市拟对占全市储蓄额 4/5 的几个大储蓄所进行调查,以了解全市储蓄的一般情况,则这种调查方式是(　　)。
    A. 普查　　　　　B. 典型调查　　　　C. 抽样调查　　　　D. 重点调查
13. 某市 2017 年工业企业经济活动成果的统计年报的呈报时间为 2018 年 1 月 31 日,则调查期限为(　　)。
    A. 一年　　　　　B. 一年零一个月　　C. 一个月　　　　　D. 一天
14. 人口普查规定统一的标准时间,是为了(　　)。
    A. 避免登记的重复和遗漏　　　　　B. 确定调查的范围
    C. 确定调查的单位　　　　　　　　D. 登记的方便
15. 某市进行工业企业生产设备普查,要求在 7 月 1 日至 7 月 10 日全部调查完毕,则这一时间规定是(　　)。
    A. 调查时间　　　B. 调查期限　　　　C. 标准时间　　　　D. 登记期限

三、多项选择题

1. 统计调查方案的内容包括(　　)。
    A. 确定调查对象和调查单位　　　　B. 确定调查目的
    C. 确定调查时间　　　　　　　　　D. 设计调查表和问卷
    E. 统计调查的组织工作
2. 统计调查按调查范围不同,可分为(　　)。
    A. 全面调查　　　B. 一次性调查　　　C. 专门调查　　　　D. 非全面调查
    E. 经常性调查

3. 调查单位是(　　　)。
   A. 调查中所要调查的具体单位
   B. 负责向上报告调查内容的单位
   C. 调查项目的承担者
   D. 需要调查的社会经济现象总体的每个单位
   E. 所需调查的那些社会经济现象总体

4. 普查属于(　　　)。
   A. 全面调查　　B. 一次性调查　　C. 经常性调查　　D. 专门调查
   E. 非全面调查

5. 自中华人民共和国成立以来,已经进行过 6 次人口普查,第一次与第二次间隔 11 年,第二次与第三次间隔 18 年,第三次与第四次间隔 8 年,这种调查是(　　　)。
   A. 全面调查　　B. 一次性调查　　C. 经常性调查　　D. 专门调查
   E. 定期调查

6. 全面调查包括(　　　)。
   A. 重点调查　　　　　　　　　　B. 典型调查
   C. 抽样调查　　　　　　　　　　D. 经常性的统计报表
   E. 普查

7. 重点调查适用于(　　　)。
   A. 调查任务要求掌握研究对象的基本状况
   B. 调查任务要求掌握事物的发展趋势
   C. 调查任务要求掌握详细资料
   D. 总体中存在重点单位
   E. 总体中都是一般单位

8. 对某校在校大学生学习状况进行调查,则(　　　)。
   A. 调查对象是该校全部大学生　　　B. 调查对象是该校每个大学生
   C. 调查单位是该校每个大学生　　　D. 调查单位是学生的成绩
   E. 调查项目是学生的成绩

9. 我国第六次人口普查的标准时间是 2010 年 11 月 1 日零时,下列情况中,应统计人口数的有(　　　)。
   A. 2010 年 11 月 2 日 1 时出生的婴儿　　B. 2010 年 10 月 30 日 6 时出生的婴儿
   C. 2010 年 10 月 30 日 14 时死亡的人　　D. 2010 年 11 月 1 日 1 时死亡的人
   E. 2010 年 10 月 29 日出生,11 月 1 日 3 时死亡的婴儿

10. 下列各调查中,调查单位和填报单位一致的是(　　　)。
    A. 企业设备调查　　　　　　　　B. 人口普查
    C. 工业企业普查　　　　　　　　D. 商业企业调查
    E. 商品价格水平调查

四、判断题

1. 统计报表是我国定期取得统计资料的一种重要方式。　　　　　　　　　　(　　)

项目二　统计调查

2. 抽样调查在我国统计调查方法体系中处于主体地位。　　　　　　　（　）
3. 我国的人口普查每10年进行一次。因此,它是一种经常性调查方式。　（　）
4. 统计报表有全面报表和非全面报表之分。　　　　　　　　　　　　（　）
5. 抽样调查中存在抽样误差,因此,抽样推断是不准确的。　　　　　　（　）
6. 重点调查的重点单位是根据当前的工作重点来确定的。　　　　　　（　）
7. 调查时间是指进行调查工作所需的时间。　　　　　　　　　　　　（　）
8. 调查单位同时又一定是填报单位。　　　　　　　　　　　　　　　（　）
9. 调查对象就是统计总体,而统计总体不都是调查对象。　　　　　　　（　）
10. 在统计调查中,调查对象可以同时又是调查单位,调查单位可以同时又是总体单位。
　　　　　　　　　　　　　　　　　　　　　　　　　　　　　　　（　）

五、简答题

1. 统计调查的方法有哪些?
2. 调查对象、调查单位与报告单位的关系是怎样的?
3. 重点调查中,怎么选择重点单位?
4. 一个完整的科学的调查方案应该包括哪些内容?

六、案例分析

1. 人口普查是一次性专门调查,属于全面调查。定期开展人口普查的目的是查清我国人口在数量、结构、分布和居住环境等方面的情况变化,为制定规划,统筹安排财力、物力,提供科学、准确的统计信息支持。第六次人口普查的对象是在中华人民共和国境内居住的自然人,调查单位是每一个人,填报单位是一家一户,普查的标准时间是2010年11月1日零时,调查期限是11月1日到11月10日。

2. 某手机生产厂家想通过市场调查了解以下情况:企业手机的知名度;企业手机的市场占有率;用户对手机质量的评价和满意程度。

(1) 应该采取什么样的调查方式进行该项调查?
(2) 设计出一份调查问卷。

项目三
统计整理技术

 **项目说明**

本项目主要介绍统计整理的基本理论,包括统计整理的含义和内容、统计分组的类型和方法、分配数列的类型和编制方法、统计表的构成和编制方法等。通过学习,能够掌握统计整理的基本知识,学会统计数据整理的基本操作,能根据原始数据编制合理的分配数列,并在此基础上编制统计表、绘制统计图。

 **能力目标**

1. 熟悉对数据资料进行科学分组、变量数列编制。
2. 掌握汇总技术。

知识目标

1. 了解统计整理的含义和统计分组的概念。
2. 理解统计整理的意义和分组标志选择的注意事项。

任务导入

要评析统计学考试成绩,首先要登分,那么,完成登分之后,数据要整理成怎样的形式,才能对考试成绩进行评析呢?为了对某班40位学生的成绩进行了解,现在学校对此班级进行调查,发现此班40名学生统计学的考试成绩分别为:

```
68  89  88  84  86  87  75  73  72  68
75  82  97  58  81  54  79  76  95  76
71  60  90  65  76  72  76  85  89  92
64  57  83  81  78  77  72  61  70  81
```

如何整理以上数据,才能便于分析学生考试情况呢?

任务分析

统计资料整理(简称统计整理)是统计工作的第三个阶段。它在整个统计工作过程中起着承前启后的作用,既是统计调查的继续和深化,又是统计分析的基础和前提;既是从感性认识上升到理性认识的过渡阶段,又是统计调查和统计分析的连接点。

项目三 统计整理技术

相关知识

任务一 统计整理的意义和程序

一、统计整理的概念与作用

（一）统计整理的概念

统计整理是指根据统计研究的目的和任务,对统计调查所得的原始资料进行科学的分类和汇总,或对已经过初步加工的次级资料进行再加工,使其系统化、条理化、科学化,以反映所研究现象总体特征的工作过程。

（二）统计整理的作用

① 通过统计调查搜集得到的资料,只能反映总体各单位的具体情况,是分散、零碎、表面的。例如,人口普查中搜集到的人口资料,只能说明每一个人的具体情况,如每个人的性别、年龄、文化程度等。要说明总体情况,揭示总体的内在特征,还需要对这些资料进行加工整理,使之系统化,以便通过综合指标对总体做出概括性的说明。所以,必须通过对人口总体中每个人的资料进行整理、分组、汇总等加工处理后,才能得到人口总体的综合情况,从而了解人口总体的规模、结构、增减变动状况等,达到对人口总体的系统认识。

② 统计整理是实现由对个别现象的认识过渡到对总体现象的认识,由对事物表象的认识过渡到对其本质及内在联系的认识,由感性认识上升到理性认识的过程,是达到统计研究目的的重要环节。统计调查所搜集到的资料,只有通过科学的审核、分类、汇总等整理工作,才能使统计在认识社会的过程中,实现由个别到全体、由特殊到一般、由现象到本质、由感性到理性的转化,才能从整体上反映出事物的数量特征。否则,统计调查所得的资料再丰富、再完备,其作用也发挥不出来,统计调查就将徒劳无益,统计分析也将无法进行。

③ 统计整理还是积累历史资料的必要手段。统计研究中经常要用到动态分析,这就需要有长期积累的历史资料。而根据积累资料的要求,对已有的统计资料进行筛选,以及按历史的口径对现有的统计资料重新调整、分类和汇总等,都必须通过统计整理工作来完成。

二、统计整理的程序

统计整理是一项细致的工作,需要有计划、有组织地进行。从完整的工作程序来看,统计整理的基本步骤如下。

（一）设计和编制统计整理方案

统计整理方案是根据统计研究的目的和要求,事先对整个工作做出全面的计划和安排。其主要内容包括确定汇总的指标与综合统计表,确定分组方案,选择资料汇总形式,确定资料审查的内容与方法,确定与历史资料的衔接方法,对整理的各工作环节做出时间安排和先后顺序安排等。统计资料整理方案是保证统计整理工作按时、按质、按量完成的指导性文件，方案设计是否合理直接关系到统计整理工作的质量。

（二）对调查资料进行审核

在对统计资料进行整理前，首先需要对其进行严格的审核，以保证数据的质量，为进一步的整理和分析打下基础。审核的内容主要包括调查资料的准确性、及时性和完整性等几个方面。

① 审核调查资料的准确性是汇总前审核的重点。审核的方法主要有逻辑性审核和计算审核两种。逻辑性审核是利用逻辑理论检查调查资料内容是否符合客观实际，调查表或报表中的内容是否合理。例如，人口普查中，某人的记录出现年龄"12岁"、职业"教师"的逻辑错误。再如，对某市高中学生的调查中，某人身高是"1.75米"，体重为"18千克"，这其中必有一项是错误的。计算审核是审核调查表或报表中各项数字指标的口径、计算方法、计量单位、计算结果是否有误，小计、合计、总计之间的关系以及表间的关系是否正确等。

② 审核调查资料的及时性是审核调查资料是否按规定的时间报送，是否及时报送；若未按规定时间或未及时报送要检查其原因。

③ 审核调查资料的完整性是审核所有被调查单位的调查资料是否齐全，是否有重复和遗漏。另外，还要审核调查表中应填写的项目是否填写齐全。

（三）对调查资料进行分组、汇总、计算

根据统计整理方案的要求，按已确定的汇总组织形式和具体方法，依照一定标志，对调查资料进行分组。按分组的要求，对各项数字进行汇总，计算分组单位数、总体单位数、分组标志总量和总体标志总量。在统计整理过程中，对大量的原始资料进行分组、汇总和计算是一项主要的工作。

（四）编制统计表、绘制统计图

将整理好的统计资料用统计表或统计图的形式表现出来，以简明、扼要地表现社会经济现象在数量方面的具体特征和相互关系。

任务二　统计分组

一、统计分组的概念与作用

（一）统计分组的概念

统计分组是根据统计研究的目的和研究对象的特点，将统计总体按照一定的标志划分为若干个组成部分的一种统计方法。总体中的这些组成部分称为"组"，也就是大总体中的小总体。统计分组是在统计总体内部进行的一种特定分类，同时具有两个方面的含义：对总体而言是"分"，即将总体分为性质相异的若干部分；对个体而言是"合"，即将在某些方面性质相同的个体组合起来。能够对统计总体进行分组，是由统计总体中各单位所具有的差异性的特点决定的。统计总体中各单位，一方面在某一个或几个标志上具有相同的性质，可以

被结合在同一性质的总体中;另一方面,又在其他标志上具有彼此相异的性质,从而又可以被区分为性质不同的若干个组成部分。例如,2018年末,我国总人口数为139 538万人,对这一总体进行分组时,可以按性别这一标志进行,分组结果如表3.1所示。

表3.1 2018年末中国人口数及其构成情况

性 别	人 口 数	
	绝对数/万人	相对数/(%)
男	71 351	51.13
女	68 187	48.87
合计	139 538	100.00

资料来源:国家统计局2018年1月统计数据。

统计分组是基本的统计方法之一,在统计资料的整理和分析中都要广泛地应用分组。而分组的好坏直接关系到统计整理的质量,关系到统计分析的结论是否正确。

(二)统计分组的作用

1. 可以划分现象的类型

统计分组的主要作用是划分现象的类型。社会现象是复杂多样的,有着各自不同的表现和发展规律。认识社会现象若仅仅从总体上把握,那只是概括的、表面的,难以深入下去,不能了解现象内部的数量构成、相互间关系及变化规律。运用统计分组法将现象总体划分为不同类型组之后再进行研究,才能知道该现象总体由哪些类型构成,各类型的状态、关系及变化等问题,才能真正地认识社会现象,研究才能得以深入。例如,我国经济分为公有经济和非公有经济,公有经济包括国有及国有控股经济和集体经济,非公有经济包括个体经济、股份制经济、外商及港、澳、台商投资经济;工业划分为重工业和轻工业;社会产品划分为生产资料和消费资料;人口划分为城镇人口和农村人口。

2. 可以分析总体内部结构和总体结构特征

结构即事物内部的组织形态。现代科学早已证明研究对象的性质和特点、发生和发展的规律性均源于其现象内部的结构。事物的结构不同、性质不同、功能不同,发展变化的规律也不同。所以,研究问题必须研究其结构,而现象的内部结构在"量"的方面就体现为部分在整体中所占比重和部分与部分之间的比例,其科学的计算当然必须建立在统计分组之上。在社会经济问题的分析和研究中,经常分析研究的结构有:经济类型结构、产业结构、产品结构、投资结构、消费结构、技术结构、人才结构,农业生产活动中的种植业、林业、畜牧业和渔业结构,畜牧业生产中的畜群结构等。例如,某地区2014—2018年按三次产业分类就业人员构成情况,如表3.2所示。

表3.2 2014—2018年某地区按三次产业分类的就业人员构成情况　　　　　　%

年 份	2014	2015	2016	2017	2018
第一产业	50.0	49.1	46.9	44.8	42.6
第二产业	21.4	21.6	22.5	23.8	25.2
第三产业	28.6	29.3	30.6	31.4	32.2

以上资料表明,2014—2018年该地区第二、第三产业就业人数的比重在不断上升,而第一产业就业人数的比重在不断下降,这是该地区大力发展第二、第三产业的结果,也是该地区建设小康社会,不断提高人民生活水平的需要。

3. 可以揭示现象之间的依存关系

一切社会经济现象都不是孤立存在的,而是相互联系、相互依存、相互制约的整体。要揭示和研究现象之间的关系及其影响与作用程度,可以首先将总体按某一个标志分组,同时观察和分析其他标志在这种分组下的实际情况,以揭示现象之间的相互联系、相互依存和相互制约的关系。例如,某地区农作物的施肥量与单位面积产量之间的关系,如表3.3所示。

表3.3 某地区农作物的施肥量与单位面积产量的关系

化肥施用量/(kg/km²)	每平方千米产量/kg
23 250	565 500
26 700	624 900
29 100	679 200
30 750	721 650
32 700	696 600

表3.3中的分组资料反映了化肥施用量与农作物单位面积产量之间的依存关系。一般随着化肥施用量的增加,农作物单位面积产量也在增加,但当化肥施用量为32 700kg/km²时,农作物每平方千米产量则减少到696 600kg。因此,过少或过多的施用量都可以使农作物产量降低。

二、统计分组的种类

（一）按分组的任务和作用不同,统计分组可以分为类型分组、结构分组和分析分组

类型分组是指将复杂的现象总体划分为若干个不同性质的部分。一般认为,现象总体按主要的品质标志分组,多属于类型分组。类型分组的目的是划分现象的类型,如工业企业按大、中、小型分组,如表3.4所示。

表3.4 某省工业企业产值

按大、中、小型分	2017年		2018年	
	产值/亿元	比重/(%)	产值/亿元	比重/(%)
大型工业企业	38 303.21	45	44 815.99	47
中型工业企业	10 689.81	12	12 542.41	13
小型工业企业	36 680.64	43	38 090.58	40
全省总计	85 673.66	100.00	95 448.98	100.00

结构分组是指在总体分组的基础上计算出各组对总体的比重。其目的是揭示现象内部结构。一般认为,按数量标志分组为结构分组。例如,将全班同学按考试成绩分组,如表3.5所示。

表3.5 某班学生成绩分布

成绩/分	人数/人	百分比/(%)
60以下	2	4.44
60~70	10	22.22
70~80	18	40.00
80~90	12	26.67
90以上	3	6.67
合计	45	100.00

分析分组的目的是研究现象之间的依存关系。例如,商业企业按营业额分组后,再计算各组的平均商品流通费用率,就可以分析出商品营业额和流通费用率之间的关系,如表3.6所示。

表3.6 某集团公司所属连锁商店商品流通费用率

营业额/万元	企业个数/个	流通费用率/(%)
50以下	20	13.4
50~100	42	11.8
100~200	125	10.5
200~400	38	9.7
400~600	6	8.3
600以上	2	6.5
合计	233	—

(二)按分组标志的多少,统计分组可分为简单分组和分组体系

统计分组按分组标志的多少及其排列形式可分为简单分组、平行分组体系和复合分组体系。在现实经济生活中,这3种形式都有广泛的应用价值。

1. 简单分组

简单分组就是对被研究现象总体仅按一个标志所进行的分组。这种分组比较简单,只能说明社会经济现象某一方面的状况。例如,人口按性别或年龄分组、企业按所有制或规模大小进行分组,等等。

2. 分组体系

在统计整理中,为了全面认识被研究现象总体,常常需要运用多个分组标志对总体进行分组,形成一系列相互联系、相互补充的分组体系。例如,对国民经济总体进行统计研究,必须通过按经济类型、部门、产业、地区、管理系统等多种分组,形成国民经济分组体系。在所要研究现象总体中,总是可以选择一系列标志进行分组,所以,分组体系是客观存在的,组与组之间层层深入、相互联系、相互补充。

(1)平行分组体系

对同一总体同时选择两个或两个以上的标志分别进行简单分组,然后并列在一起就形成了平行分组体系。例如,为了了解某厂工人的分布情况,可以按技术等级和性别分组,如表3.7所示。

表3.7 某厂工人按技术等级和性别分组

分组标志	人数/人
1. 按技术等级分	
高级	8
中级	64
初级	147
2. 按性别分	
男	156
女	63

平行分组体系的特点是每一分组只能固定一个因素对差异的影响,不能固定其他因素对差异的影响。应用平行分组体系,其多种分组相互独立而不重叠,既可以从不同角度、不同方面对某一社会经济现象做出比较全面的说明,反映事物的多种结构,又不至于使分组过于烦琐,故这种分组被广泛采用。表3.7从多个方面反映了我国工业企业类型的状况,给人以全面的认识。

（2）复合分组体系

将总体按两个或两个以上的标志结合起来进行层叠分组,就形成了复合分组体系。具体地说,它是先按一个标志分组,再按另一个标志对已经分好的各个组进行再分组。例如,对某校学生先按专业分组,再按性别分组;某厂工人先按技术等级分组,再按性别进行分组,如表3.8所示。

表3.8 某厂工人按技术等级和性别分组

技术等级	人数/人
高级	8
男	6
女	2
中级	64
男	48
女	16
初级	147
男	102
女	45
合计	219

复合分组体系的特点是第一次分组只固定一个因素对差异的影响,第二次分组同时固定两个因素对差异的影响,以此类推,当最后一次分组时,则所有的分组标志对差异的影响已全部被固定。复合分组体系可以更深入、更细致地研究总体的内部结构,反映问题更全面、更深入。但其组数会随着分组标志的增加而成倍地增加,使各组的单位数减少,次数分布不集中,不易揭示总体的本质特征。因此,复合分组体系不宜采用过多的分组标志,也不宜对较小的总体进行复合分组。

三、统计分组的原则和方法

科学的统计分组应该遵循以下原则。

① 同一性原则。它是指每一次分组后,每组的分组标志只能有一个,不能同时采用两个或多个标志作为划分的依据。这是统计分组的基本原则。

② 穷尽性原则。它是指所有总体单位都能参加分组,每个总体单位都能归到某一组,无一遗漏。

③ 互斥性原则。它是指每一个总体单位只能归属于一个组,不能同时归属于两个或两个以上的组。

统计分组的关键在于正确选择分组标志和划分各组界限。它们不仅直接影响统计分组的科学性和统计资料整理的准确性,而且也影响统计分组结果的真实性。

(一)选择分组标志

选择分组标志就是要确定将统计总体区分为各个性质不同的组的标准或依据。任何事物都有很多标志,标志选择不当,分组结果必然不能正确反映总体的性质特征。对同一统计资料用不同的标志分组,往往会反映出不同的,甚至相反的结果。为了使统计分组具有科学性,并保证统计整理的准确性,在选择分组标志时,必须遵循以下基本原则。

1. 根据统计研究的目的和具体任务选择分组标志

对于同一总体,由于统计研究的目的和任务不同,需要采用的分组标志也就不同。例如,对某地区的劳动力总体进行研究,如果要分析该地区劳动力的文化素质,则应选择文化程度作为分组标志;如果要分析该地区劳动力的性别比例,则应选择性别作为分组标志;如果要分析劳动力的年龄结构,则应选择年龄作为分组标志。可见分组标志的选择是随研究目的的不同而变化的。

2. 选择最能反映研究对象本质特征及其内在联系的标志作为分组标志

在研究对象的若干标志中,有的能揭示出总体的本质特征,是具有决定意义的标志;有的则是非本质的、次要的标志。因此,必须围绕统计研究的目的和任务,在对现象进行科学分析的基础上,选择最重要、最能反映现象本质特征及内在联系的标志作为分组标志。例如,要研究国民经济的发展和平衡关系时,按经济类型、国民经济各部门分组是最基本的分组;如果要研究我国人民的生活水平,按城镇居民和农村居民分组是最重要的分组。

3. 根据现象所处的历史条件及具体时间、地点选择分组标志

在可供选择的标志中,最能反映总体特征的标志往往随着时间、地点、条件的变化而有所不同。例如,在研究工业企业规模时,可以反映企业规模的标志有很多,如工业总产值、职工人数、生产能力、固定资产价值等。究竟用什么标志来反映企业规模?则要看研究对象所处的历史条件。例如,在技术不发达的情况下,用职工人数表示企业规模比较合适;在技术进步的情况下,则采用固定资产价值或生产能力分组比较合适。

(二)划分各组界限

划分各组界限就是要在分组标志的变异范围内,划定各相邻组间的性质界限和数量界限。任何事物的标志下都包含许多变异,都可任意从中划定界限,如果划分不当,就会混淆

各组的性质差别。这就要求根据统计研究的目的,在广大的变异范围内仔细划定确实能区分各组性质差别的界限。

根据分组标志的特征不同,统计总体可按品质标志分组,也可按数量标志分组。两种分组情形下划分各组界限的方法也不同。

1. 按品质标志分组

按品质标志分组是指选择反映事物属性差异的品质标志作为分组标志进行的分组,并在品质标志的变异范围内划定各组界限,将总体划分为若干个性质不同的组成部分。例如,人口按性别、民族、职业分组,工业企业按所有制经济部门分组,等等。

按品质标志分组比较简单。例如,人口按性别分为男、女两组;企业按所有制分为全民所有制、集体所有制、中外合资、外资经营、个体经营等组。这些组的界限明确,易于划分。在我国的统计工作实践中,对重要的品质标志分组,往往编有标准的分类目录以统一全国的分组口径,如《工业部门分类目录》《工业产品目录》《商业目录》等。

2. 按数量标志分组

按数量标志分组是指选择反映事物数量差异的数量标志作为分组标志,并在数量标志下的变异范围内划定各组界限,将总体划分为性质不同的若干个组成部分。例如,企业按固定资产价值分组,人口按年龄分组,工人按技术等级分组,等等。

与品质标志不同,数量标志具体表现为许多不等的变量值,这些变量值能准确地反映社会经济现象数量上的差异,却不能明确地反映社会经济现象性质上的区别。因此,在进行统计分组时,应当根据研究的目的,首先确定总体已选定的数量标志的特征下有多少种性质不同的组成部分,然后再研究确定各组成部分的数量界限,使分组的数量界限能够区分现象性质上的差别。

任务三　分配数列

一、分配数列的概念

在统计分组的基础上,将总体的所有单位按组归类整理,形成总体单位在各组间的分布,称为分配数列或分布数列。分配数列实质上是将总体单位数按组进行分配,所以又称为次数分配数列或次数分布数列。

次数分配数列主要由两个部分构成,即各组名称(或各组变量值)和各组的单位数。其中,各组的单位数叫作次数或频数,各组单位数与总体单位总数之比叫作比率或频率。有时也可将比率列入分配数列中。各组的频率大于0,所有组的频率之和等于1或100%。

分配数列在统计研究中具有重要的意义。它是统计整理结果的一种重要表现形式,也是统计分析的一种重要方法。它表明总体所有单位在各组内的分布状态和分布特征,并在这一基础上进一步研究总体的构成、一般水平以及变动的规律性。

二、分配数列的种类

根据分组标志的性质不同,分配数列可分为品质分配数列和变量分配数列两种。

(一) 品质分配数列

按品质标志分组形成的分配数列称为品质分配数列,简称品质数列。如表 3.9 所示,它表明我国第六次人口普查时,中国大陆人口在性别上的分布情况。

表 3.9 中国(大陆)人口性别构成情况

性　别	人口数/万人	频率/(%)
男	71 351	51.13
女	68 187	48.87
合计	139 538	100.00

品质数列的编制比较简单,但要注意分组时,应包括分组标志的所有表现,不能有遗漏,各种表现相互独立、不得相融。

(二) 变量分配数列

变量分配数列简称变量数列,是将总体按数量标志分组,将分组后形成的各组变量值与该组中所分配的单位次数或频数,按照一定的顺序相对应排列所形成的分配数列,见表 3.5 和表 3.6。变量数列有单项变量数列和组距变量数列两种。

三、变量数列的编制

(一) 单项变量数列

单项变量数列是按数量标志分组后,用一个变量值代表一个组形成的数列,如表 3.10 所示。

表 3.10 某社区家庭户拥有孩子数量情况

孩子数/个	户数/户	百分比/(%)
0	150	30
1	200	40
2	100	20
3	50	10
合计	500	100

一般地,当离散变量的取值不多且变量值的变动范围不大时,适宜编制单项变量数列。其方法是将所有变量值按大小顺序排列,再将各组单位数经过汇总后填入各组相应的次数栏中即可。

(二) 组距变量数列的编制

用连续变量分组来编制分配数列时,或者虽是离散变量,但数值很多,变化范围很大时,单项变量数列就不适用了,而应考虑采用组距变量数列。组距变量数列是指以一定范围的变量值为一组,按变量值的大小顺序排列而成的数列。组距变量数列中各组的变量值采用"由多少到多少"的形式来表示,不是具体的一个变量值,见表3.5和表3.6。

1. 组距变量数列的基本概念

① 组数,即组的数目。

② 组限和组距。表示各组界限的变量值叫作组限。组内变量最大的值称为上限,变量最小的值称为下限。组限有重叠组限和不重叠组限两种表示方法。不重叠组限即本组上限与下一组的下限不重合,适用于变量个数少的离散变量;重叠组限即本组上限与下一组的下限重合,适用于变量个数多的离散变量或连续变量。表3.5和3.6均为重叠组限。组上限与组下限之差就称为组距。其计算公式为:

$$组距 = 组上限 - 组下限$$

$$全距 = 总体中最大的变量值 - 最小的变量值$$

组距的大小和组数的多少成反比,二者关系为:

$$组距 = \frac{全距}{组数}$$

2. 等距数列和异距数列

组距变量数列根据各组的组距是否相等可以分为等距数列和异距数列。在等距数列中,各组的组距均相等,见表3.5和表3.6;在异距数列中,各组组距并不相等,如表3.11所示。

表3.11 某地区人口分布状况

人口按年龄分组	人口数/万人
1岁以下(婴儿组)	1.0
1~7岁(幼儿组)	6.0
8~17岁(学龄儿童组)	12.0
18~55岁(有劳动能力的人口组)	24.6
55岁以上(老年组)	8.1
合计	51.7

组距变量数列掩盖了分配在各组内的单位的实际变量值。为了反映分配在各组中个体单位变量值的一般水平,统计工作中往往用组中值来代表。其计算公式为:

$$组中值 = \frac{组上限 + 组下限}{2}$$

分组中,在编制组距变量数列时,使用"……以上"或"……以下"这样不确定组距的组称为开口组。通常对第一组和最后一组运用开口组。例如,表3.5和表3.6中的第一组都是缺下限的开口组,最后一组都是缺上限的开口组。其计算公式为:

$$缺下限的开口组组中值 = 组上限 - \frac{邻组组距}{2}$$

$$缺上限的开口组组中值 = 组下限 + \frac{邻组组距}{2}$$

3. 组距数列的编制过程

下面以等距变量数列的编制方法为例,说明编制组距变量数列的过程。

某企业共有职工 55 名,2010 年 12 月完成计件产品的情况如下:

```
59  73  87  65  89  85  77  94  69  97  56  80  68  95  96
50  63  88  91  90  96  92  93  79  74  65  74  89  83  51
74  79  94  67  92  92  93  70  87  86  54  87  86  54  62
76  86  73  86  70  100 110 108 102 112
```

要求:对这些工人按完成产品情况进行统计分组,并编制组距数列。

① 对原始资料进行排序。

```
50  51  54  54  56  59  62  63  65  65  67  68  69  70  70
73  73  74  74  74  76  77  79  79  80  83  85  86  86  86
87  87  87  87  88  89  89  90  91  92  92  92  93  93  94
94  95  96  96  97  100 102 108 110 112
```

② 求全距。

全距 = 最大值 − 最小值 = 112 − 50 = 62

③ 确定组距和组数。

组距和组数有密切的关系,组距的大小与组数的多少互为制约,呈反比例关系。当全距一定时,组距越大,组数就越少;组距越小,组数则越多。那么,在组距数列中,究竟怎样分组? 美国学者斯特吉斯于 1926 年提出了一种计算组数 K 的公式,在总体单位数不是太多或太少时,可供参考使用。其计算公式为:

$$K = 1 + \frac{\lg N}{\lg 2}$$

式中,N——总体单位数。

上述的公式仅供参考,组数和组距的确定应以能够显示数据的分布特征和规律为目的,采取组数的多少应依据所研究数据的特性和研究的目的而确定。在实际工作中,一般先确定组距,再根据全距和组距确定组数。组距往往确定为 5 或 10 的整数倍。本例组距取 10,则:组数 = 全距 ÷ 组距 = 62 ÷ 10 = 6.2,组数取整数 7。

④ 确定组限。

本例按重叠组限进行分组,各组组限可分为:50~60、60~70、70~80、80~90、90~100、100~110、110~120。

⑤ 计算确定各组出现的次数,最后统计出各组出现的总次数。

对于连续型变量,在确定组限时,有一个原则可循,即"上组限不在内"原则——各组只包括本组下限变量值的单位,不包括本组上限变量值的单位。

⑥ 编制次数分布表,如表 3.12 所示。

表 3.12　某企业职工 2010 年 12 月完成计件产品的情况

按完成产品计件分组/件	组中值	工人数/人	比重/(%)
50~60	55	6	10.91
60~70	65	7	12.73
70~80	75	11	20.00
80~90	85	13	23.64
90~100	95	13	23.64
100~110	105	3	5.45
110~120	115	2	3.64
合计	—	55	100.00

通过编制变量数列,可以看出这个企业职工每月完成产品的平均水平在 80~100 件之间。

四、累计次数表

在研究次数(频数)和频率分配的时候,常常还需要编制累计次数数列和累计频率数列。

将各组次数和频率由变量值低的组向变量值高的组累计,称为向上累计。向上累计次数表明该组上限以下的各组单位数之和是多少;向上累计频率表明某组上限以下的各组单位数之和占总体单位数的比重。编制向下累计次数(或频率)分布,其方法是先列出各组的下限,然后由变量值大的组向变量值小的组依次累计。向下累计次数表明该组下限以上的各组单位数之和是多少;向下累计频率表明某组下限以上的各组单位数之和占总体单位数的比重。如表 3.13 所示是企业职工完成计件产品的累计次数表。

表 3.13　累计次数表

按完成产品计件分组/件	次数		向上累计		向下累计	
	人数/人	频率/(%)	人数/人	频率/(%)	人数/人	频率/(%)
50~60	6	10.91	6	10.91	55	100.00
60~70	7	12.73	13	23.64	49	89.09
70~80	11	20.00	24	43.64	42	76.36
80~90	13	23.64	37	67.27	31	56.36
90~100	13	23.64	50	90.91	18	32.72
100~110	3	5.45	53	96.36	5	9.09
110~120	2	3.64	55	100.00	2	3.64
合计	55	100.00	—	—	—	—

五、次数分布的主要类型

由于社会经济现象性质的不同,各种统计总体都有不同的次数分布,从而形成各种不同类型的分布特征。概括起来说,各种不同性质的社会经济现象的次数分布主要有3种类型,即钟形分布、U形分布、J形分布。

(一)钟形分布

钟形分布的特征是"两头小,中间大",即靠近中间的变量值分布的次数多,靠近两端的变量值分布的次数少。如果将变量值与其对应的次数在直角坐标系中对应的点连接起来绘制成曲线图,图形会宛如一口钟,所以又称钟形分布。例如,人的身高和体重、职工工资、农作物亩产量、市场价格等现象都属于钟形分布。钟形分布又可细分为以下两种。

1. 正态分布

在社会经济现象中,钟形分布多表现为对称分布。对称分布的特征是中间变量值分布的次数最多,以标志变量中心为对称轴,两侧变量值分布的次数随着与中间变量值距离的增大而逐渐减少,并且围绕中心变量值两侧呈对称分布,如图3.1所示。这种分布在统计学中称为正态分布。社会经济现象中许多变量分布属于正态分布类型。例如,农作物的单位面积产量、工业产品的物理化学质量指标(如零件公差的分布、细纱的拉力、尼龙丝的口径、青砖的抗压强度等)、商品市场价格等。

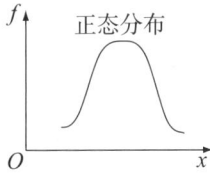

图 3.1　正态分布

2. 偏态分布

偏态分布是相对于正态分布而言的非对称钟形分布。当变量值存在极大值时,次数分布曲线会较正态分布向右延伸,这种分布称为右偏分布,如图3.2所示;当变量值存在较小极端值时,次数分布曲线就会较正态分布向左延伸,这种分布称为左偏分布,如图3.3所示。

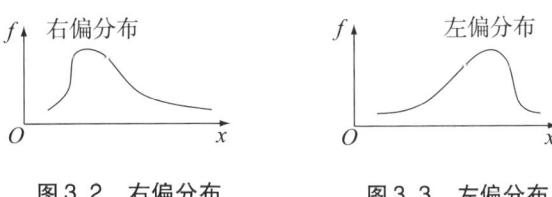

图 3.2　右偏分布　　　图 3.3　左偏分布

(二)U形分布

与钟形分布图形相反的分布是U形分布,其特点是靠近中间的变量值分布次数较少,靠近两端的变量值分布的次数较多,形成"两头大,中间小"的U形分布,如图3.4所示。人口死亡现象按年龄分布就是U形分布。

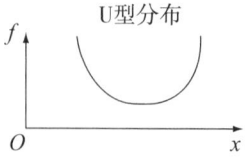

图 3.4　U 形分布

（三）J 形分布

在社会经济现象中，也有一些统计总体分布曲线呈 J 形，分配次数是随着变量值的增大而增多或者是随着变量值的增大而减少。例如，投资按利润率大小分布和人口总体按年龄大小分布，如图 3.5 所示。

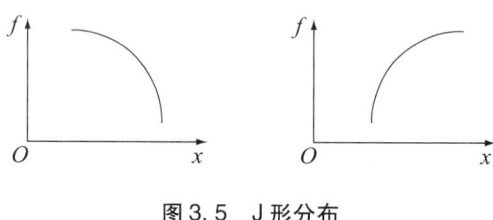

图 3.5　J 形分布

任务四　统计数据的显示

数字是统计的语言，统计研究社会经济现象的数量关系，主要是通过数字资料来表现的。统计表和统计图都是系统地表述数字资料的基本形式。将统计表和统计图当作整理过程的最后一个步骤来看，其中，表现统计资料最清晰的是统计表，表现统计资料最形象的是统计图。

一、统计表

（一）统计表的概念及主要作用

1. 概念

统计表就是以纵横交叉的线条所绘制的表格来表现统计资料的一种形式。将经过大量调查得来的统计资料，经过汇总整理以后，按照一定的规定和要求填列在相应的表格内，就形成了一定的统计表。狭义上的统计表是指统计整理与统计分析研究阶段所使用的表格；从广义方面来看，任何用以反映统计资料的表格都是统计表。

2. 作用

统计表是统计整理的重要形式。它利用表格形式，合理地安排统计资料，清晰、简明地反映出现象总体的特征。统计表可以科学、合理地表现统计资料，从而便于对统计资料进行对照、比较和分析，有利于计算统计分析指标。在统计分析报告中使用统计表，能节省文字叙述篇幅，达到简明易懂、紧凑有力的分析效果。统计表还是汇总和积累统计资料，进行统计分析的重要工具。

项目三　统计整理技术

（二）统计表的结构及内容

① 从外形上看，统计表主要由总标题、横行标题、纵栏标题和指标数值4个部分组成，如表3.14所示。

表3.14　某地区2018年固定资产投资完成情况

经济类型	投资额/亿元	比上年增长/(%)
国有经济	5 612.59	13.61
非国有经济	1 263.04	14.32
合计	6 875.63	13.73

（横行标题｜纵栏标题｜指标数值；主词｜宾词）

总标题是统计表的名称，简要说明全表的内容，一般都写在表的上端中部；横行标题是横行的名称，用来说明统计资料反映的总体及分组，代表统计表所要说明的对象，一般写在表的左方；纵栏标题是纵栏的名称，用来说明总体及其各组数量特征的指标名称，一般写在表的上方；指标数值列在各横行和纵栏的交叉处，用来说明总体及其组成部分数量特征的各种统计数字。

此外，有些统计表在表的下端还列有补充资料、注解、附记、资料来源、指标解释、填表说明、填表单位、填表人等表脚。

② 从内容上看，统计表由主词和宾词两个部分组成（见表3.14）。

主词是统计表所要说明的对象总体，可以是总体、总体各单位或总体各分组，一般列在横行标题的位置；宾词是说明总体及其各组数量特征的统计指标，包括指标名称和指标数值两个部分，即宾词包括纵栏标题和指标数值两个部分。

（三）统计表的种类

1. 按用途分为调查表、整理表、分析表

调查表是在调查过程中用于登记、记录原始资料的表格，只记录调查单位的特征，不能反映统计总体的数量特征。

整理表（也称汇总表）是在统计汇总或整理过程中用于表现统计汇总或结果的表格，能够综合说明统计总体的数量特征，是提供资料的基本表式。

分析表用于对整理所得的统计资料进行定量分析，是整理表的延续，可更加深刻地反映社会经济现象的本质和规律。

2. 按主词是否分组以及分组的程度，可以分为简单表、分组表和复合表

简单表是指主词未经任何分组的统计表。简单表的主词只是按总体各个单位或只按时间顺序简单排列。它既可以用来直接反映总体及各单位的基本特征，又可用于分析经济现象的发展趋势或规律。例如，主词由各总体单位组成的一览表，主词由地区、国家、城市等目录组成的区域表，主词由时间顺序组成的编年表，学生的成绩单。

分组表是指主词按一个标志分组的统计表，可以按品质标志分组，也可以按数量标志分组。利用分组表可以揭示现象不同类型的不同特征，研究总体的内部构成，分析现象之间的依存关系（见表3.9）。

复合表是指主词按两个或两个以上标志重叠分组的统计表。在一定分析任务的要求下，复合表可以将更多的标志结合起来，更深入地分析社会经济现象的特征和规律(见表3.8)。

(四) 统计表的设计

为了使统计表能科学地反映研究对象的本质和特点，充分发挥其说明和分析问题的作用，同时为了标准化和美观，编制统计表时要遵循科学、实用、简练、美观的原则，要符合以下要求。

① 统计表的各种标题，特别是总标题的表述，应十分简明、确切地概括表的内容。另外，还应写明资料所属的时间和空间范围。

② 统计表的内容应简明扼要，且具有系统性。强调简明扼要是要求内容避免庞杂，使人一目了然；强调系统性是要求内容有整体性、层次性和逻辑性。

③ 统计表中主词各行及宾词各栏的排列，应有一个合理的顺序。一般应按先局部后整体的原则进行排列，即先列各分组，后列总计。当没有必要列出所有各组时，可以先列总计，而后列出其中一部分重要数值。

④ 将复合分组列在横行标题时，应在第一次分组的各组组别下退一字填写第二次分组的组别。此时，第一次分组的组别就成为第二次分组的各组小计，以此类推。若复合分组列在纵栏标题时，应先按第一次分组的组别列为各大栏，再按第二次分组的组别将各大栏分别分为各小栏。

⑤ 统计表纵栏较多时，为便于阅读，可编栏号。习惯上在主词和计量单位各栏用(甲)、(乙)、(丙)、(丁)等文字标明；宾词各栏用(1)、(2)、(3)、(4)等数码编号。各栏统计数字间有一定关系的，也可用数学符号表示。

⑥ 国际上规范的统计表是三线表。统计表上、下两端应以粗线或双线绘制，表中其他线条应以细线绘制；统计表左、右两端习惯上均不画线，采用"开口"表示；该表通常应设计成长方形表格，长宽之间应保持适当的比例，过于细长、过于粗短的表格均应尽量避免。

⑦ 文字应书写工整，字迹清晰；数字应填写整齐，数位对准。当数字为0时应写出来，若不应有数字要用符号"—"表示；当缺某项数字或可略而不计时用符号"…"表示；当某项资料应免填时，用符号"×"表示；统计表中的数字部分不应留下空白，当某数值与相邻数值相同时，仍应填写，不应用"同上""同左""〃"等字样或符号代替。

⑧ 统计表中的数字资料都要注明计量单位。计量单位应按统计制度的规定填写，不得另设不同的计量单位。为使统计表阅读方便，计算单位应按如下方法表示：当各指标数都以同一单位计量时，就将计量单位写在统计表的右上角；当同栏指标数值以同一单位计量，而各栏的计量单位不同时，则应将单位标写在各纵栏标题的下方或右方；当同行统计资料以同一单位计量，而各行的计量单位不同时，则可在横行标题后添列一个计量单位栏，用以标明各行的计量单位。

⑨ 对于某些需要特殊说明的统计资料，应在统计表的下方加注说明。例如，统计资料的来源、填表时间、制表人、审核人等。

二、统计图

通过几何图形或具体事物的形象和符号表现社会经济现象数量关系的图形称为统计

图。用统计图表现统计资料,具有鲜明醒目、富于表现力、易于理解的特点。统计图还可以揭示现象的内部结构和依存关系,显示现象的发展趋势和分布状况,有利于进行统计分析与研究。因此,统计图被广泛应用于社会、经济生活中,发挥着重要的作用。

(一)条形图

条形图是用宽度相同的条形的高度或长短来表示数据变动的图形。条形图可以横置或纵置,纵置时也称为柱形图。此外,条形图还有单式(见图3.6)、复式(见图3.7)等形式。

条形图用于显示离散型变量的次数分布。在表示分类数据的分布时,是用条形图的高度来表示各类别数据的次数或频率。绘制时,各类别可以放在纵轴称为条形图;也可以放在横轴称为柱形图。绘制柱形图时,横轴表示各组的代表值,纵轴表示次数或频率,依据各组组距的宽度和次数或频率的高度绘制成柱形。

图3.6是根据表3.10的资料绘制的关于社区家庭拥有孩子数的柱形图,从中可以看出,纵轴为户数,表示社区家庭拥有孩子数的次数,其中,拥有1个孩子的家庭户为200户,次数最高。

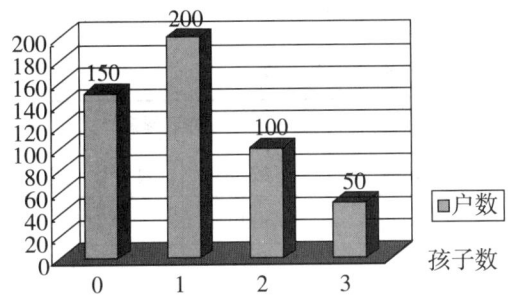

图3.6　社区家庭拥有孩子数分布

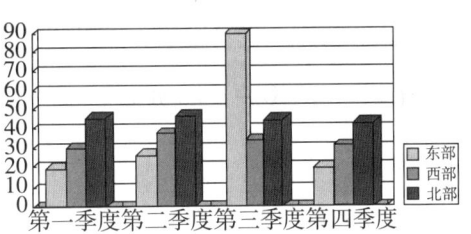

图3.7　离散型变量次数分布

(二)圆形图

圆形图(也称饼图)是用圆形及圆内扇形的面积来表示数值大小的图形,如图3.8所示。在绘制圆形图时,总体中各部分所占的百分比用圆内的各个扇形面积表示,这些扇形的中心角度是按各部分所占360°的相同比例确定的。圆形图主要用于表示总体中各组成部分所占的比例,对于研究结构性问题十分有用。由于其简单、直观的特点,在市场占有率的分析中运用较广。圆形图适用于任何分组数据,但更多地被应用于定类和定序尺度的数据。

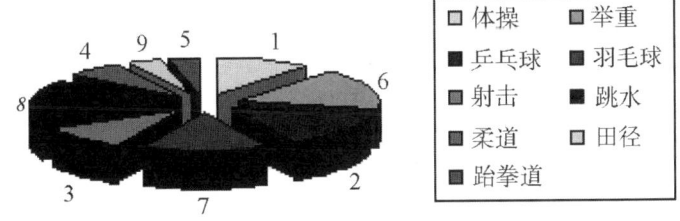

图3.8　圆形图

1:体操;2:乒乓球;3:射击;4:柔道;5:跆拳道;6:举重;7:羽毛球;8:跳水;9:田径

(三)环形图

环形图与圆形图类似,但又有区别。环形图中间有一个"空洞",总体或样本中的每一部分数据用环中的一段表示。圆形图只能显示一个总体和样本各部分所占的比例,而环形图则可以同时绘制多个总体或样本的数据系列,每一个总体或样本的数据系列为一个环。因此,环形图可显示多个总体或样本各部分所占的相应比例,从而有利于进行比较、研究。例如,根据表 3.15、表 3.16 所示的资料绘制成的环形图,如图 3.9 所示。

表 3.15　甲城市家庭对住房状况满意程度的次数分布

满意程度	户数/户	百分比/(%)	向上累积		向下累积	
			户数/户	百分比/(%)	户数/户	百分比/(%)
非常不满意	24	8	24	8	300	100
不满意	108	36	132	44	276	92
一般	93	31	225	75	168	56
满意	45	15	270	90	75	25
非常满意	80	10	300	100	30	10
合计	300	100	—	—	—	—

表 3.16　乙城市家庭对住房状况满意程度的次数分布

满意程度	户数/户	百分比/(%)	向上累积		向下累积	
			户数/户	百分比/(%)	户数/户	百分比/(%)
非常不满意	21	7	21	7	300	100
不满意	99	33	120	40	279	93
一般	78	26	198	66	180	60
满意	64	21.3	262	87.3	102	34
非常满意	38	12.7	300	100	38	12.7
合计	300	100	—	—	—	—

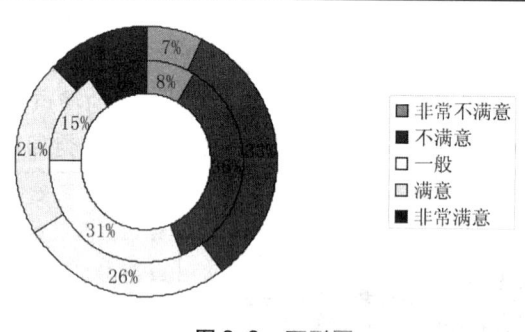

图 3.9　环形图

(四) 直方图

直方图是用直方形的宽度和高度来表示次数分布的图形。直方图的绘制是在平面直角坐标系中进行的,横轴表示各组组限,纵轴表示次数或频率,依据各组组距的宽度和次数或频率的高度绘成直方形。直方图实际上是用矩形的面积来表示各组的次数分布,直方图的总面积频率之和等于1。

直方图与柱形图存在细小的差异,直方图的长条形紧密地排列在一起,而柱形图的长条形是分散地排列的,原因就在于离散数据与连续数据之间的差别。图 3.10 表示等距分组数列的次数分布情况。

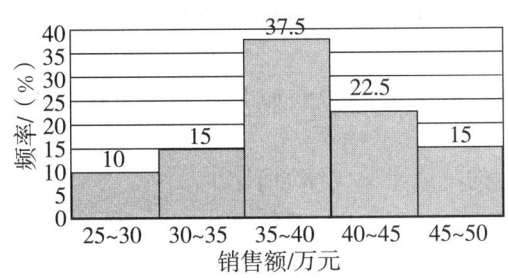

图 3.10　某百货公司商品销售额分布

(五) 折线图

折线图也称次数多边图。它以线段的起伏表示数量分布的特征。绘制时,横轴表示变量值,纵轴表示次数或频率,先根据变量值和其次数在坐标轴上绘出相应的点,再用折线将所有的点连接起来,直观地表现数量分布的变动规律。可以用单变量次数分布数列来绘制,也可以用分组数据来绘制。分组数据各组用其组中值作为代表值,在直方图的基础上绘制,将直方图顶部的中点(组中值)用直线连接起来形成多边形图。图 3.11 直观地反映出商品销售额分布的特征,即销售额在 35~40 万元的天数最多,高于 40 万元和低于 35 万元的销售额的天数逐渐下降。

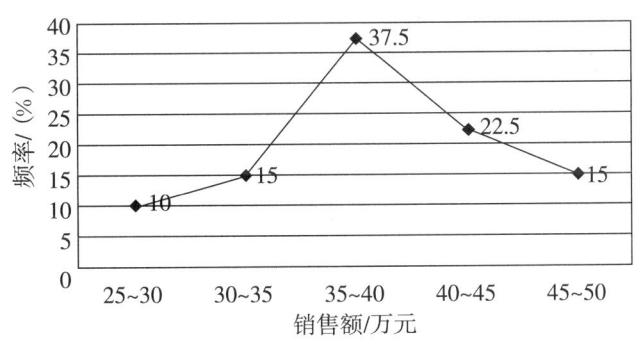

图 3.11　某百货公司商品销售额折线图

当所观察的组距越小且组数越多时,所显示出的折线图就会越光滑,逐渐形成一条光滑的曲线,这种曲线即次数分布曲线,反映了数据或统计量的分布规律。统计曲线在统计学中很重要,是描述各种统计量和分布规律的有效方法。在日常生活和经济管理中,较常见的有 4 种曲线,即正态分布曲线、偏态分布曲线、J 形曲线和 U 形曲线。

任务五　Excel 在统计整理中的应用

在 Excel 的统计函数中有一个专用于统计分组的 FREQUENCY 函数。在数据分析工具中有一个直方图工具,可以一次完成分组、计算次数和频率、绘制直方图和累计次数折线图等全部操作。下面分别说明其使用方法。

一、利用 Excel 表格中 FREQUENCY 函数进行统计数据的分组整理

用各种方法取得的统计数据,必须经过加工整理,使之系统化、条理化,才能符合统计分析的要求。

例如,某班 40 位学生的英语考试成绩如下:

  89 88 76 99 74 60 82 60 89 86
  93 99 94 82 77 79 97 78 95 92
  87 84 79 65 98 67 59 72 84 85
  56 81 77 73 65 66 83 63 79 70

现准备将这 40 名学生的英语考试成绩分为 5 组,分别为:60 以下、60~70、70~80、80~90、90~100。

第一步,将 40 名学生的英语考试成绩输入 A1 至 A40 单元格,并选定 C3:C7 单元格作为放置分组结果的区域(选定后反白显示),如图 3.12 所示。

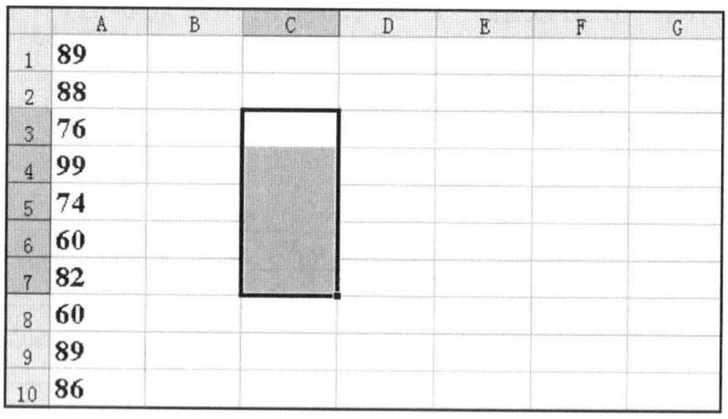

图 3.12 选定 C3:C7 单元格

第二步,选择"插入"|"函数"命令,在打开对话框的"选择类别"下拉列表中选择"统计"选项,再在"选择函数"列表框中选择 FREQUENCY 选项,按回车键,打开 FREQUENCY 函数参数对话框。

第三步,在 FREQUENCY 函数参数对话框中输入 Data_array 和 Bins_array。在 Data_array 文本框中输入待分组计算次数分布原数据,本例可输入"A1:A40",在 Bins_array 文本框中输入分组标志。FREQUENCY 要求按组距的上限分组,不接受非数值字符的分组标志(如"××以下"或"不足××"之类),因此,断开的分组标志可以直接输入各组上限数值,而重叠的分组标志则以各组上限减 1 的方式确定分组标志,这样,上限数值会自动记入下一组。本例的分数分段区间为 50~60、60~70、70~80、80~90、90~100,因此,可输入 59、69、79、89、99。由于分组结果要给出一组次数,故必须以数级公式的形式输入,即在输入数据的两端加大括号"{}",各数据之间用分号隔开,即输入"{59;69;79;89;99}"。

注意:如果分组变量为连续变量,而且变量值中有小数的话,那么分组标志应以各组上限减 0.1、减 0.01 或减 0.001 等的方式确定,至于减多少要看变量值的小数位数。

输入完毕,即在文本框下看到次数分布"2;7;11;12;8"(后面的 0 表示没有其他),如图 3.13 所示。

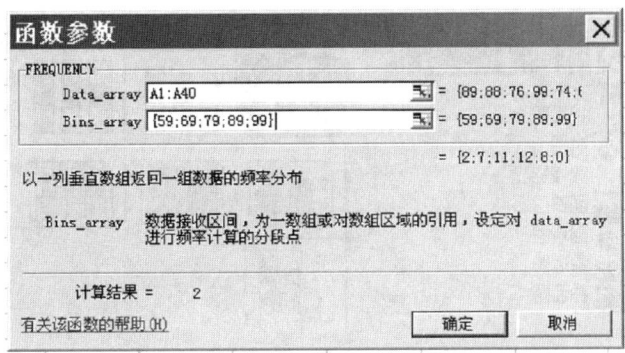

图 3.13　FREQUENCY 函数参数对话框

第四步:按 Shift + Ctrl + Enter 组合键,即将次数分布"2;7;11;12;8"记入指定的 C3:C7 单元格内。

注意:按回车键无效。

第五步,取得次数分布后,可按图 3.14 所示将横行标题和纵栏标题输入齐全。

	A	B	C	D	E	F	G	H	I
1		成绩(分)	人数(人)	频率(%)	向上累计		向下累计		
2					次数	频率(%)	次数	频率(%)	
3		50-60	2	5.0	2	5.0	40	100.0	
4		60-70	7	17.5	9	22.5	38	95.0	
5		70-80	11	27.5	20	50.0	31	77.5	
6		80-90	12	30.0	32	80.0	20	50.0	
7		90-100	8	20.0	40	100.0	8	20.0	
8		合计	40	100.0					
9									

图 3.14　某班学生英语考试成绩次数分布表

第六步,取得次数分布后,再列表计算频率以及累计次数和频率。

① 人数合计。可单击 C8 单元格,输入"= SUM(C3:C7)",按回车键,得出结果为 40 人(SUM 是求和函数)。

② D 列频率。可先单击 D3 单元格,输入"= C3/40 * 100"(*是乘法符号;除数要直接输入数字 40,否则无法使用填充柄功能),按回车键,得出结果为 5%,然后利用填充柄功能按住鼠标左键向下拖动,至 D8 单元格放开鼠标,即得出 D4 至 D8 单元格的频率。

③ E 列向上累计次数。可先单击 E3 单元格,输入"= C3",再单击 E4 单元格,输入"= E3 + C4",然后利用填充柄功能按住鼠标左键向下拖动,至 E7 单元格放开鼠标,即得出 E5 至 E7 单元格的累计次数。F 列引用 E 列公式即可得到累计频率。G 列、H 列可仿照此法计算。

二、利用 Excel 表格中的图表向导绘制统计图

利用上例整理出的次数分布表,选中 B3:C7,单击"图表向导"按钮,在图表向导对话框的图表类型中选择需要的图表类型,如柱形图、饼图等,在子图表类型中选择适当的类型,如图 3.15 所示。此处以直方图为例。

图 3.15　图表向导对话框

按回车键,输入数据区域"=sheet1!$B$3:$C$7"(即选中 B3:C7 区域),系列产生在列。然后打开"序列"选项卡,输入分类 x 轴标志"=sheet1!$B$3:$B$7"(即选中 B3:B7 区域),再按回车键,输入分类轴、数值轴标题,根据需要设置网格线、图例、数据标志等。单击"完成"按钮即可完成统计图的绘制,如图 3.16 所示。

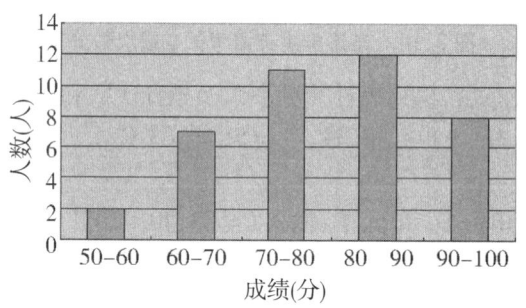

图 3.16　某班学生英语考试成绩次数分布

图 3.16 所示格式可以调整,如果要消除各个分类间距(即各个直方形中间的间距),则双击直方形打开"数据系列格式"对话框或"数据点"对话框,单击"选项"标签,将分类间距调整为 0;如果希望将各组数据用不同颜色表示,则可以选中"依数据点分色"复选框,如图 3.17 所示。

项目三 统计整理技术

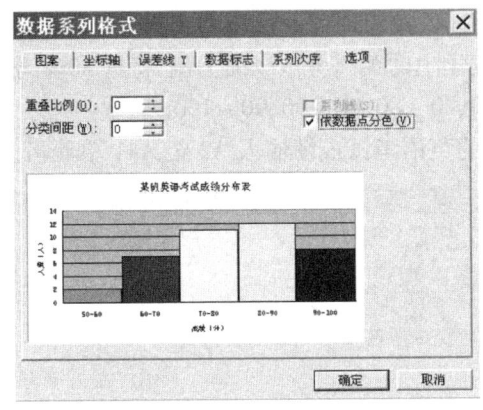

图 3.17 "数据系列格式"对话框

单击"确定"按钮,调整图表大小即可,如图 3.18 所示。

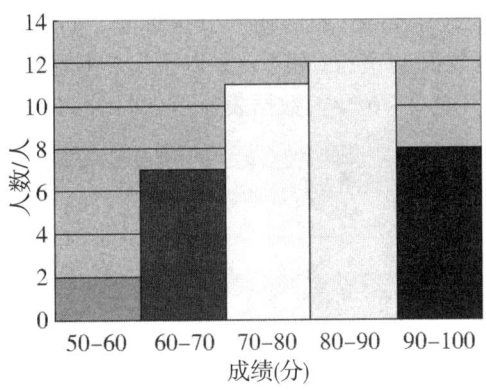

图 3.18 调整后的某班学生英语考试成绩次数分布直方图

饼图结果如图 3.19 所示。

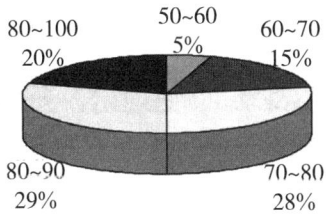

图 3.19 某班学生英语考试成绩次数分布饼图

三、利用数据分析工具分组并绘制直方图

Excel 提供了一组数据分析工具——分析工具库,利用该组工具可以在建立复杂统计或进行工程分析时节省步骤。其中,有些工具可以用于分组,在产生输出表格的同时,还可以绘制图表。由于在默认的情况下,Excel 并没有安装分析工具库,因此,在使用数据分析工具之前,必须先安装分析工具库。方法是选择"工具"|"加载宏"命令,在"加载宏"对话框中选

中"分析工具库"后单击"确定"按钮即可。这样,"工具"菜单中就多了"数据分析"命令。

现仍以上面某班 40 位学生的英语考试成绩为例,将这 40 名学生的英语考试成绩分为 5 组,分别为 60 以下、60 ~ 70、70 ~ 80、80 ~ 90、90 ~ 100。

第一步,将 40 名学生的英语考试成绩输入 A2 至 A41 单元格,如图 3.20 所示。

	A	B	C	D	E	F
1	成绩(分)					
2	89					
3	88					
4	76					
5	99					
6	74					
7	60					
8	82					
9	60					
10	以下省略					

图 3.20 某班学生英语考试成绩数据输入

第二步,为将样本单位按组归类,还需输入分组标志,只能按组的"边界值"(即组距分组的上限)分组,不能有非数值的字符(如"××以下"、"不足××"之类)。本例分为 59、69、79、89、100 五组,输入 B 列 2 ~ 6 行。数据表显示如图 3.21 所示。

	A	B	C	D	E	F
1	成绩(分)	成绩(分)				
2	89	59				
3	88	69				
4	76	79				
5	99	89				
6	74	100				
7	60					
8	82					
9	60					
10	以下省略					

图 3.21 某班学生英语考试成绩分组标志输入

第三步,选择"工具"|"数据分析"命令,在"数据分析"对话框的"分析工具"列表框中选择"直方图"选项,如图 3.22 所示。单击"确定"按钮,打开"直方图"对话框。

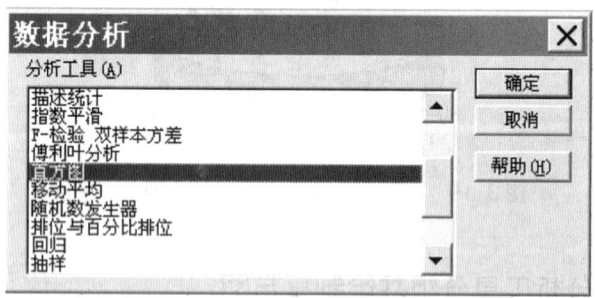

图 3.22 "数据分析"对话框

第四步,在"直方图"对话框的"输入区域"文本框中输入"$A$1:$A$41"(即选中 A1:A41 区域)。由于第 1 行是标志项,还需选中"标志"复选框。在"接收区域"文本框中输入分组标志所在的单元格区域,本例可输入"$B$1:$B$6"(即选中 B1:B6 区域)。如果在此文本框中不输入分组标志所在的区域,系统将在最小值和最大值之间建立一个平滑分布的分组。

在"输出区域"文本框中输入输出表左上角的单元格行列号,本例为 D1。若要同时给出次数分布直方图,可选中"图表输出"复选框。若要同时给出"累积%"(通常称为"累计频率"),可选中"累积百分率"复选框,系统将在直方图上添加累积频率折线。本例"直方图"对话框的设置如图 3.23 所示。

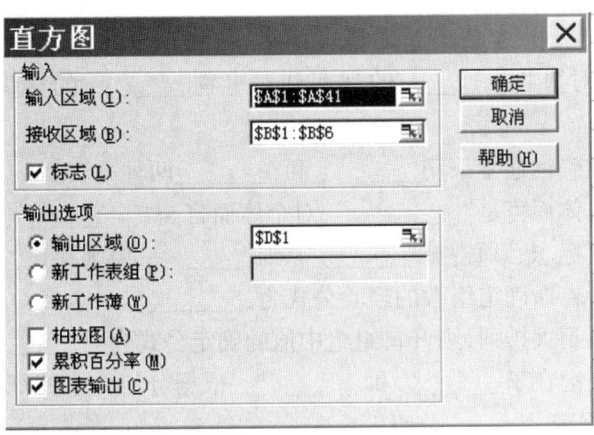

图 3.23 "直方图"对话框

第五步,以上各项均选定后,按回车键确认,即在 B 列右侧给出一个 3 列的分组表和一个直方图,如图 3.24 所示。在给出的表和图中,"频率"实际是次数,"累积%"实际是累计频率。

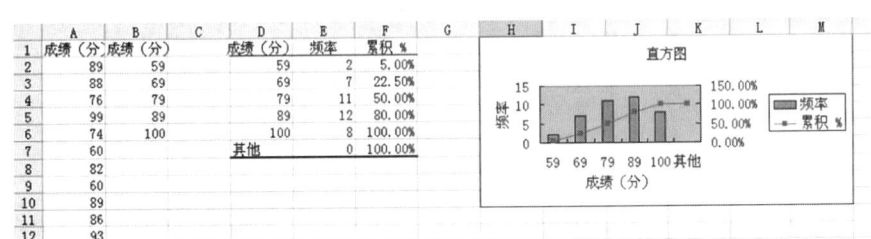

图 3.24 某班学生英语考试成绩分组结果及直方图

第六步,在分组表中将多余的"其他"一组删除,修改各组组限,并将分类间距调节为 0,修改合适字体,即可得到合适结果,如图 3.25 所示。

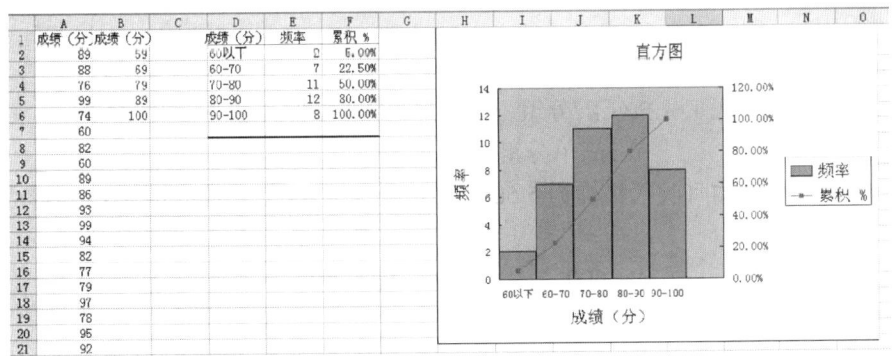

图 3.25 调整后的某班学生英语考试成绩分组结果及直方图

复习思考题

习题自测

一、填空题

1. 统计整理在整个统计工作中起着_____的作用。它既是统计调查的_____，又是统计分析的_____，是从_____认识上升到_____认识的过渡阶段，是从对事物_____的观察到对事物_____的认识的连接点。
2. 审核资料的准确性通常采用_____和_____两种方法。
3. 统计分组对总体而言是"_____"，对个体而言是"_____"。
4. 正确选择分组标志必须遵循_____原则、_____原则和_____原则。
5. 美国学者斯特吉斯确定组数的经验公式为：_____。
6. 若数列按从小到大排列，则开口组组中值的确定公式为：_____、_____。
7. 统计分组的关键在于_____和_____。根据分组标志特征的不同，统计总体可按_____分组，也可按_____分组。
8. 对同一总体采用两个以上的分组标志重叠起来分组称为_____，分别对各个标志单独进行分组就形成一个_____。
9. _____变量可以做单项分组或组距分组；而_____变量只能做组距分组，其组限表示方式必须是_____。
10. 次数分配是由_____和_____两个要素构成的。表示各组单位数的次数又称_____，各组次数与总次数之比称_____。

二、单项选择题

1. 统计整理主要是针对(　　)进行加工的过程。
   A. 综合统计数据　　B. 历史数据资料　　C. 统计分析数据　　D. 原始调查数据
2. 某连续型变量的组距数列，其末组为开口组，下限为600，其邻组的组中值为550，则末组的组中值为(　　)。
   A. 550　　　　B. 650　　　　C. 700　　　　D. 750
3. 对一个总体选择3个标志做复合分组，按各个标志所分的组数分别为3、4、5，则所分的全部组数为(　　)。
   A. 60　　　　B. 12　　　　C. 30　　　　D. 6
4. 如果对某企业职工先按年龄分组，在此基础上再按收入水平分组，这是(　　)。
   A. 再分组　　B. 简单分组　　C. 复合分组　　D. 分类
5. 某小区居民人均月收入最高为5 500元，最低为2 500元，据此分为6组，形成等距数列，其组距应为(　　)。
   A. 500　　　　B. 600　　　　C. 550　　　　D. 650
6. 统计资料整理的首要环节是(　　)。
   A. 编制统计报表　　　　　　B. 审核汇总资料
   C. 审核原始资料　　　　　　D. 设计整理方案

7. 某年收入变量数列,其分组依次为10万元以下,10~20万元,20~30万元,30万元以上,则(   )。
   A. 10万元应归入第一组
   B. 20万元应归入第二组
   C. 20万元应归入第三组
   D. 30万元应归入第三组
8. (   )属于按品质标志分组。
   A. 雇员按受教育年限分组
   B. 职工按就业领域分组
   C. 企业按资产存量分组
   D. 住户按人口多寡分组
9. 组数与组距的关系是(   )。
   A. 组数越多,组距越小
   B. 组数越多,组距越大
   C. 组数与组距无关
   D. 组数越少,组距越小
10. 在进行组距分组时,以组中值作为该组数据的代表值的假定前提条件是(   )。
    A. 各组变量值均相等
    B. 各组数据在本组内呈均匀分布
    C. 各组组距均相等
    D. 各组次数均相等

三、多项选择题

1. 统计分组的作用在于(   )。
   A. 保证统计整理的准确性
   B. 划分现象的类型
   C. 保证统计分析结果的真实性
   D. 揭示现象的内部结构
   E. 分析现象的依存关系
2. 下列适宜编制组距变量分配数列的有(   )。
   A. 公司实现利润总额
   B. 企业产值计划完成程度
   C. 学校的学生人数
   D. 职工的文化程度
   E. 居民的家庭人口数
3. 下列属于变量数列的有(   )。
   A. 按大学生所学专业分配
   B. 按运动员年龄分配
   C. 按企业利润分配
   D. 按工人的劳动生产率分配
   E. 按劳动者的职业分配
4. 采用不等距分组时,(   )。
   A. 各组次数的分布受组距大小的影响
   B. 各组次数的分布不受组距大小的影响
   C. 各组次数的多少不能反映次数分布的情况
   D. 需要用次数密度反映次数分布的情况
   E. 各组次数的分布与频率的分布完全一致
5. 采用组距分组时,(   )。
   A. 第一组下限应小于或等于最小变量值
   B. 第一组下限应大于或等于最小变量值
   C. 最后一组上限应大于或等于最大变量值
   D. 最后一组上限应小于或等于最大变量值
   E. 数列应按升序排列

6. 分组标志按其表现有(　　　)。
   A. 品质标志　　　　B. 数量标志　　　　C. 属性标志　　　　D. 不变标志
   E. 可变标志
7. 影响次数分布的要素是(　　　)。
   A. 变量值的大小　　B. 组距与组中值　　C. 组限与组中值　　D. 变量性质不同
   E. 选择的分组标志
8. 统计表按分组情况不同,可分为(　　　)。
   A. 简单表　　　　　B. 汇总表　　　　　C. 分组表　　　　　D. 分析表
   E. 复合表
9. 单项式分组适用于(　　　)。
   A. 连续型变量　　　B. 离散型变量　　　C. 变量值变动幅度较大
   D. 变量值变动幅度较小　　　　　　　　E. 标志值的项数很多
10. 在分配数列中,(　　　)。
    A. 各组的次数之和应等于100
    B. 各组的频率之和应等于100%
    C. 某组频率越大,则该组标志值所起的相对作用就越大
    D. 某组次数越大,则该组标志值所起的绝对作用就越大
    E. 若总次数一定,则次数与频率成正比

四、判断题

1. 统计分组的关键在于划分各组的界限。　　　　　　　　　　　　　　　(　)
2. 对于连续型变量,其组限是按照"上限不包括在内"的原则进行汇总的。　(　)
3. 统计资料的整理不仅是对原始资料的整理,而且还包括对次级资料的整理。(　)
4. 连续型变量的分组只能采取组距式形式。　　　　　　　　　　　　　　(　)
5. 统计整理的关键步骤在于统计分组。　　　　　　　　　　　　　　　　(　)
6. 在确定组限时,最大组上限必须大于等于最大变量值,最小组下限必须小于等于最小变量值。　　　　　　　　　　　　　　　　　　　　　　　　　　　　　(　)
7. 分布数列是统计整理的重要表现形式。　　　　　　　　　　　　　　　(　)
8. 离散型变量既可以做单项式分组,也可以做组距式分组。　　　　　　　(　)
9. 连续型变量在进行分组时,其组限可以采取不重叠式表示。　　　　　　(　)
10. 对统计总体进行分组是由总体各单位的同质性所决定的。　　　　　　(　)

五、简答题

1. 试述统计整理在统计研究中的重要性。
2. 试述统计分组在统计研究中的重要性。
3. 简述等距数列和异距数列的应用条件。
4. 如何正确确定数量标志分组的分组界限?
5. 组距和组数的关系如何?如何正确确定组距和组数?

六、实训题

某集团公司所属的 40 个子公司 2001 年商品销售收入数据如下(单位:万元):

98	109	106	105	89	108	120	128	124	137	96	116	121
117	93	121	138	88	105	160	105	104	103	114	111	119
118	147	108	144	130	114	109	129	125	129	115	122	120

要求:根据上述资料编制组距数列,绘制次数分布直方图、折线图,说明数据分布的特征。

七、案例分析

对于本章的案例,通过调查统计,把学生的成绩按照成绩这个数量标志分组,形成组距数列,并且经过统计整理,可以选择将及格的学生按照组距为 10,划分成等距数列,得到的结果如下表所示。

学生按成绩分组

成绩/分	学生人数/人	频率/(%)	累计次数		累计频数/(%)	
			向上累计	向下累计	向上累计	向下累计
60 以下	3	7.50	3	40	7.50	100.00
60~70	6	15.00	9	37	22.50	92.50
70~80	15	37.50	24	31	60.00	77.50
80~90	12	30.00	36	16	90.00	40.00
90~100	4	10.00	40	4	100.00	10.00
合计	40	100.00	—	—	—	—

从上表的资料可以看出这个班级的 40 位学生,大部分的学生成绩集中在 70~90 分;不及格的学生有 3 人,占全部学生的 7.5%;80 分以上的学生有 16 人,占全部学生的 40%;90 分以上的学生有 4 人,占总人数的 10%。

此外,也可以按照成绩等级制来划分各组组距,得到异距数列,每组组名分别为"60 分以下"为不及格,"60~75 分"为及格,"75~85 分"为良好,"85 分以上"为优秀来重新整理。

项目四
总量指标和相对指标分析

 **项目说明**

经过统计调查、整理后,得到大量反映总体数量特征的各种统计指标,这些指标根据作用和表现形式不同,可以分为总量指标、相对指标和平均指标,总称为综合指标。利用这些综合指标可以对一个总体进行基本的统计描述,这是统计数据分析过程的第一步,也是进行其他分析的基础。本项目首先对总量指标和相对指标进行分析。

 **能力目标**

1. 能够用总量指标解释现实中的数据并说明其反映的意义。
2. 熟练掌握各类相对指标所适用的情境,并能解释其反映的现实意义。
3. 能够在统计实践中将总量指标和相对指标结合起来解释社会经济现象。
4. 能够熟练运用 Excel 计算总量指标和相对指标。

知识目标

1. 掌握总量指标的含义和种类。
2. 掌握相对指标的概念、作用及几种常用相对指标的性质和计算方法。

任务导入

在 2018 年 2 月 28 日发布的《中华人民共和国 2017 年国民经济和社会发展统计公报》中指出,我国"全年国内生产总值 827 122 亿元。其中,第一产业增加值 65 468 亿元;第二产业增加值 334 623 亿元;第三产业增加值 427 032 亿元。全年人均国内生产总值 59 660 元,比上年增长 6.3%。全年国民总收入 825 016 亿元,比上年增长 7.0%"。

国家统计局网站公布了行业发展现状,"2018 年,在 41 个工业大类行业中,32 个行业利润总额比上年增加,9 个行业减少。主要行业利润情况如下:煤炭开采和洗选业利润总额比上年增长 5.2%,石油和天然气开采业增长 4.4 倍,农副食品加工业增长 5.6%,纺织业增长 5.3%,石油、煤炭及其他燃料加工业增长 10.7%,化学原料和化学制品制造业增长 15.9%,非金属矿物制品业增长 43%,黑色金属冶炼和压延加工业增长 37.8%,通用设备制造业增长 7.3%,专用设备制造业增长 15.8%,电气机械和器材制造业增长 1%,电力、热力生产和供应业增长 3.1%,有色金属冶炼和压延加工业下降 9%,汽车制造业下降 4.7%,计算机、通信和其他电子设备制造业下降

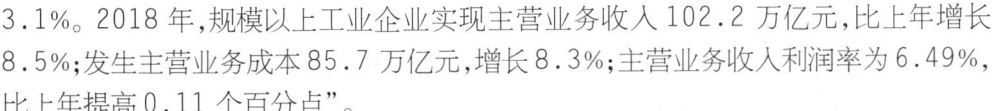

3.1%。2018年,规模以上工业企业实现主营业务收入102.2万亿元,比上年增长8.5%;发生主营业务成本85.7万亿元,增长8.3%;主营业务收入利润率为6.49%,比上年提高0.11个百分点"。

任务分析

数据有助于人们直观地了解社会经济现象,为了对案例中的中国国民经济和社会发展的现状有个清晰的认识,需要通过各类数据进行分析。通过前面的学习,我们知道反映单位数量特征的是数量标志,反映总体数量特征的名称及数值是指标,在这项调查研究中的总体数据便是指标。在这项统计资料中出现了多种类型数据的指标,那么这些指标分别具有什么特征?又分别是对什么现象进行说明的?每类指标是如何计算的?在测算时又有哪些注意事项?在学完本项目内容后,就能清楚了解这些内容。

相关知识

任务一　总量指标

一、总量指标的概念和作用

(一)总量指标的概念

总量指标是反映一定时间、地点和条件下,某种现象的总体规模或水平的统计指标。它的表现形式是绝对数,因此也被称为绝对指标或绝对数。例如,一定时期某国的国民生产总值、人口总数、工业企业数、固定资产数、社会总产值等,都是总量指标。总量指标是关于某项内容的合计数。有些总量指标可以在统计调查和统计整理过程中直接获得,也有一些总量指标可以根据已知的总量指标通过各种方法间接推算出来,例如两个总量指标相减,表现为增加量或减少量也是总量指标。例如,2018年全年国内生产总值90.03万亿元,城镇新增就业1 361万人,比上年多增10万人等,都是总量指标。

只有有限总体才能计算总量指标,指标的数值随着研究范围的大小而增加或减少。

(二)总量指标的作用

1. 总量指标是对社会经济现象总体认识的起点

由于社会经济现象基本情况的数量首先表现为一定的总量,所以,总量指标能反映一个国家的国情、国力和建设的规模、水平,以及各地区、部门、单位的经济活动成果和工作总量。例如,掌握了一个国家或地区在一定时间的土地面积、人口总数、年末职工总人数、劳动力数量、国民生产总值、国内生产总值、钢产量、粮食产量、社会消费品零售总额等总量指标,就能对这个国家或地区有一个基本的认识。

2. 总量指标是实行社会经济管理的依据

总量指标是国家制定政策、编制和检查计划不可或缺的基本数据,是实行经营管理的主要依据。因为各项政策和计划,都是从客观实际出发来反映客观情况的,需要用总量指标来说明。例如,掌握了我国人口的现状和物质产品消费水平等总量指标,才能制定出符合我国国情的人口政策。编制计划时一般是以总量指标的形式来规定具体数字的,这些总量的确定必须以基期达到的总量为依据。检查生产任务的完成情况也是首先从总量入手的。所以,总量指标是实行社会经济管理的基本数量依据。

3. 总量指标是计算相对指标和平均指标的基础

相对指标和平均指标一般是由两个总量指标对比得来的,因此,相对指标和平均指标是总量指标的派生指标。总量指标计算的科学性、合理性,必将直接影响到相对指标和平均指标的准确性。例如,通过对某企业工业总产值和全部职工人数两个总量指标的对比,得到该企业的全员劳动生产率指标。

二、总量指标的分类

从不同的角度出发,总量指标有不同的划分方法。

(一) 总量指标按其说明的总体内容不同,分为总体单位总量和总体标志总量

总体单位总量简称单位总量,表示总体本身的规模大小,是统计总体单位的合计数;总体标志总量简称标志总量,是反映总体单位某种标志值总和的总量指标。在一个确定的总体内,单位总量只能有一个,而标志总量可以有若干个,从而产生一系列的统计指标。例如,研究某市国有企业的经营情况,该市国有企业总数是单位总量,该市国有企业的利税总额、职工人数、工资总额等是标志总量。

需要指出的是,单位总量和标志总量并不是固定不变的,两者随着研究目的和研究对象的变化而变化。当以工业企业为总体时,职工人数是标志总量;当以全部职工为总体时,职工人数是单位总量。

(二) 总量指标按其反映的时间状况不同,分为时期指标和时点指标

1. 时期指标是社会经济现象在一段时间内发展过程的累计总量

时期指标主要用来反映时期现象的总量,如产品产量、人口出生数、总成本、税收总额、国民收入等。它有3个特点:①指标数值是对经济现象在一段时间内发展变化过程进行连续登记而计算的累计数;②指标数值具有可加性,即不同时期的指标数值相加有实际意义,如将1—12月份每个月的产量连续相加就得到了年产量;③时期指标数值的大小与时期的长短有直接关系,一般来说,时期越长,指标数值越大。

2. 时点指标是社会经济现象在某一时点(瞬间)所表现的数量特征的总量

时点指标主要用来表现时点的现象的总量,如人口总数、耕地面积、物资库存量、固定资产原值、设备台数等。它的特点是:①指标数值是间隔一段时间对经济现象在某一时点的数量表现进行一次性登记而得到的,因为时点指标的数值在发展过程中既有增加又有减少,短期内数量一般变化不大,所以通常是隔一段时间登记一次;②指标数值不具有可加性,即不同时点的指标数值相加没有实际意义;③时点指标数值的大小与时点之间的间隔长短没有直接关系。

一个统计指标是时点指标还是时期指标,不是人为规定的,而是由该指标自身的特点所

决定的。正确地区分时点指标和时期指标,将有利于后续序时平均数的学习。

(三) 总量指标按其计量单位不同,分为实物指标、价值指标和劳动量指标

实物单位是依照事物的自然属性和特点而采用的计量单位,通常有自然计量单位、度量衡单位、标准实物单位、复合计量单位、双重或多重计量单位几种形式。

① 自然计量单位,是按客观现象的自然属性来度量其数量的一种计量单位,如人口数以"人"、汽车以"辆"、电视机以"台"、鞋以"双"为计量单位等。

② 度量衡单位,是以长度、面积、体积、重量等度量衡制度为度量客观事物数量的一种计量单位,如粮食按"吨"、布匹按"米"、鸡蛋按"千克"、建筑面积按"平方米"等。

③ 标准实物单位,是按照统一的折算标准来度量被研究现象数量的一种计量单位,主要是针对那些性质和用途相同而品种规格不同的同类产品的计量而使用的。例如,将不同功率的拖拉机都以15马力(1马力=0.735 499 kW)的拖拉机作为一个标准台折算,硫酸、烧碱、氨肥量都以100%的含量为标准单位折算为标准量等。

④ 复合计量单位。把两种单位并列使用时称为复合计量单位,即用两种计量单位乘积表示。例如,货物周转量就是货物吨数乘以运输里程,用"吨公里"表示;发电量用"千瓦时"表示等。

⑤ 双重和多重计量单位,即同时采用两种或两种以上计量单位上下结合使用来表明某一种事物的数量。例如,发动机用"千瓦/台"表示,属双重单位;高炉生产能力用"吨/(立方米·座·年)"表示,属多重单位。

1. 实物指标

实物指标是反映国情、国力,研究各行业的投入、产出,资源条件,生活环境,经济活动等过程的最基础的总量指标。它能具体反映社会经济现象实际存在的实物数量,体现具体的使用价值量,但其综合性能比较差。例如,对计量单位和使用价值不同的产品,就无法直接汇总,而需要使用价值指标。

2. 价值指标

价值指标是以货币作为价值尺度来计量社会物质财富和劳动成果的总量指标,如增加值、产品销售收入、工商税收等。价值指标充分弥补了实物指标不能跨实物状态而综合的缺点,可以综合说明不同使用价值量的总水平、总规模,具有最广泛的综合性和概括性,但其不能表现事物的使用价值和实物内容。因此,应将价值指标和实物指标结合起来使用,才能全面地认识问题。价值一般要通过价格体现出来,因此,价值指标和实物指标存在一个换算关系,即:

$$价值指标 = 实物指标 \times 价格$$

3. 劳动量指标

劳动量指标是采用劳动量单位计量的总量指标,用于反映企业的基层生产单位生产各种产品的工作总量。劳动量单位是用劳动时间来表示的计量单位。在劳动统计中通常采用工时、工日、工月、工年等来计量工作总量,把不能直接相加的实物产量变换成可以相加的劳动时间数量。

由于具体条件不同,不同企业的劳动量指标不具有可比性,所以,劳动量指标多限于企业内部在确定劳动定额、计算劳动生产率、编制和检查生产作业计划时使用。

三、总量指标的运用原则

正确地计算和应用总量指标不是一个简单加总的技术问题,要保证所计算的总量指标能正确地反映社会经济现象总体的数量特征,就必须遵循以下原则。

(一) 科学性

必须以科学的理论来确定总量指标的含义、范围和计算方法。例如,对工业企业数的统计,表面看是比较简单的,但实际上首先要对"工业企业"的含义加以明确的规定,明确了工业与农业、建筑业等的区别,才能准确地统计工业企业数。再如,计算国内生产总值时,不仅要明确国内生产总值是反映常驻单位生产活动成果的指标,还要明确指出常驻单位是一个国家经济领土内具有经济利益中心的经济单位,并确定经济领土的具体范围和经济利益中心的确切含义。只有这样,才能将国内生产总值与国民生产总值区别开来,才能进行准确的统计计算。

(二) 可比性

① 计算和应用总量指标应注意历史条件变化对指标内容和范围的影响,使不同时期的指标具有可比性,有利于进行动态研究。例如,在研究我国税收改革前后时期的各种税收总量的变化时,就要注意其含义和范围的变化情况。

② 总量分析应注意经济现象的同类性,只有同类的经济现象才能直接进行比较、分析。

③ 进行总量分析时要注意事物的总体范围是否一致。由于总量指标的大小直接决定着现象的总体范围和规模,所以,在根据总量指标进行比较、评价时,要保证相比较现象的总体范围的一致性,否则,就不能使用总量分析。例如,比较一个大型企业与一个小型企业工人的工作情况时,因为企业的规模不同,就不能直接比较两个企业的总产量、总产值等总量指标,而应采用工人人均产量或劳动生产率等质量指标进行对比。

(三) 一致性

计算总量指标要注意计算口径、计算方法和计量单位的一致性。不同时期、不同国家(或地区)的同一经济现象,在计算总量指标时,常会出现计算口径、计算方法不一致的情况。例如,在不同地区或不同系统,常因行政区划的变动或管理体制的改变,使该地区或系统的人口、土地和各种社会经济指标的技术口径前后不一致,在计算这样的总量指标或对它们进行动态分析时,就必须调整为统一的口径,才能汇总计算,便于对比、研究。

四、我国国民经济的主要总量指标

反映我国国民经济运行状况的总量指标主要有社会总产出、增加值、国内生产总值、国内生产净值等。

(一) 社会总产出

社会总产出是指一个国家或地区在一定时期(如一年)内的全部生产经营成果。这里所说的全部生产活动,既包括物质生产部门的生产,也包括非物质生产部门的生产。社会总产出就是这两大部门产出的总和,其产品形式既有实物形态的货物,也有不具实物形态的各种服务或劳务。

国民经济中的物质生产部门包括农业、工业、建筑业,以及为生产服务的交通运输业、邮电业和商业等。物质生产部门的总产出,反映一个国家(或地区)在一定时期内物质生产的总成果。它包括货物和直接为货物提供的运输、仓储、供应与销售等有关服务或劳务。

非物质生产部门在一定时期内的总产出,其产出成果的价值表现为服务总值或劳动总值。通常,金融保险业、房产等营利性服务部门的劳动总值以营业收入为基础计算,教育、国家机关等非营利服务部门的劳动总值则按照经常性业务活动支出项计算。随着现代化生产的发展,作为国民经济重要组成部分的非物质生产部门将迅速扩大,这是经济发达国家的共同趋势。

社会总产值从使用价值的角度看,包括生产资料和消费资料两大类;从价值角度看,包括生产过程中消耗的生产资料转移价值和劳动者新创造的价值。

(二) 增加值

增加值是企业或部门在一定时期(如一年)内从事生产经营活动所增加的价值。它是总产出减去总投入后的余额,因此从价值构成看,它包括全部新价值和物质消耗中本期固定资产的折旧。

增加值既包括物质生产部门的产值,也包括非物质生产部门所提供的劳务价值。物质生产部门的增加值采用净产值加上本期固定资产折旧额计算;非物质生产部门的增加值采用劳务总收入减去总支出的余额计算。

(三) 国内生产总值

国内生产总值(GDP)是市场价格的国内生产总值的简称。它是一个国家(地区)所有常驻单位在一定时期内生产活动的最终成果。可以从以下两个方面来理解这个概念。

① 国内生产总值是国民经济核算体系中的一个核心指标,它能综合反映国民经济活动的总量,是衡量国民经济的发展规模、速度以及分析经济结构和宏观经济效益的基本指标,并且还广泛用于国际间对比研究。

② 国内生产总值是反映常驻单位生产活动成果的指标。所谓常驻单位,是指在一国经济领土内具有经济利益中心的经济单位。经济领土是指由一国政府控制或拥有的地理领土。经济利益中心是指某一单位或个人在一国经济领土内拥有一定活动的场所,从事一定的生产和消费活动,并持续经营或居住一年以上的单位或个人。一般就机构(单位)而言,不论其资产和管理归属哪个国家控制,该机构在所在国就具有了经济利益中心。

国内生产总值有 3 种表现形态,即价值形态、收入形态和产品形态。从价值形态看,它是所有常驻单位在一定时期内所生产的全部货物和服务价值超过同期投入的全部非固定资产货物和服务价值的差额,即所有常驻单位的增加值之和;从收入形态看,它是所有常驻单位在一定时期内所创造并分配给常驻单位和非常驻单位的初次分配收入之和;从产品形态看,它是最终使用的货物和服务减去进口货物和服务。在实际核算中,国内生产总值的 3 种表现形态表现为 3 种计算方法,即生产法、收入法和支出法。

1. 生产法

生产法是从生产的角度计算国内生产总值,其计算公式为:

$$国内生产总值 = 各部门增加值之和$$

$$增加值 = 总产出 - 中间消耗$$

2. 收入法

收入法是从分配或收入的角度计算国内生产总值。按这种方法计算,首先是各部门根据生产要素在初次分配中应得到的收入份额来计算增加值,然后汇总各部门的增加值而得到国内生产总值。其计算公式为:

$$增加值 = 固定资产折旧 + 劳动者报酬 + 生产税净额 + 营业盈余$$

式中,固定资产折旧是指为补偿生产经营中损耗的固定资产按比例提取的折旧费;劳动者报酬是指企业、单位对从事生产经营活动的职工及其他从业人员,以现金和实物形式支付的工资、福利费和社会保险费;生产税净额是指企业在生产、销售产品中应向政府缴纳的税金(利前税)减去生产补贴后的余额;营业盈余是指营业利润和其他盈余。

3. 支出法

支出法是从最终使用的角度计算国内生产总值。其计算公式为:

$$国内生产总值 = 总消费 + 总投资 + 净出口$$

式中,总消费是指居民和社会用于最终消费的物质产品和服务的价值;总投资是指一定时期内固定资产投资和库存增加价值的总和;净出口是指物质产品和服务出口价值减去进口价值的差额。

(四)国内生产净值

国内生产总值减去其中的固定资产折旧后,称为国内生产净值,表示一国或地区在一定时期内新创造的全部价值。

国内生产总值加上国外要素收入净额,便称为国民总收入(原称国民生产总值,GNP),即

$$国民总收入 = 国内生产总值 + 国外要素收入净额$$

$$国外要素收入净额 = 来自国外的劳动者报酬和财产收入 - 国外从本国获得的劳动者报酬和财产收入$$

可见,国民总收入反映了本国常驻单位原始收入的总和。

任务二　相对指标

一、相对指标的概念和作用

相对指标是两个或两个以上相互联系的有关指标数值对比计算的一种比值(或比率),其结果表现为相对数,故也将相对指标称为相对数。

统计分析的前提是事物或现象间的差异性,而差异性要通过比较才能表现出来,只有通过比较,才能说明事物的优劣、高低、多少、强弱。因此,统计因比较而存在,比较方法也就成为统计的基本方法。相对指标比总量指标有着更广泛的应用领域,它通过不同指标数值的对比,将现象总体数量上的绝对差异抽象化,可以使那些规模、条件不同,无法直接对比的现

象找到对比的基础。例如,比较国家或地区间的经济实力就不能使用生产总值、产品产量等总量指标进行直接对比,而应该使用人均国内生产总值、人均主要产品产量、发展速度、经济效益指标等消除了规模影响的相对指标来进行对比。同时,相对分析比绝对分析更能深刻地揭示客观现象之间的数量联系,从而更准确地反映现象之间的数量差异,是对总体数量特征分析的深化。

二、相对指标的表现形式

相对指标有无名数和有名数两种表现形式。

(一) 无名数

相对指标一般是用无名数表示的。无名数是一种抽象化的数值,多用倍数或系数、成数、百分数或千分数等表示。

1. 倍数或系数

倍数或系数是将对比基数抽象为 1 而计算的相对指标。当分子数值比分母数值大得多时,常用倍数表示。例如,2017 年我国国内生产总值为 820 754.3 亿元,是 2007 年国内生产总值 270 092.3 亿元的 3.04 倍。当分子数值与分母数值差别不大时,常用系数表示,系数可以大于 1,也可以小于 1。

2. 成数

成数是将对比基数抽象为 10 而计算的相对指标,如粮食增产一成,即增长 1/10。

3. 百分数或千分数

百分数(%)是将对比基数抽象为 100 而计算的相对指标,是相对指标中最常用的表现形式。当对比的两个指标数值不太悬殊时,适合用百分数,如某企业本月产量计划完成程度为 105% 等。百分点是百分数的另一种表述形式,是百分数中相当于 1% 的单位,即一个百分点相当于 1%,在两个百分数相减的情况适用。例如,股票由 8 元涨到 12 元,就称股票价格上升了 50 个百分点。

千分数(‰)是将对比基数抽象为 1 000 而计算的相对指标。一般在两个数值对比中,如果分子比分母的数值小很多时,则用千分数表示,如人口的出生率、死亡率等。

(二) 有名数

有名数将对比的分子指标和分母指标的计量单位结合使用,以表明事物的密度、普遍程度和强度等。例如,人口密度指标以"人/平方公里"为单位,人均国民生产总值用"元/人"为单位等。但也有一些有名数既不使用分子的计量单位,也不使用分母的计量单位,如商品流转速度指标以"次"或"天"为单位。

三、相对指标的种类及计算方法

由于研究问题的目的不同,计算相对指标所选择的比较基数也不同,所以产生了不同的相对指标。常用的相对指标有结构相对指标、比例相对指标、比较相对指标、动态相对指标、强度相对指标和计划完成程度相对指标 6 种,它们的作用各不相同。

(一)结构相对指标

结构相对指标又称为结构相对数,是在分组基础上总体各部分数值与总体数值之比。它反映总体内部构成情况,表明总体中各部分所占比重的大小,所以又称为比重相对数。其计算公式为:

$$结构相对指标 = \frac{总体中某一部分指标值}{总体全部数值} \times 100\%$$

结构相对指标一般用百分数或倍数表示,其分子、分母可以是总体单位数也可以是总体标志数值,各部分所占比重之和必须等于1或100%。常用的结构相对指标有就业率、失业率、国民生产总值中三次产业的比重、增加值率等。结构相对数中分子属于分母的一部分,即分子、分母是一种从属关系,所以分子、分母不能互换。

利用结构相对指标可以研究总体内各组成部分的分配比重及其变化情况,从而深刻认识事物各个部分的特殊性及其在总体中所占的地位;可以反映人力、物力和财力的利益情况,表明工业和商业部门的工作质量。例如,工时利用率、设备利用率等结构相对指标能够反映企业的人力、物力和财力的利用状况。

 例 4-1 2007年和2017年我国国内生产总值构成情况如表4.1所示。

表4.1 我国国内生产总值构成情况

国民经济部门	2007年结构相对数/(%)	2017年结构相对数/(%)
第一产业	10.2	12.60
第二产业	46.9	47.55
第三产业	42.9	39.85
合计	100.00	100.00

(二)比例相对指标

比例相对指标是同一总体中各组成部分之间的数量对比指标。它可以反映总体各组成部分之间数量联系程度和比例关系。其计算公式为:

$$比例相对指标 = \frac{总体中某一部分数值}{总体中另一部分数值}$$

比例相对指标一般以总体中数值小的部分作为比较的基础,抽象为1或100,将其他部分作为比数,用百分数、几比几,也可以用连比的形式表示。例如,某高校职工人数为1 735人,其中,干部、教师、工人分别为245人、1 050人、440人,人数比例约为1:4:2。

比例相对指标一般用总量指标进行对比。依据分析任务和提供资料的情况,也可用现象总体各部分的相对数或平均数进行对比。例如,农业居民与非农业居民平均生活费用水平对比、工业发展速度与农业发展速度对比等。

 例 4-2 我国人口普查每10年进行一次,2010年我国第六次人口普查结果显示,总人口数为137 053.687 5万人,其中,男性为68 685.257 2万人,女性为65 287.228万人,则:

男、女人口性别比 = $\dfrac{68\,685.257\,2}{65\,287.228}$ = 105% 或 1.05。

计算结果是比例相对指标,表明了 2010 年我国人口数中的性别比例。

利用比例相对指标,可以分析总体内各组成部分或各局部之间的数量关系是否协调一致。按比例发展是事物发展的客观要求,如人口的性别比例、物质生产部门中两大部类生产之间的比例、国民经济中各产业之间的比例、国民收入使用额中消费和积累的比例等,都可以运用比例相对指标进行分析研究。

(三) 比较相对指标

比较相对指标是同一时期、同类现象在不同地区、部门、单位之间的对比,用来表明同类事物在不同空间条件下的数量对比关系。其计算公式为:

$$比较相对指标 = \dfrac{某条件下的某类指标值}{另一条件下的同类指标值}$$

比较相对指标属于静态对比关系,也称为横向对比,既可以用百分数表示,也可以用倍数表示。用来对比的指标既可以是总量指标,也可以是相对指标或平均指标,但要注意对比的两个同类指标数值必须具有可比性,即指标含义、口径、计算方法、计量单位、所属时间等一致。比较相对指标比较的基数不固定,应根据不同的研究目的而定,可以用于不同国家、地区、单位之间经济实力的比较,也可以用于先进与落后之间的比较,还可以用于实际水平与标准水平或平均水平的比较,从而找出差距,挖掘劳动潜力,提高工作量,以促进经济的发展。

例 4-3 某年底,甲省人口数为 5 452 万人,集市数有 2 488 个;乙省人口数为 5 356 万人,集市数 1 696 个,则:

$$两省人口比较相对指标 = \dfrac{甲省人口数}{乙省人口数} = \dfrac{5\,452}{5\,356} = 101.8\%$$

$$两省集市比较相对指标 = \dfrac{甲省集市数}{乙省集市数} = \dfrac{2\,488}{1\,696} = 146.7\%$$

可见,甲省人口数等于乙省人口数的 101.8%,而甲省集市数为乙省集市数的 146.7%。可以看出,人口数差不多的两个省,集市发展是不平衡的。

例 4-4 某月份甲商业企业人均劳动效率为 1 800 元,乙商业企业人均劳动效率为 2 100 元,则:

甲商业企业的人均劳动效率为乙商业企业的 85.71%,乙商业企业的人均劳动效率为甲商业企业的 1.167 倍。

(四) 动态相对指标

动态相对指标又称为发展速度,是将同一事物在不同时间的指标数值进行对比而计算的综合指标,用以反映社会经济现象在时间上发展变化的方向和程度。其计算公式为:

$$动态相对指标 = \dfrac{报告期指标数值}{基期指标数值} \times 100\%$$

通常将所研究、所关注的时期称为报告期,也称为计算期。为研究报告期的发展状况而选做比较基础的时期称为基期。根据研究的任务和需要,基期可以是前期、上年同期或者是某个具有历史意义的时期。动态相对指标通常以百分数表示,当分子比分母大得多时,也用倍数表示。

例 4-5 我国的汽车产量 1978 年为 14.91 万辆,1990 年为 51.40 万辆,1997 年为 162.5 万辆,2000 年为 207.00 万辆,2007 年为 888.24 万辆,2017 年为 2 901.81 万辆。求动态相对指标。

动态相对指标分别为:
2 901.81÷14.91≈194.62　　　2 901.81÷51.40≈56.45
2 901.81÷162.5≈17.86　　　　2 901.81÷207.00≈14.02
2 901.81÷888.24≈3.27

计算结果表明,我国的汽车产量在改革开放近 40 年内增长了 193.62 倍,近 20 年汽车产量增长了 16.86 倍,近 17 年产量增长 13.02 倍,近 10 年产量增长了 2.27 倍。

动态相对指标在统计分析中应用广泛,意义重大,将在第六章中详述。

（五）强度相对指标

强度相对指标又称为强度相对数或密度相对数,是指两个性质不同但有一定联系的总量指标之比,用来表明现象的强度、密度和普遍程度,以表示不同现象之间依存关系的综合指标。其计算公式为:

$$强度相对指标 = \frac{某一总量指标数值}{另一有联系而性质不同的指标数值}$$

强度相对指标数值的表现形式一般为双重单位,由分子指标和分母指标原有的计量单位组成,如人均国内生产总值用"元/人"、人口密度用"人/平方公里"来表示等。也有强度相对指标的数值用次数、倍数、系数、百分数或千分数等无名数表示,如货币流通速度用货币流通次数表示,流通费用率用百分数表示,人口出生率用千分数表示等。

例 4-6 2018 年末,我国某地区人口数为 1 250 万人,该地区土地面积为 10 万平方千米,求强度相对指标。

$$人口密度 = \frac{1\ 250}{10} = 125(人/km^2)$$

有些强度相对指标用做比较的两个总量指标,分子、分母能够互换,从而形成了正指标和逆指标。正指标是指强度相对指标的数值大小与现象的发展程度或密度呈正向变化;逆指标是指强度相对指标的数值大小与现象的发展程度或密度呈反向变化。

例 4-7 某地区 2018 年总人口数为 280 万人,零售商店为 5 200 个,则:

$$商业网点密度 = \frac{地区零售商业机构数}{地区人口数} = \frac{5\ 200}{280} = 19(个/万人)(正指标)$$

$$商业网点密度 = \frac{地区人口数}{地区零售商业机构数} = \frac{280}{5\ 200} = 538(人/个)(逆指标)$$

上述计算结果为 19 个/万人,说明每一万人中有 19 个商店,数值越大,表示商业网密度越大,所以是正指标;计算结果为 538 人/个,说明每个零售商店为 538 人服务,数值越大,表示一个商店服务的人口数越多,说明商业网密度越小,所以是逆指标。

例 4-8 2018 年某地区有医院、卫生院 300 个,医生 1.22 万人,医院床位数 1.8 万张,人口数 426 万人,求强度相对指标。

每千人口医生数 = 1.22 ÷ 426 × 1 000 = 2.86(人)

每千人口医院床位数 = 1.8 ÷ 426 × 1 000 = 4.23(张)

平均每个医院服务人口数 = 426 × 10 000 ÷ 300 = 14 200(人)

前两个指标的计算结果,数值越大,说明医疗卫生条件越好,因此都是正指标,也可以分子、分母互换位置,计算逆指标;平均每个医院服务人口数数值越大,说明医疗条件越差,因此是逆指标,也可以分子、分母对换位置,计算正指标。

必须指出,计算强度相对指标应注意社会经济现象之间内在的本质联系,这样两个总量指标的对比才会有现实的经济意义,如人口数与土地面积相比,能够说明人口密度,但若用钢产量和土地面积相比,就没有意义了。

强度相对指标在实际统计分析中相当重要,其作用如下。

① 利用它可以测定一个国家的经济实力。例如,可计算人均国民收入、人均钢产量、人均粮食产量之类的指标。因为任何一种产品终归是为人类服务的,应当将它们与人口数联系起来,计算出每人平均分摊的产量。只有以这种指标体现一国经济力量的强弱,并进行国际对比才更有说服力。需要注意的是,强度相对指标带有"平均"的意义,但不是平均数,它们在表现上虽然很类似,但实质上是有区别的。

② 强度相对指标可以反映现象的密度或普遍程度,如人口密度、铁路网密度、森林密度等。

③ 强度相对指标可以反映社会服务状况,表明社会服务行业的负担情况和保证程度,如医疗网密度、商业网密度等。

④ 强度相对指标还能够反映社会生产活动的条件和效果,如百元积累增加的国民收入、每千元产值的利润、每名职工平均拥有的固定资产数额等。

(六) 计划完成程度相对指标

1. 计划完成程度相对指标的概念和计算

计划完成相对指标又称为计划完成百分比,是某一时期某一社会经济现象的实际完成数与计划数之比,借以表示计划的完成程度。它是计划管理的特有指标,用来检查、监督计划执行情况,一般用百分数表示。其计算公式为:

$$计划完成情况相对指标 = \frac{实际完成数}{计划任务数} \times 100\%$$

计划完成情况相对指标中的分子、分母在指标含义、计算口径、时间、空间范围等方面必须保持一致。由于计划数是衡量计划完成情况的标准,所以,分子、分母不能互换。

由于计划任务数的表现形式有绝对数、相对数、平均数 3 种,因此,计划完成程度相对指标在计算方法上有所不同。

(1) 计划数为总量指标

计划数为总量指标时,计算计划完成程度指标的计算公式为:

$$计划完成程度相对指标 = \frac{实际总量}{计划总量} \times 100\%$$

它一般适用于考核社会经济现象的规模或水平的计划完成程度。

例 4-9 某企业 2018 年 10 月份的计划产量为 9 500 台,实际完成的生产量为 9 800 台,求计划完成程度相对指标。

该企业计划完成程度相对指标 $= \dfrac{9\ 800}{9\ 500} \times 100\% = 103.2\%$

计算结果表明,该企业 2018 年 10 月份超 3.2% 完成了计划生产任务。

(2) 计划数为相对指标

以这类指标检查计划完成情况,用于考核各种社会经济现象的降低率和提高率的计划完成程度,如产品成本降低率、劳动生产率提高率等。这时,计划完成程度相对指标不能用实际提高率(或降低率)除以计划提高率(或降低率)求得,而应包括基数(100%)在内,才符合计划完成程度的基本计算公式,即:

$$计划完成程度相对指标 = \frac{实际完成数}{计划任务数} \times 100\%$$

$$= \frac{1 + 实际提高率 或 1 - 实际降低率}{1 + 计划提高率 或 1 - 计划降低率} \times 100\%$$

例 4-10 某厂 2018 年的计划劳动生产率比 2017 年的提高 10%,而实际劳动生产率提高了 15%;同时计划规定单位产品成本比 2017 年的降低 4%,而实际降低 6%,求计划完成程度相对指标。

劳动生产率计划完成程度相对指标 $= \dfrac{1 + 15\%}{1 + 10\%} \times 100\% = 104.5\%$

单位产品成本计划完成程度相对指标 $= \dfrac{1 - 6\%}{1 - 4\%} \times 100\% = 97.92\%$

计算结果表明,该企业劳动生产率计划完成程度为 104.5%,超计划完成 4.5%;成本计划完成程度为 97.92%,超计划完成 2.08%。这说明劳动生产率比计划提高了 5 个百分点,单位产品成本比计划降低了 2 个百分点。

(3) 计划数为平均指标

计划数为平均指标时,计算计划完成相对指标的计算公式为:

$$计划完成程度相对指标 = \frac{实际平均水平}{计划平均水平} \times 100\%$$

它一般适用于考核以平均水平表示的技术经济指标的计划完成程度,如工业生产中的劳动生产率、单位产品原材料消耗量、职工的平均工资、粮食的平均亩产量、单位产品成本等。

例 4-11 某化肥厂某年每吨化肥的计划成本为 310 元,实际成本为 290 元,求单位产品成本的计划完成程度相对指标。

单位产品成本计划完成程度相对指标 $= \dfrac{290}{310} \times 100\% = 93.55\%$

项目四　总量指标和相对指标分析

计算结果表明,化肥生产的实际单位产品成本比计划降低6.45%,即超额6.45%完成成本计划,单位产品成本节约20元。

2. 计划完成程度指标的评价标准

由于各个计划指标的情况有差异,所以对计算结果的评价标准也就有所不同。一种计划指标,如产品产量、产值、商品销售额、劳动生产率、利润计划等属于成果收入性质的指标,只规定最低限额,计划完成程度相对指标以大于或等于100%为好,超过100%部分,表示超额完成计划的程度;不足100%部分,表示未完成计划的程度。另一种计划指标,如单位产品成本、单位产品原材料消耗量、商品流通费率等属于消耗支出性质的指标,实际完成数比计划任务数越少越好。其计划完成程度相对指标以小于或等于100%为好,小于100%的部分为超额完成计划的程度;大于100%的部分表示未完成计划的程度。

3. 计划执行进度情况的检查

分析计划完成情况,要检查计划执行进度,预计计划的可能完成情况,从而便于及时采取措施,保证完成或超额完成计划任务。无论长期计划还是短期计划,检查计划执行进度的方法都是用计划期中某一段时期的实际累计完成数与计划期全期计划数对比。其计算公式为:

$$计划执行进度 = \frac{累计完成数}{本期计划数} \times 100\%$$

一般地,在正常情况下计划执行进度与时间进度应大体一致,如时间过半,任务也过半。

例4-12　某贸易企业商品销售额年计划为2 400万元,1—6月份实际完成的商品销售额为1 200万元,求计划执行进度。

$$计划执行进度 = \frac{1\ 200}{2\ 400} \times 100\% = 50\%。$$

计算结果表明,时间过半,完成任务也过半。如果按此进度,年底将保证完成计划。

4. 长期计划执行情况的检查

长期计划执行情况的检查是指对国民经济五年或十年规划完成情况的考核,其中,主要是对五年规划完成情况的考核。根据客观现象的性质不同,五年计划指标数值的规定有两种,一种规定计划期末应达到的水平,另一种规定全计划期应该完成的累计总数,因而有水平法和累计法两种不同的检查方法。

(1) 水平法

在长期计划中,对某些在各年度之间有明显递增或递减的现象,一般只规定计划期最后一年应达到的水平,如各种产品的产量计划、社会商品零售额、人口数等。用水平法检查五年计划执行情况的计算公式为:

$$计划完成程度相对指标 = \frac{五年计划末年实际达到的水平}{五年计划规定的末年水平} \times 100\%$$

利用水平法检查计划的目的在于检查年度水平是否达到计划要求,若超额完成计划,计算提前完成的时间是有意义的。计算提前完成计划时间的方法是:如果掌握的是月度资料,在计划期内只要有连续12个月的实际完成数(可以跨年度)达到了计划规定的末年水平,就算完成了计划,剩余的时间就是提前完成计划的时间。

例 4-13 某钢铁公司"十二五"计划规定钢产量达到年产钢材 630 万吨,计划的执行情况如表 4.2 所示。

表 4.2　某钢铁公司计划执行情况　　　　　　　　　　　万吨

时间＼产量	2011 年	2012 年	2013 年 上半年	2013 年 下半年	2014 年 一季度	2014 年 二季度	2014 年 三季度	2014 年 四季度	2015 年 一季度	2015 年 二季度	2015 年 三季度	2015 年 四季度
产量	420	448	238	266	140	140	147	154	161	178	182	182
合计					602							
合计								640				
合计												703

该公司 2015 年共产钢材 703 万吨（=161+178+182+182），所以，其计划完成程度的计算如下：

$$\text{计划完成相对数} = \frac{703}{630} \times 100\% = 111.59\%$$

计算结果表明,该公司超额 11.59% 完成了计划。这类计划完成的时间是以整个计划期内连续一年(够 12 个月,可以跨年度)的实际完成数达到计划规定水平的时间为准,以后的时间即为提前完成计划的时间了。例如,从 2014 年第三季度到 2015 年第二季度这 4 个季度里,钢总产量已达 640 万吨,表明到此已超额完成了计划,这就意味着提前期超过了两个季度,那么是两个季度零多少天呢？现假定多 x 天,则提前完成计划的时间为：2 个季度 $+x$ 天,则：

$$\frac{x}{90} \times 140 + 147 + 154 + 161 + \frac{90-x}{90} \times 178 = 630$$

$$x = 23 (\text{天})$$

（2）累计法

计划指标若按计划期内各年的总和规定任务,如基本建设投资额、造林面积、新增生产能力等,要求用累计法计算计划完成程度。其计算方法是将计划期内完成的累计数与计划规定的累计数进行比较,所得的比率就是计划完成程度相对指标。其计算公式为：

$$\text{计划完成程度相对指标} = \frac{\text{五年计划期间实际累计完成数}}{\text{五年计划规定的累计数}} \times 100\%$$

用累计法计算的计划完成程度,若超额完成计划,计算提前完成计划时间的方法是：从计划期开始至某一时间,累计的实际完成数达到了计划数,就算完成了计划；将计划全部时间减去完成计划所需时间,就为提前完成计划的时间。

例 4-14 某钢铁公司"十二五"计划规定钢产量达 2 400 万吨,计划的执行情况如表 4.3 所示。

表4.3 某钢铁公司计划执行情况　　　　　　　　　　　　　　万吨

时间 产量	2011年	2012年	2013年		2014年				2015年			
			上半年	下半年	一季度	二季度	三季度	四季度	一季度	二季度	三季度	四季度
产量/万吨	420	448	238	266	140	140	147	154	161	178	182	182
合计	2 474											
合计	2 656											

该公司"十二五"期间共产钢材 2 656 万吨,其计划完成程度为:2 656÷2 400 = 11.67%。其提前完成时间为:1 个季度 + x,则:

$x = (256 - 182) ÷ 182 × 90 = 36.59 ≈ 36$(天)

四、计算和应用相对指标的原则

(一)保持对比指标的可比性

相对指标是对相互联系的事物进行比较,以反映事物之间的数量对比关系。因此,可比性原则就被称为计算和应用相对指标的前提。

相对指标的可比性主要指所对比指标的经济内容是否一致,计算范围是否相同,计算方法和计量单位是否可比等。例如,世界各国三次产业的划分标准不尽相同:我国第一产业中不包括采掘工业,而很多国家把采掘工业划分到第一产业的范围中。这样我国与这些国家的三次产业增加值是不能直接对比的。

(二)相对指标和总量指标结合运用

在反映社会经济现象的联系和差异程度时,相对指标的特点是把现象的具体规模或水平抽象化,掩盖了现象绝对水平的差别。例如,我国 1949 年的原油产量为 12 万吨,1950 年的原油产量为 20 万吨,1950 年的原油产量是 1949 年的 166.7%;1991 年我国原油产量为 14 100 万吨,1992 年为 14 200 万吨,1992 年原油产量是 1991 年的 100.7%。从两个相对数的角度来看,前者大于后者,似乎近年来原油生产发展缓慢了;但从绝对数来看,却是后者大于前者。因此,在许多情况下,利用相对指标进行统计分析时,必须考虑到相对指标背后的绝对水平,方能比较全面而又具体地认识事物。

(三)根据需要将各种相对指标结合起来运用

每一种相对指标也都只是从某一方面说明问题,在分析复杂的现象时,应该将多种相对指标结合起来应用,这样才能把从不同侧面反映的情况结合起来观察、分析,从而更深入、更全面地分析和认识问题。例如,在研究企业的经营效果时,不仅要看总产值、商品产值、增加值、产品产量、销售收入、利税总额等总量指标,还要结合企业的投入,观察产值利税率、资金利税率等相对指标,从而客观地反映企业的经济效益。同时,还需要将这些指标与企业的计划任务相比较,检查企业计划的执行情况;利用动态相对指标,将当期指标数值与企业过去的同类指标数值进行纵向对比,可以进行总结,寻找事物发展变化的规律;通过计算各个比较相对指标,能够实现与其他同类企业的横向对比,发现其中的差距和自己的不足,及时制订计划和措施,迎头赶上。

任务三　Excel 在总量指标和相对指标中的应用

在 Excel 中计算总量指标和相对指标,主要使用 SUM 函数和公式输入的方法,结合使用填充柄功能。现以表 4.4 的资料加以说明。

表 4.4　工业企业主要经济指标计算

	A	B	C	D	E	F	G	H	I
	经济类型	企业数/个	总产值/亿元	产品销售收入/亿元	产品销售利润/亿元	企业数比重/(%)	产值比重/(%)	产品销售率/(%)	销售利润率/(%)
2	国有经济	79 731	25 301.22	22 090.41	2 876.25	17.48	50.03	87.31	13.02
3	集体经济	342 908	15 835.96	11 646.01	1 032.4	75.18	31.31	73.54	8.86
4	股份制经济	4 359	2 914.72	2 513.91	425.87	0.96	5.76	86.25	16.94
5	外商独资经济	12 713	3 413.67	2 916.65	344.48	2.79	6.75	85.44	11.81
6	港澳台投资经济	16 388	3 107.88	2 612.16	203.94	3.59	6.15	84.05	7.81
7	合计	456 099	50 573.45	50 573.45	4 882.94	100.00	100.00	82.61	11.69

说明:产品销售率 = 产品销售收入 ÷ 总产值,销售利润率 = 产品销售利润 ÷ 产品销售收入。

① 计算 B、C、D、E 四列的合计。单击 B7 单元格,输入" = SUM(B2:B6)",按回车键确认,即得到 B 列的企业合计数为 456 099;或单击 B2 单元格,并按住鼠标左键向下拖至 B6 单元格(即选定 B2 至 B6 单元格),再单击"常用"工具栏中的 ∑ 按钮,同样得到 B 列的企业合计数为 456 099。C、D、E 列的操作与此相同。

② 计算 F、G 列的比重。单击 F2 单元格,输入" = B2 * 100/456 099",按回车键确认,得到国企比重为 17.48%,然后利用填充柄功能(单击 B2 单元格并移至其右下角的黑方块上,使鼠标指针变成黑十字),按住鼠标左键向下拖至 B6 单元格,松开鼠标再单击"常用"工具栏中的 ∑ 按钮,即得到各组的比重和比重合计。G 列的操作与此相同。

③ 计算 H、I 列的比率。单击 H2 单元格,输入" = D2 * 100/C2",按回车键确认,得到国有企业的产品销售率 87.31%,然后利用填充柄功能,用鼠标拖至 H7 单元格,得到各类企业的产品销售率和所有企业的总产品销售率 82.61%。I 列的操作与此相同。

注意:F、G 列输入公式的除数是合计数值,不能引用单元格的行列号;H、I 列输入公式的除数是行列号,不能用数值做除数。

经过以上计算,可以大体看出各类经济类型企业的基本情况:①国有经济企业个数比重仅占 17.84%,而产值比重却达 50% 以上;集体经济企业个数比重高达 75.18%,而产值比重却只有 31.31%。这说明国有经济企业多属大中型骨干企业,而集体经济企业则以小型企业为主。②股份制经济企业个数比重不到 1%,而产值比重却接近 6%,其产品销售率仅次于国

项目四 总量指标和相对指标分析

有经济,销售利润率竟高居首位。这说明在生产、销售和经济利益上,股份制经济都显示其优越性。但从绝对数上看,它在各方面还不占重要地位。③各种经济类型的产销平衡情况都不够好,产品销售率评价不到83%,最差的集体经济企业只达73.54%,这是不少企业处于困境的一个重要原因。

复习思考题

一、填空题

1. 总量指标是计算_____和_____的基础。总量指标按反映现象总体的内容不同可分为_____和_____,按其反映的时间状况不同可分为_____和_____。

2. 总量指标的计量单位有_____、_____和_____3种形式。

3. 相对指标数值有_____和_____两种形式。_____是一种抽象化的数值,多以_____、_____、_____或_____表示。

4. 积累额与消费额的比例为1:3,则积累额占国民经济收入使用额的25%。前者为_____相对指标,后者为_____相对指标。

5. 强度相对指标数值大小有正指标和负指标之分,如果与现象发展程度或密度成正比,则称之为_____;反之,则称之为_____。

6. 某产品单位成本水平计划降低3.5%,实际降低5.5%,则计划完成程度为_____。

7. 相对指标中分子、分母不能互换的有_____、_____和_____。

8. 实物单位有_____、_____和_____。

9. 结构相对数是_____与_____对比的结果,也叫_____。

10. 统计绝对数按其所描述的对象不同,可分为_____和_____,一个总体一经确定,其_____是唯一的。

二、单项选择题

1. 全国粮食产量与全国人口比较,属于( )。
    A. 平均指标 B. 强度相对指标
    C. 计划完成相对指标 D. 比较相对指标

2. 按反映的时间状况不同,总量指标又可分为( )。
    A. 时间指标和时点指标 B. 时点指标和时期指标
    C. 时期指标和时间指标 D. 实物指标和价值指标

3. 下列指标中有一个不是强度相对数,它是( )。
    A. 按人口平均计算的国民收入 B. 单位产品成本
    C. 每百元产值利润 D. 商品流通费用率

4. 结构相对数是反映总体内部的( )。
    A. 密度关系 B. 质量关系 C. 数量关系 D. 计划关系

5. 按反映的内容不同,指标又分为( )。
    A. 总体单位总量指标和标志单位总量指标

B. 总体单位总量指标和总体标志总量指标

C. 总指标和标志

D. 实物指标和价值指标

6. 下列属于结构相对数的是（　　）。

　　A. 产品合格率　　　　　　　　　　B. 人均粮食产量

　　C. 轻、重工业之比　　　　　　　　D. 中国与日本的钢产量之比

7. 如果所需研究的是整个工业企业职工人员的状况，则总体单位总量是（　　）。

　　A. 工业企业的个数之和　　　　　　B. 职工工资总额

　　C. 工业企业的职工人数之和　　　　D. 工业企业的总产值之和

8. 下列指标属于时期指标的是（　　）。

　　A. 职工人数　　　　　　　　　　　B. 工业总产值

　　C. 银行存款余额　　　　　　　　　D. 商品库存量

9. 将不同地区、部门、单位之间同类指标进行对比所得的综合指标称为（　　）。

　　A. 动态相对指标　　　　　　　　　B. 比较相对指标

　　C. 比例相对指标　　　　　　　　　D. 结构相对指标

10. 某市总人口 50 万，有商业零售网点 1 000 个，其商业网密度指标是（　　）。

　　A. 500 人/个　　B. 0.5 个/千人　　C. 5 个/人　　D. 500 个/人

11. 下面的统计指标中，属于质量指标的是（　　）。

　　A. 工业总产值　　B. 工人人数　　C. 劳动生产率　　D. 国民收入

12. 计划规定商品销售额较去年增长 3%，实际增长 5%，则商品销售额计划完成情况相对指标为（　　）。

　　A. 166.67%　　B. 101.94%　　C. 60%　　D. 98.1%

13. 某商场 2010 年空调销售额为 200 万元，年末库存量为 500 台，这两个总量指标是（　　）。

　　A. 时期指标　　　　　　　　　　　B. 时点指标

　　C. 前者是时点指标，后者是时期指标　D. 前者是时期指标，后者是时点指标

14. 用累计法检查长期计划的执行情况适用于（　　）。

　　A. 规定计划期初应达到的水平　　　B. 规定计划期内某一期应达到的水平

　　C. 规定计划期末应达到的水平　　　D. 规定整个计划期累计应达到的水平

15. 如果研究的是某市所有商业企业职工人员的状况，则总体次数总量是（　　）。

　　A. 商业企业的个数之和　　　　　　B. 商业企业的职工人数之和

　　C. 职工工资　　　　　　　　　　　D. 商业企业销售额之和

三、多项选择题

1. 分子、分母可以互换的相对指标有（　　）。

　　A. 强度相对指标　　　　　　　　　B. 计划完成程度相对指标

　　C. 比较相对指标　　　　　　　　　D. 结构相对指标

　　E. 动态相对指标

2. 对某地区居民的粮食消费情况进行研究时，（　　）。

项目四　总量指标和相对指标分析

　　A. 居民的粮食消费总量是单位总量指标、时期指标
　　B. 居民的人口数和粮食消费总量都是时期指标
　　C. 居民的粮食消费总量是总体标志总量、时期指标
　　D. 该地区居民人口数是总体标志总量、时期指标
　　E. 该地区居民人口数是总体单位总量、时点指标

3. 相对指标的数值表现形式是(　　　　)。
　　A. 绝对数　　　　B. 无名数　　　　C. 有名数　　　　D. 平均数
　　E. 上述情况都存在

4. 比较相对指标可用于(　　　　)。
　　A. 不同时期的比较　　　　　　　　B. 不同国家、地区、单位间的比较
　　C. 实际水平与计划水平的比较　　　D. 落后水平和先进水平的比较
　　E. 实际水平与标准水平的比较

5. 在相对指标中,属于不同总体数值对比的指标有(　　　　)。
　　A. 比较相对指标　　　　　　　　　B. 强度相对指标
　　C. 动态相对指标　　　　　　　　　D. 结构相对指标
　　E. 比例相对指标

6. 下列指标中的强度相对指标有(　　　　)。
　　A. 工人劳动生产率　　B. 人口死亡率　　C. 人均国民生产总值
　　D. 人均粮食消费量　　E. 人均粮食占有量

7. 下列指标中的结构相对指标是(　　　　)。
　　A. 2018 年某地区人均粮食产量 386 千克
　　B. 2018 年某地区农业生产总值比 2017 年增加 4%
　　C. 2018 年某地区国有企业职工占职工总人数的 73%
　　D. 2018 年某地区积累率为 30%
　　E. 2018 年某地区固定资产投资总额为 2017 年的 2 倍

8. 下列统计指标为总量指标的有(　　　　)。
　　A. 人口密度　　　　B. 工资总额　　　　C. 物资库存量
　　D. 人均国民生产总值　　E. 货物周转量

9. 下列统计指标属于时期指标的有(　　　　)。
　　A. 职工人数　　　　B. 工业总产值　　　C. 人口死亡数　　　D. 粮食总产值
　　E. 铁路货物周转量

10. 一个地区一定时期的商品零售额属于(　　　　)。
　　A. 时点指标　　　　B. 时期指标　　　　C. 总量指标　　　　D. 质量指标
　　E. 数量指标

四、判断题

1. 旅客运输量按人次计量,是一种双重单位。　　　　　　　　　　　　　　(　　)
2. 假设甲、乙、丙 3 个企业今年产量计划完成程度分别为 95%、100%、105%,则这 3 个企业产量平均计划完成程度为 100%。　　　　　　　　　　　　　　　　　(　　)

3. 结构相对指标常用来揭示总体各组成部分的构成及变动,说明不同部分地位的变化,以认识事物的类型特征。 ( )
4. 比较相对指标是将不同空间条件下同类指标数值进行对比的结果。 ( )
5. 同一总体时期指标的大小,必然与时期的长短成正比;时点指标数值的大小,必然与时点间的间隔成反比。 ( )
6. 某厂劳动生产率计划在去年的基础上提高8%,计划执行结果仅提高了4%,劳动生产率计划仅完成了一半。 ( )
7. 工人人数是时期指标,国民生产总值是时点指标。 ( )
8. 只有有限总体才能汇总总量指标,无限总体不能汇总总量指标。 ( )
9. 总体单位总量和总体标志总量并不是固定不变的,而是随着统计研究目的不同而变化。 ( )
10. 某地区某年人均工资7 500元,这是个相对指标。 ( )

五、简答题

1. 实物指标和价值指标各有什么特点?
2. 时期指标和时点指标的区别有哪些?

六、实训题

五年计划规定,某产品产量在计划期的最后一年应达到170万吨,实际产量如下表所示。

	第三年		第四年				第五年			
	上半年	下半年	第一季	第二季	第三季	第四季	第一季	第二季	第三季	第四季
产量/万吨	60	62	30	36	40	44	42	44	46	48

要求:试计算该产品产量五年计划完成程度与提前多长时间完成五年计划。

项目五
数据分布特征的描述

项目说明

大量的数据通过整理后,已经能够初步地反映总体的分布特征。为了更加准确地了解数据分布的特征和规律,需要找到数据分布特征的代表值。总体分布特征可以通过集中趋势和离散趋势来描述,平均指标和标志变异指标是对经济现象总体的集中趋势和离散趋势进行分析的基础知识。本项目将对平均指标、标志变异指标的概念、计算方法、应用以及软件处理方法进行介绍。

能力目标

1. 理解平均数的作用,熟悉算术平均数和调和平均数的特点和计算方法,并能运用位置平均数和算数平均数的关系来分析社会经济现象的分布特征。
2. 能够正确运用标准差、标准差系数来解决社会经济现象的总体均衡性、平均水平代表性等问题,并能运用各种指标对不同的问题进行灵活分析。
3. 能够熟练运用 Excel 中表示均值和离散性水平的函数分析实际问题。

知识目标

1. 掌握平均指标的含义、种类及各类平均指标的特点。
2. 熟练掌握各类平均指标的计算方法。
3. 理解标志变异指标的含义和作用。
4. 熟练掌握各种标志变异指标的计算方法,并会应用标志变异指标分析实际问题。

任务导入

2017 年 12 月中国城市房价排名

住房大数据联合实验室、中国社科院财经战略研究院住房大数据项目组的一项最新分析显示,北京、上海、深圳、广州、厦门、杭州、福州、南京、天津、青岛居中国城市房价前十名。中国城市房价最高的为北京 67 822 元/平方米,最低的为广西来宾仅 2 652 元/平方米。一线城市平均房价为 52 834 元/平方米,二线城市平均房价为 14 364 元/平方米,三四线及以下城市平均房价为 6 982 元/平方米。该项分析以来自互联网的 430 万条二手住房报价为基础,对 2017 年 12 月中国地级及以上城市二手住房报价中位数做了不完全样本排名。中国部分城市二手住房报价中位数排名

(2017 年 12 月)如下表所示。

城　市	中位房价/(元/m²)	级　别	省　份	市场等级	经济区域	排　名
北京	67 822	直辖市	北京	一线	环渤海湾	1
上海	52 584	直辖市	上海	一线	东南	2
深圳	50 900	单列市	广东	一线	广东南	3
广州	40 030	副省级	广东	一线	东南	4
厦门	39 723	单列市	福建	二线	东南	5
杭州	30 729	副省级	浙江	二线	东南	6
福州	29 000	地级市	福建	二线	东南	7
南京	26 714	副省级	江苏	二线	东南	8
天津	23 333	直辖市	天津	二线	环渤海湾	9
青岛	22 126	单列市	山东	二线	环渤海湾	10
温州	20 482	地级市	浙江	三四线及以下	东南	11
三亚	20 066	地级市	海南	三四线及以下	西南	12
济南	18 741	副省级	山东	二线	环渤海湾	13
珠海	17 949	地级市	广东	三四线及以下	东南	14
苏州	17 727	地级市	江苏	三四线及以下	东南	15
宁波	17 327	单列市	浙江	二线	东南	16
武汉	16 667	副省级	湖北	二线	中部	17
成都	16 286	副省级	四川	二线	西南	18
东莞	15 114	地级市	广东	三四线及以下	东南	19
郑州	14 881	地级市	河南	二线	中部	20
合肥	14 792	地级市	安徽	二线	中部	21
金华	14 400	地级市	浙江	三四线及以下	东南	22
海口	13 918	地级市	海南	二线	西南	23
莆田	13 820	地级市	福建	三四线及以下	东南	24
丽江	13 621	地级市	云南	三四线及以下	西南	25
台州	13 484	地级市	浙江	三四线及以下	东南	26
漳州	13 445	地级市	福建	三四线及以下	东南	27
泉州	13 108	地级市	福建	三四线及以下	东南	28
佛山	13 012	地级市	广东	三四线及以下	东南	29
南通	12 742	地级市	江苏	三四线及以下	东南	30

任务分析

在材料中,出现了两种平均指标:算术平均数和中位数。材料为什么采用两种不同的平均指标来反映地区房价的高低,那么不同的平均指标有什么区别?分别应用于什么情境下?又分别是怎么计算的?另外,又用什么指标来反映各地区间房价的差异性呢?这些问题都可以通过学习该项目的知识来解决。

项目五　数据分布特征的描述

相关知识

任务一　平均指标

一、平均指标的概念和作用

(一) 平均指标的概念

在社会经济现象的同质总体中,同一标志在各单位的数量表现不尽相同,标志值大小各异,这就需要利用平均指标来代表总体的一般水平。总体各单位的同质性和某种标志值在各单位的差异性是计算平均数的前提条件。

平均指标是同类社会经济现象总体内各单位某一数量标志在一定时间、地点和条件下数量差异抽象化的代表性水平指标,其数值表现为平均数。平均指标一般是一种具有单位名称的数,它的计量单位和标志值的计量单位是一致的。

平均指标的特点是:它把同质总体内各单位在某一数量标志上的差异抽象化了,是对各单位具体数值的平均,是对各单位标志值差异的抽象。它不是某一单位的具体数值,而是代表总体某种数量标志的一般水平,是总体各单位的代表值。

(二) 平均指标的作用

1. 利用平均指标,可以了解总体次数分布的集中趋势

因为就社会经济现象变量数列的分配情况看,通常是接近平均数的标志值居多,而远离平均数的标志值居少;与平均数离差愈小的数值的次数愈多,而与离差愈大的标志值的次数愈少,形成正离差与负离差大体相等,整个变量数列以平均数为中心而波动的状况。所以,平均数反映了总体分布的集中趋势,是总体分布的重要特征值。例如,从平均工资就可以看出某单位职工的收入水平。

2. 利用平均指标,可以对若干同类现象在不同单位、地区间进行比较、研究

例如,在评价工业企业和农业生产工作成绩时,如果用总量指标进行对比,会因其规模大小的不同而无法评价,如果用平均指标,则可消除这种影响,进行比较、分析、评价。

3. 利用平均指标,可以研究某一总体某种数值的平均水平在时间上的变化,说明总体的发展过程和趋势

例如,我国劳动人民生活水平不断提高的趋势,可以从各年度人均收入的不断增长中反映出来。

4. 利用平均指标,可以分析现象之间的依存关系

在对现象总体进行分组、分类的基础上,应用平均指标可以观察现象之间存在的相互联系、相互制约的关系。例如,将耕地按自然条件、耕作深度和施肥状况等标志进行分组、计算单位面积产量,就可反映自然条件、耕作深度和施肥状况对单位面积产量的影响。

5. 平均指标可作为某些科学预测、决策和某些推算的依据

例如,企业的劳动定额、生产定额、物资消耗定额等都要依据相应的平均指标来确定。抽样推断中,可依抽样平均数来推断总体平均数,进而推断总体相应的总量指标。

二、平均指标的种类及其计算

在社会经济现象统计中常用的平均指标有算术平均数、调和平均数、几何平均数、中位数和众数等。算术平均数、调和平均数、几何平均数等是根据分布数列中各单位的标志值计算而来的,称为数值平均数;众数和中位数等是根据分布数列中某些标志值所处的位置来确定的,称为位置平均数。各种平均指标的计算方法不同,指标的含义、应用场合也有所不同,但它们都是总体各单位数量标志值的一般水平的代表值。

(一) 算术平均数

算术平均数是统计中最基本、最常用的一种平均数。它的基本计算形式是用总体的单位总数去除总体的标志总量。其计算公式为:

$$算术平均数 = \frac{总体的标志总量}{总体的单位总量}$$

在社会经济现象中,总体的标志总量常常是总体单位标志值的算术总和。例如,工人工资总额是各个工人工资的总和,粮食总产量是各块地播种面积产量的总和等。在掌握了标志总量和总体单位数的资料后,就可以按照上面的公式计算算术平均数了。

例 5 - 1 某企业某月的工资总额为 372 万元,工人总数是 2 000 人,求该企业工人的月平均工资。

$$月平均工资 = \frac{3\ 720\ 000}{2\ 000} = 1\ 860(元)$$

必须指出,平均数的计算方法,在形式上与强度相对指标的计算方法很相似,因而容易将二者混淆。在计算和识别平均数和强度相对指标时,必须注意二者之间的区别。它们对比的子项与母项的关系是不相同的。平均数是同一总体标志总量与总体单位总数之比,其标志总量随着总体单位总数的变动而变动,子项依存于母项,二者是相互对应的;而强度相对指标则是两个性质不同,但有联系的总量指标之比,作为分子的总量指标,并不随着作为分母的总量指标的变动而变动,二者在数量上没有依存关系。在利用基本公式计算算术平均数时,要特别注意子项(总体的标志总量)与母项(总体的单位总量)在总体范围上的可比性,也就是说,要注意二者必须要属于同一总体。

算术平均数根据资料和计算的复杂程度的不同,可分为简单算术平均数和加权算术平均数。

1. 简单算术平均数

如果所掌握的资料是总体各单位的标志数值,则先相加得出标志总量,再用总体单位总数去除,就得出算术平均数。这样计算出来的算术平均数称为简单算术平均数。其计算公式为:

$$简单算术平均数 = \frac{各单位标志数值之总和}{总体单位总数}$$

项目五 数据分布特征的描述

用符号表示,即:

$$\bar{x} = \frac{x_1 + x_2 + \cdots + x_n}{n} = \frac{\sum x_i}{n}$$

式中,$\bar{x}$——平均数;x_i——变量值,即各单位标志数值;n——次数,即总体单位数;$\sum$——总和符号。

该公式用于未分组的资料。

例 5-2 某机械厂的某生产班组有 10 名工人生产某种零件,每个工人的日产量分别为 45 件、48 件、52 件、62 件、69 件、44 件、52 件、58 件、38 件、64 件。试用简单算术平均数法计算工人平均日产量。

工人平均日产量:

$$\bar{x} = \frac{45+48+52+62+69+44+52+58+38+64}{10} = \frac{532}{10} \approx 53(件)$$

2. 加权算术平均数

有时,统计总体包括许多单位,其中,有些单位的标志值相同,另一些单位的标志值不同。在这种情况下计算平均数,就需要首先对总体各单位的标志值进行分组,编成单项变量数列或组距变量数列。这时就不能用计算简单算术平均数的方法,而要用计算加权算术平均数的方法。

例 5-3 某厂机械车间有 200 名工人,每人每日生产某种零件数的单项数列及平均数计算如表 5.1 所示,试求平均每个工人日产零件数。

5.1 日产零件数及其平均数计算

按每人日产零件数分组 x/件	工人数		生产零件数 xf/件	日产零件数乘权重系数 xf/$\sum f$
	人数 f	权重系数 f/$\sum f$		
15	10	0.05	150	0.75
16	20	0.10	320	1.60
17	36	0.18	612	3.06
18	60	0.30	1 080	5.40
19	44	0.22	836	4.18
20	30	0.15	600	3.00
合计	200	1.00	3 958	17.99

平均每个工人日产零件数:

$$\bar{x} = \frac{15\times10+16\times20+17\times36+18\times60+19\times44+20\times30}{10+20+36+60+44+30}$$

$$= \frac{3\,598}{200} = 17.99(件)$$

例 5-3 中,平均每个工人日产零件数($\bar{x}$)不仅受各组日产零件数(x)多少的影响,而且也受各组工人数(f)多少的影响。人数多的组,其变量值对平均数的影响大;人数少的组,其变量值对平均数影响小。也就是说,当标志值比较大的组次数(f)多时,平均数($\bar{x}$)就接近标志值大的一方;当标志值比较小的组次数(f)多时,平均数($\bar{x}$)就接近标志值小的一方。标志值的次数(f)的多少对平均数($\bar{x}$)大小的影响具有举足轻重的作用。因此,在统计中,通常把各组单位数(例5-3就是各组工人数)称为权数;把每个变量值乘以权数的过程叫作加权,这样计算出来的算术平均数叫作加权算术平均数。

从例5-3中,可以归纳出计算加权算术平均数的一般公式为:

$$\bar{x} = \frac{x_1 f_1 + x_2 f_2 + \cdots + x_n f_n}{f_1 + f_2 + \cdots + f_n} = \frac{\sum xf}{\sum f}$$

式中,f——各组单位数;其他符号同前。

可见,加权算术平均数的大小,受两个因素的影响,即总体各单位标志值(x)的大小和各单位次数(f)的多少。必须指出,权数对于算术平均数的作用,就其实质而言,不是取决于各组单位数(次数或频数)的多少,而是取决于各组单位数(次数或频数)占总体单位数的比重(又称为权重系数)的大小。哪一组单位数所占比重大,哪一组标志值对平均数的影响就大。因此,当各组的单位数相等时,各组单位数所占的比重相等,权数的作用相等,也可谓权数作用消失,加权算术平均数就等于简单算术平均数了。

加权算术平均数的另一个计算公式为:

$$\bar{x} = \sum x \frac{f}{\sum f}$$

式中,$\dfrac{f}{\sum f}$——权重系数。

此公式表明,加权算术平均数等于各标志值与其权重系数乘积的总和。通常在已知各标志值及其权重系数的情况下,可以直接利用此公式计算平均数,计算结果与用计算加权算术平均数的公式计算的结果相同。

例5-4 现仍用例5-3的资料(见表5.1)采用权重系数形式计算加权算术平均数。

$$\bar{x} = \sum x \frac{f}{\sum f}$$
$$= 15 \times 0.05 + 16 \times 0.10 + 17 \times 0.18 + 18 \times 0.30 + 19 \times 0.22 + 20 \times 0.15$$
$$\approx 18(件)$$

计算结果和例5-3计算的加权算术平均数完全相同。可见,总体单位数对平均数的影响并不是取决于次数的绝对量,而是取决于各标志值次数占总次数的比重(权重系数)的大小。所以,用次数加权实质上是用权重系数相加。

例5-4是根据单项数列来计算算术平均数的。如果掌握的资料是组距数列,只要先计算出各组的组中值,再以各组的组中值作为标志数值,代入加权算术平均数公式即可。

例5-5 某月某企业工人工资资料如表5.2所示,求工人月平均工资。

工人月平均工资为:

$$\bar{x} = \frac{\sum xf}{\sum f} = \frac{3\,455\,000}{2\,000} = 1\,727.50(元)$$

项目五 数据分布特征的描述

表 5.2 某月某企业工人工资情况

按月工资额分组/元	组中值 x/元	工人人数 f/人	各组工人工资额 xf/元
1 000 以下	750	180	135 000
1 000~1 500	1 250	350	437 500
1 500~2 000	1 750	900	1 575 000
2 000~2500	2 250	520	1 170 000
2 500 以上	2 750	50	137 500
合计	—	2 000	3 455 000

应该指出,依据组距数列计算算术平均数的方法具有一定的假定性,即假定各组内部的标志值分布是均匀的。在此前提下,组距越小,计算得到的平均数越接近实际的平均数,即近似程度取决于组距的大小。

在计算算术平均数时,如果变量值是绝对数,其次数就是权数。但是,在根据相对数或平均数资料来计算平均数时,权数的选择就不这么简单了,而是要根据指标间的关系来确定权数,使加权结果有实际经济意义。

例 5-6 某公司所属 15 个商店某月商品销售额计划完成程度如表 5.3 所示,则平均计划完成程度为多少?

表 5.3 商品销售额计划完成程度

按计划完成程度分组/(%)	组中值 x/(%)	商店数/个	计划销售额 f/万元	实际销售额 xf/万元
90 以下	85	1	100	85
90~100	95	2	150	142.5
100~110	105	5	200	210
110~120	115	4	250	287.5
120 以上	125	3	300	375
合计	—	15	1 000	1 100

用计划销售额做权数,则:

$$\bar{x} = \frac{\sum xf}{\sum f} = \frac{1\,100}{1\,000} = 110\%$$

如用商店数做权数,则:

$$\bar{x} = \frac{\sum xf}{\sum f} = \frac{0.85 \times 1 + 0.95 \times 2 + 1.05 \times 5 + 1.15 \times 4 + 1.25 \times 3}{1+2+5+4+3} = 109\%$$

例 5-6 是计算平均完成销售计划程度,用计划销售额做权数还是用商店数做权数,两者的计算结果是不同的,这是值得慎重考虑的问题。选择商店数为权数是不合理的,因为各商店的销售额大小不同,而选用计划销售额做权数,才符合计划完成程度相对指标的性质。分母是计划销售额,分子是实际销售额。

3. 算术平均数的性质

算术平均数有 6 种性质。

① 平均数与总次数之积,等于各变量与其次数积之和,即:

$$n\bar{x} = \sum x（简单算术平均数）$$

$$\bar{x}\sum f = \sum xf（加权算术平均数）$$

这个性质说明,平均数是所有变量值的代表数值,并且根据平均数与次数可以推算出数量标志值的总和。

② 所有变量值与平均数的离差之和等于 0,即:

$$\sum (x - \bar{x}) = 0（简单算术平均数）$$

$$\sum (x - \bar{x})f = 0（加权算术平均数）$$

在理论上,这个性质说明,在算术平均数中,变量值之间高于或低于平均数的偏差可以相互抵消。

③ 各个变量值与平均数离差平方之和为最小值,即:

$$\sum (x - \bar{x})^2 = \min（最小值）（简单算术平均数）$$

$$\sum (x - \bar{x})^2 f = \min（加权算术平均数）$$

这样有助于理解方差和标准差的意义。

④ 各单位标志值加或减一个任意常数,则平均数也要加或减该常数,即:

$$\frac{\sum (x + x_0)}{n} = \bar{x} + x_0（简单算术平均数）$$

$$\frac{\sum (x + x_0)f}{\sum f} = \bar{x} + x_0（加权算术平均数）$$

⑤ 各单位标志值乘以或除以一个任意常数,则算术平均数也要乘以或除以该常数,即:

$$\frac{\sum cx}{n} = c\bar{x}（简单算术平均数）$$

$$\frac{\sum cxf}{\sum f} = c\bar{x}（加权算术平均数）$$

⑥ 如果各单位标志值对应的权数均扩大或缩小同样的倍数,其平均数不变,即:

$$\frac{\sum x(df)}{\sum df} = d\bar{x}（加权算术平均数）$$

(二) 调和平均数

在实际工作中,经常会遇到只有各组变量值和各组标志总量而缺少总体单位数的情况,这时就要用调和平均数计算平均指标。

调和平均数是被研究对象中各单位标志值倒数的算术平均数的倒数,因而也称为倒数平均数,用 X_H 表示。与算术平均数一样,由于掌握的资料不同,分为简单调和平均数和加权调和平均数。

项目五　数据分布特征的描述

1. 简单调和平均数

简单调和平均数是在资料未分组的条件下,各标志值倒数的算术平均数的倒数。其计算公式为:

$$X_H = \frac{n}{\frac{1}{x_1} + \frac{1}{x_2} + \cdots + \frac{1}{x_n}} = \frac{n}{\sum \frac{1}{x}}$$

式中,X_H——调和平均数;x——各标志值;n——项数。

例 5-7　某贸易市场西红柿的价格早市每千克 1 元,午市每千克 0.50 元,晚市每千克 0.25 元。若早、午、晚各买 1 元钱的西红柿,则平均价格是多少?

用算术平均数计算:

① 早、中、晚各买 1 元钱的,合计花费 3 元钱。

② 早上用 1 元钱买 $\frac{1}{1}=1$(千克),中午用 1 元钱可买 $\frac{1}{0.50}=2$(千克),晚上用 1 元钱可买 $\frac{1}{0.25}=4$(千克),合计共买西红柿 7 千克。

③ 平均价格 $=\frac{3}{7}=0.43$(元/千克)。

用简单调和平均数计算:

$$X_H = \frac{n}{\sum \frac{1}{x}} = \frac{1+1+1}{\frac{1}{1}+\frac{1}{0.50}+\frac{1}{0.25}} = \frac{3}{7} = 0.43(元/千克)$$

以上计算符合基本计算公式:平均价格 = 总价值 ÷ 总数量

从形式上看,调和平均数和算术平均数有明显的区别,但从计算内容上来看,两者是一致的,均为总体标志总量与总体单位总量的对比。

2. 加权调和平均数

简单调和平均数是在各变量值对平均数起同等作用的条件下应用的。如果权数不等,如例 5-7 中的早、中、晚不是各买 1 元钱的,而是各买不同的金额的;如果早市的西红柿为 3 元,午市的 2 元,晚市的 1 元,则其平均价格为:

$$X_H = \frac{总购买额}{总购买量} = \frac{3+2+1}{\frac{3}{1}+\frac{2}{0.50}+\frac{1}{0.25}} = \frac{6}{11} = 0.55(元/千克)$$

那么,每种价格所起作用就不同了,这时就应计算加权调和平均数,其计算公式为:

$$X_H = \frac{m_1 + m_2 + \cdots + m_n}{\frac{m_1}{x_1} + \frac{m_2}{x_2} + \cdots + \frac{m_n}{x_n}} = \frac{\sum m}{\sum \frac{m}{x}}$$

式中,m——各组标志总量($m=xf$),调和平均数的权数;其余符号同前。

例 5-8　某种商品在 3 个农贸市场上的单价和贸易额资料如表 5.4 所示。求该商品在 3 个农贸市场的平均价格。

表5.4　某商品在3个农贸市场的销售资料

市　场	单价 x/元	贸易额（m = xf）/元	贸易量（f = m/x）/kg
甲	1.00	2 500	2 500
乙	0.90	2 700	3 000
丙	0.80	4 000	5 000
合计	—	9 200	10 500

$$该商品的平均价格 = \frac{总贸易额}{总贸易量} = \frac{\sum m}{\sum \frac{m}{x}} = \frac{2\,500 + 2\,700 + 4\,000}{\frac{2\,500}{1.00} + \frac{2\,700}{0.90} + \frac{4\,000}{0.80}} = \frac{9\,200}{10\,500} = 0.88(元)$$

式中，m——每个市场的贸易额，即权数；x——变量值；分子——总贸易额，即总体标志总量；分母——贸易量之和，即总体单位总数。

所以，调和平均数仍然是以总体标志总量除以总体单位总量来计算的。它在经济内容和计算结果上与算术平均数一致。只是由于计算时依据的资料不同，而在计算公式和计算过程方面有别于算术平均数。如设 $m = xf$，则得 $f = \frac{m}{x}$，代入加权算术平均数公式，得：

$$加权算术平均数\ \bar{x} = \frac{\sum xf}{\sum f} = \frac{\sum m}{\sum \frac{m}{x}} = X_H（加权调和平均数）$$

可见，加权调和平均数实际上是加权算术平均数的变形。在实际工作中，经常会遇到只有各组标志值总量和各个组变量值，缺少总体单位数资料的情况，这时就需要用调和平均数计算。

（三）几何平均数

几何平均数是 n 个单位标志值连乘积的 n 次方根，用 G 来表示。它反映的是某种特定现象的平均水平，这种现象的标志总量不是各单位的标志值的总和，而是它们的连乘积。在统计分析中，几何平均数主要用来计算平均比率或平均发展速度。几何平均数分为简单几何平均数和加权几何平均数两种。

1. 简单几何平均数

在资料未分组的情况下，几何平均数采用简单几何平均数的形式。其计算公式为：

$$X_G = \sqrt[n]{x_1 x_2 \cdots x_n} = \sqrt[n]{\prod x}$$

式中，X_G——几何平均数；x——各个变量值；n——变量值的个数；$\prod$——连乘符号。

例 5-9　某流水作业的装配线分3道工序，每道工序的合格率分别为99.7%、99.8%、99.6%。求平均合格率。

由于3道工序合格率之和不等于整条装配线的总合格率，总合格率等于3道工序合格率的连乘积，所以必须采用几何平均法计算平均合格率，即：

$$X_G = \sqrt[n]{\prod x} = \sqrt[3]{(1-0.3\%) \times (1-0.2\%) \times (1-0.4\%)}$$
$$\approx \sqrt[3]{99.7\% \times 99.8\% \times 99.6\%} \approx \sqrt[3]{99.1\%} \approx 99.69\%$$

项目五 数据分布特征的描述

计算几何平均数,一般需要开高次方,计算起来很麻烦。有两种方法可以直接开高次方根求解:第一种是利用电子计算器求解,第二种方法是利用对数求解,即:

$$\lg X_G = \frac{1}{n}(\lg x_1 + \lg x_2 + \cdots + \lg x_n) = \frac{\sum \lg x}{n}$$

求出几何平均数的对数后,再用对数表查出真数,即为几何平均数。

2. 加权几何平均数

当各个标志值出现的次数不同时,几何平均数的计算采用加权几何平均数的形式。其计算公式为:

$$X_G = \sqrt[f_1 + f_2 + \cdots + f_n]{x_1^{f_1} x_2^{f_2} \cdots x_n^{f_n}} = \sqrt[\sum f]{\prod x^f}$$

式中,f——各标志值的次数(或权数);$\sum f$——次数(或权数)的总和。

对上式两边取对数,则:

$$\lg X_G = \frac{1}{f_1 + f_2 + \cdots + f_n}(f_1 \lg x_1 + f_2 \lg x_2 + \cdots + f_n \lg x_n) = \frac{\sum f \lg x}{\sum f}$$

例 5-10 一笔钱存入银行,存期为 10 年,以复利计息。10 年的利率分别是:第 1~2 年为 5%,第 3~5 年为 8%,第 6~8 年为 10%,最后两年为 12%。求平均年利率。

计算平均年利率,必须先将各年的利率加上 100%,换算为各年的本利率,然后用加权几何平均数计算平均年本利率,再减 100%,得平均年利率,如表 5.5 所示。

表 5.5 加权几何平均数计算

本利率 x/(%)	年数 f/次数	本利率的对数 $\lg x$	次数×对数 $f \lg x$
105	2	0.021 2	0.042 4
108	3	0.033 4	0.100 2
110	3	0.041 4	0.124 2
112	2	0.049 2	0.098 4
合计	10	—	0.365 2

$$\lg X_G = \frac{\sum f \lg x}{\sum f} = \frac{0.365\ 2}{10} = 0.036\ 5$$

$X_G = 1.087\ 7$ 或 108.77%

平均年利率 = 108.77% - 100% = 8.77%

算术平均数、调和平均数和几何平均数都是根据总体各单位的标志值计算的,属于数值平均数。数值平均数容易受极大值或极小值的影响,从而减弱了平均指标在总体中的代表性。众数和中位数不是根据各单位的标志值计算的,而是根据其在总体中所处的特殊位置上的个别单位的标志值或部分单位的标志值来确定的,是位置平均数,所以,不受数列中极端值的影响。在某些特殊情况下,用位置平均数有时比数值平均数更能说明问题。

(四)中位数

中位数是将总体各单位的标志值按大小顺序排列,处于中间位置的那个标志值。中位数处于中间位置,其数值不能太大也不能太小,所以,可以用它来表示总体的一般水平,一般用 M_e 来表示。中位数的计算方法根据所掌握资料的不同分为 3 种。

1. 根据未分组的资料计算中位数

其计算步骤如下。

① 将标志值按从小到大的顺序排列,设 $x_1, x_2, x_3, \cdots, x_n$。

② 确定中位数的位置,根据总体单位项数的奇偶来确定中位数的值。

若 n 为奇数,则第 $\frac{n+1}{2}$ 项的标志值为中位数;若 n 为偶数,则第 $\frac{n}{2}$ 项与第 $\frac{n}{2}+1$ 项标志值的简单平均数为中位数,即:

$$M_e = \frac{x_{\frac{n}{2}} + x_{\frac{n}{2}+1}}{2}$$

例 5-11 求 2,4,9,6,8,5,7 的中位数。

其计算步骤如下。

① 将标志值按从小到大的顺序排列为:2,4,5,6,7,8,9。

② 确定中位数的位置,即:$\frac{7+1}{2} = 4$。

③ 得出第 4 个位置上对应的标志值 6 即为中位数。

若在例 5-10 中再加上一个数 11,则数列中共有 8 个标志值,中位数为第 4 和第 5 个位置上标志值的算术平均数,即:$\frac{6+7}{2} = 6.5$。

2. 根据单项式分组数列计算中位数

其计算步骤如下。

① 按 $\frac{\sum f}{2}$ 确定中位数的位置。

② 根据位次确定的相应标志值为中位数。

例 5-12 某学院 2009—2010 学年共有 30 名学生获得奖学金,其分布情况如表 5.6 所示。求中位数。

表 5.6 学生获得奖学金分布情况及计算

奖学金金额/(元/人)	人数/人	人数累计	
		向上累计/人	向下累计/人
300	3	3	30
500	6	9	27
800	8	17	21
1 000	7	24	13
1 500	6	30	6
合计	30	—	—

项目五 数据分布特征的描述

其计算步骤如下。

① 按 $\dfrac{\sum f}{2}$ 确定中位数的位置,即:$\dfrac{30}{2}=15$。

② 根据位次确定的相应标志值为中位数,中位数在第15人的位置上。无论是向上累计法还是向下累计法,所选择的累计人数数值都应是含15人的最小数值。表5.6中的17和21符合这一要求,对应的都是第三组,所以800元是中位数。

3. 根据组距式数列计算中位数

其计算步骤如下。

① 按 $\dfrac{\sum f}{2}$ 确定中位数的位置。

② 根据位置确定中位数所在的组。

③ 按照下限公式或上限公式确定中位数的近似值。

下限公式为:
$$M_e = L + \dfrac{\dfrac{\sum f}{2} - S_{m-1}}{f_m} i$$

上限公式为:
$$M_e = U - \dfrac{\dfrac{\sum f}{2} - S_{m+1}}{f_m} i$$

式中,M_e——中位数;L——中位数所在组的下限;U——中位数所在组的上限;f_m——中位数所在组的次数;i——中位数所在组的组距;$\sum f$——总次数;S_{m-1}——向上累计至中位数所在组前一组的次数;S_{m+1}——向下累计至中位数所在组后一组的次数。

 例 5-13 对某市职工家庭收支情况进行调查,如表5.7所示。试计算中位数。

表5.7 某市职工家庭收支情况调查

每人月均收入/元	职工户数/户	累计次数	
		向上累计/人	向下累计/人
100~200	80	80	1 570
200~300	240	320	1 490
300~400	900	1 220	1 250
400~500	200	1 420	350
500~600	100	1 520	150
600~700	50	1 570	50
合计	1 570	—	—

其计算步骤如下。

① 计算累计次数。

② 按 $\dfrac{\sum f}{2}$ 确定中位数的位置,即:$\dfrac{1\,570}{2}=785$。

③ 根据位置确定中位数所在的组,即:300~400。

④ 按下限或上限公式确定中位数的近似值。

下限公式为：

$$M_e = L + \frac{\frac{\sum f}{2} - S_{m-1}}{f_m} i = 300 + \frac{\frac{1\,570}{2} - 320}{900} \times 100 = 351.67(元)$$

上限公式为：

$$M_e = U - \frac{\frac{\sum f}{2} - S_{m+1}}{f_m} i = 400 - \frac{\frac{1\,570}{2} - 350}{900} \times 100 = 351.67(元)$$

可见，两种计算方法的结果是一样的，中位数不受极端值的影响。

（五）众数

1. 众数的意义

众数是总体中各单位出现次数最多的那个标志值，也就是该总体各单位中最普通、最常出现的标志值，一般用 M_0 表示。众数也可以表明社会经济现象的一般水平。

在实际工作中，众数是应用较广泛的。例如，要说明消费者需要的服装、鞋帽等的普遍尺码，贸易市场某种蔬菜的价格等，都可以通过市场调查、分析、了解哪一尺码的成交量最大，哪一种蔬菜价格的成交量最多，人们的这种一般需求，即为众数。

只有在总体单位比较多，变量值分布又具有明显集中趋势的条件下确定的众数，才能代表总体的一般水平；在总体单位较少，或虽多但无明显集中趋势的条件下，众数的确定是没有意义的。如果在一个总体中，各变量值皆不相同，或各个变量值出现的次数皆相同，则没有众数。如果在一个总体中，有两个标志值出现的次数都最多，则称为双众数。

2. 众数的确定方法

一般来说，众数的确定比较简单，不需要进行复杂的计算，只要进行大量观察就可得知。例如，当掌握原始资料时，只要直接观察各数值出现的次数便可确定众数。又如，根据单项数列确定众数，只需要观察、找出次数最多的那个变量值即可，如表5.8所示。

表5.8　某商店某日羊毛衫销售量

尺码/cm	销售量/件
100	9
110	24
115	48
120	17
125	8
合计	106

根据表5.8可以看出，115 cm的羊毛衫销售量最大，即出现的次数最多，因此，该日销售羊毛衫尺码的一般水平为115 cm。

若是根据组距数列确定众数，则需计算众数的近似值。计算众数的步骤如下。

① 先根据次数的多少或比重的大小来确定众数所在的组。

② 根据公式计算出众数。

由于组限有上限和下限之分,故众数的计算公式有上限公式和下限公式两种。

用下限公式计算：

$$M_0 = L + \frac{(f_0 - f_{-1})}{(f_0 - f_{-1}) + (f_0 - f_{+1})} i = L + \frac{\Delta_1}{\Delta_1 + \Delta_2} i$$

式中,M_0——众数;L——众数所在组的下限;f_0——众数所在组的次数;f_{-1}——众数所在组前一组的次数;f_{+1}——众数所在组后一组的次数;Δ_1——众数组次数与前一组次数之差;Δ_2——众数组次数与后一组次数之差;i——众数所在组的组距。

用上限公式计算：

$$M_0 = U - \frac{(f_0 - f_{+1})}{(f_0 - f_{-1}) + (f_0 - f_{+1})} i = U - \frac{\Delta_2}{\Delta_1 + \Delta_2} i$$

式中,U——众数所在组的上限。

例 5-14 参见表5.7,试计算众数。

用下限公式计算：

$$M_0 = L + \frac{\Delta_1}{\Delta_1 + \Delta_2} i = 300 + \frac{660}{660 + 700} \times 100 = 348.53(元)$$

用上限公式计算：

$$M_0 = U - \frac{\Delta_2}{\Delta_1 + \Delta_2} i = 400 - \frac{700}{660 + 700} \times 100 = 348.53(元)$$

可见,用上限公式和下限公式计算的结果一致。

三、应用平均指标的基本原则

(一)平均指标必须应用于同质总体

总体同质性是计算和应用平均数的前提条件和基本原则。只有在同质总体中,总体各单位才具有共同的特征,从而才能按某一数量标志计算其平均数,这种平均数才具有很强的代表性,才能代表总体的一般水平。不在同质性基础上计算的平均数是没有实际意义的。

(二)用组平均数补充说明总平均数

总平均数反映现象的总体特征,往往会掩盖现象内部的差异,而分组基础上的组平均数则可进一步揭示现象内部的差异。

(三)用变量数列补充说明总平均数

平均指标代表现象的一般水平,是总体各单位标志值的抽象化,但它掩盖了总体各单位标志值间的差异,也掩盖了总体内单位的分布情况。所以,只有用变量数列补充说明总平均数,才能更深入地揭示现象的本质。

(四)计算和运用平均数时,要注意极端值的影响

算术平均数受总体内极端数值的影响较大,为了正确反映总体的一般水平,当总体存在过大或过小的极端数值时,应予以剔除,然后用剩下的数求平均数。例如,研究农民生活,大多数农户年收入在5 000～20 000元,而个别农户却达到几十万元或不足千元,这就要剔除

收入极高和收入极低的农户,再计算剩下农户的平均收入,这种去除极端值再平均的方法称为切尾平均法。

(五)必须注意一般与个别相结合,把平均数和典型事例结合起来

任何事物的发展都是不平衡的,在同一总体中,既有先进部分,也有后进部分,所以不能满足于一般状况。如果在分析研究时,只掌握一般情况而忽视个别情况;不注意发现先进,找出后进,促使后进转化,就会犯错误。所以,为了全面、深入地认识事物,在应用平均数时,需要结合个别的典型事物,研究先进和落后的典型,发现新生事物,加以总结和推广,推动事物的发展。

(六)平均指标要与标志变异指标结合运用

详见本项目任务二。

任务二 标志变异指标

平均指标是统计总体中各单位某一数量标志值的一般水平,反映了总体各单位变量值分布的集中趋势,利用平均指标可以对同类现象在不同空间或时间条件下的数量表现进行对比,以反映现象的发展趋势或规律。但是,平均指标掩盖了总体各单位客观上存在的变异,而在有些情况下,对总体变异情况或平均数对总体各单位变量值的代表性进行研究又是非常必要的,这就需要统计、计算变异指标。

一、标志变异指标的概念和作用

(一)标志变异指标的概念

标志变异指标是反映总体各单位标志值的变动程度或变异程度的综合指标,又称标志变动度,是测定标志变动程度、反映现象内部数量变化情况的指标。

平均指标将总体中各单位标志值客观存在的差异抽象化了,以反映这些标志值的一般水平、集中趋势,即平均指标反映总体各单位标志值的共性。标志变异指标则反映总体各单位标志值的离散趋势,反映标志值之间的差异性。

(二)标志变异指标的作用

1. 标志变异指标可以衡量平均数代表性的大小

平均指标作为总体内各单位某一数量标志的代表值,其代表性的大小与总体各单位标志值的差异程度有直接关系,理论与实践均证明了这种关系。其表现是:总体的标志变异指标值越大,平均数的代表性越小;反之,平均数的代表性就越大。

 **例5-15** 现以某工厂某车间两个班组各7名工人的每人日产某种零件量(单位:件)为例,参考图5.1说明标志变异指标与平均指标之间的关系。

甲组:20,40,60,70,80,100,120。

乙组:67,68,69,70,71,72,73。

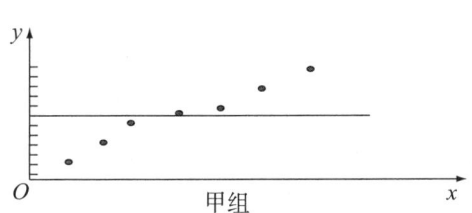
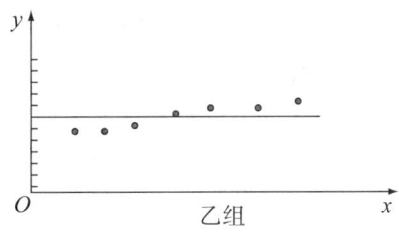

图 5.1　甲、乙班组工人日产零件数分布

依以上数据可以算出,这两个小组的平均日产量均为 70 件。但是,各组工人日产零件数的差异程度却不同。甲组的各个工人之间日产零件数相差较大,最高与最低的相差了 100 件;乙组的各个工人日产零件数差异却较小,最高与最低的相差 6 件。很明显,两组工人的平均日产量虽然都是 70 件,但对于甲组来说,其代表性要小得多;对于乙组,其代表性要高于甲组。

2. 标志变异指标可以反映社会经济现象量变过程的均衡性和稳定性

一般来说,标志变异指标数值越大,总体各单位变量值分布的离散趋势越高,均衡性越低;反之,变量值分布的离散趋势越低,均衡性就越高。例如,物资供应是否按时、按量、有节奏地进行;产品质量是否稳定在允许范围之内;商品销售计划执行情况是否均衡,有无前松后紧或前紧后松的现象等,都可以用标志变异指标反映。

3. 标志变异指标是抽样推断和回归分析的重要指标

标志变异指标的大小有助于确定必要的样本单位数,是计算抽样误差的重要方法,也是进行相关与回归分析中计算估计标准误差的重要方法。

二、标志变异指标的种类及计算

标志变异指标主要有变异全距、平均差、方差和标准差、变异系数等,其中,标准差的应用最为广泛。

(一)变异全距

变异全距是指总体各单位标志值中最大值与最小值之差,简称全距,又称极差,一般用 R 表示。其计算公式为:

$$全距(R) = 最大标志值 - 最小标志值$$

具体计算时,要依据资料而定,如果是未经整理的原始资料和单项变量数列时,则可经直接观察找出最大值和最小值,然后相减即可;若是组距变量数列时,其变异全距则可通过以下公式计算:

$$全距(R) = 最高组的上限 - 最低组的下限$$

变异全距计算方法简单易懂,在实际中,研究具体问题时除了列出平均数外,再给出最大值和最小值以及差距可使人们感到符合实际些,被广泛应用于检查产品质量的均匀性和稳定性。在质量管理中,它与平均数结合使用进行产品质量监控。但也存在一些缺点,其数值大小只受极端值的影响,没有考虑其他变量值的差异程度,因此,不能全面反映总体各单位标志值之间真实的差异程度。此外,在分组情况下,变异全距更难以真实、准确地反映各变量值的差异程度,还应当借助其他变异指标。

(二) 平均差

平均差是各标志值对其算术平均数的离差绝对值的平均数,用 A. D. 表示。由于各标志值对其算术平均数的离差总和恒等于 0,即:$\sum(x-\bar{x})=0$,因此,在计算平均差时,采取离差绝对值的形式来计算,其实质是以算术平均数为中心,各标志值距平均数的平均距离。

平均差的计算由于依据的资料条件不同,可分为简单算术平均式和加权算术平均式两种。

① 若掌握的是未经分组的原始资料时,则采用简单算术平均式。其计算公式为:

$$\text{A. D.} = \frac{\sum |x-\bar{x}|}{n}$$

式中,A. D.——平均差;其他符号同前。

例 5-16 某汽车销售代理商欲根据 1—6 月份如下汽车销售情况(单位:辆),在甲城和乙城中选择一处建立汽车销售总部。试计算平均差。

甲城:120,125,128,130,135,142。

乙城:100,130,178,112,135,125。

$\bar{x}_甲 = \bar{x}_乙 = 130(辆)$

甲、乙两城销售量平均差计算如表 5.9 所示。

表 5.9 甲、乙两城销售量平均差计算

甲 城			乙 城		
销售量 x/辆	$x-\bar{x}$	$\|x-\bar{x}\|$	销售量 x/辆	$x-\bar{x}$	$\|x-\bar{x}\|$
120	-10	10	100	-30	30
125	-5	5	112	-18	18
128	-2	2	125	-5	5
130	0	0	130	0	0
135	5	5	135	5	5
142	12	12	178	48	48
合计	0	34	合计	0	106

$$\text{A. D.}_甲 = \frac{\sum |x-\bar{x}|}{n} = \frac{34}{6} \approx 5.67(辆)$$

$$\text{A. D.}_乙 = \frac{\sum |x-\bar{x}|}{n} = \frac{106}{6} \approx 17.67(辆)$$

$\bar{x}_甲 = \bar{x}_乙$,而 A. D.$_甲$ < A. D.$_乙$,所以,甲城的汽车销售量的代表性高于乙城,说明甲城汽车销售情况比乙城更稳定、更均衡。

② 若掌握的资料是分组资料,则应采用加权算术平均式。其计算公式为:

$$\text{A. D.} = \frac{\sum |x-\bar{x}|f}{\sum f}$$

例 5-17 某跨国连锁店对其分布于世界各地的 600 家连锁店的月销售额进行调查,以分析销售额的一般水平和离散程度。销售资料及平均差计算如表 5.10 所示。

表 5.10 连锁店商品销售额资料及平均差计算

按销售额分组/千美元	次数 f/个	组中值 x	xf	x - x̄	|x - x̄|	|x - x̄|f
80~100	20	90	1 800	-123	123	2 460
100~150	50	125	6 250	-88	88	4 400
150~200	120	175	21 000	-38	38	4 560
200~250	280	225	63 000	12	12	3 360
250 以上	130	275	35 750	62	62	8 060
合计	600	—	127 800			22 840

$$\bar{x} = \frac{\sum xf}{\sum f} = \frac{127\ 800}{600} = 213(千美元)$$

$$A.D. = \frac{\sum |x - \bar{x}|f}{\sum f} = \frac{22\ 840}{600} \approx 38.07(千美元)$$

计算结果表明,各连锁店的销售额与总平均销售额的平均差为 38.07 千美元。

与全距相比,平均差计算也很简便,但意义更明确,而且平均差是根据总体内全部标志值计算的,考虑了各个标志值的差异,具有充分的代表性,在某些质量检查中得到了应用,如纺织厂对棉纤维的长度检查。但是,由于平均差是通过取绝对值的办法来消除离差的正负,这不合乎统计上的数字处理,有碍于做进一步的统计分析,所以,在实际应用中受到很大的限制。

(三) 方差和标准差

方差(σ^2)是变量数列中各单位标志值与其算术平均数的离差平方的算术平均数。标准差 σ 是方差的平方根,故又称均方差,其计量单位与标志值的计量单位相同。

方差与标准差的意义和平均差基本相同,也反映数列中各单位标志值的平均差异程度。不同的是在数学处理方法上有所区别,方差和标准差是采用平方的方法来消除各标志值与其平均数离差的正、负号,并通过求其平方根予以还原,因此比平均差更符合数学处理的要求,并且其计算结果一般稍大于平均差,这对于在进行抽样估计时,提高推断的准确程度具有一定的意义。因此,标准差是应用最为广泛的标志变异指标。

由于掌握的资料不同,方差和标准差的计算分两类,一类是根据数量标志的标志值计算,一类是根据是非标志的属性计算。

1. 数量标志的方差和标准差

根据数量标志计算方差和标准差,有简单平均法和加权平均法两种。

(1) 简单平均法

根据未分组的资料,采用简单平均法计算方差和标准差,其计算公式为:

$$\sigma^2 = \frac{\sum (x - \bar{x})^2}{n}$$

$$\sigma = \sqrt{\frac{\sum (x - \bar{x})^2}{n}}$$

例 5-18 现仍以例 5-16 中的资料来说明标准差的计算方法,如表 5.11 所示。

表 5.11 汽车销售量标准差计算

甲 城			乙 城		
销售量 x/辆	$x - \bar{x}$	$(x - \bar{x})^2$	销售量 x/辆	$x - \bar{x}$	$(x - \bar{x})^2$
120	-10	100	100	-30	900
125	-5	25	112	-18	324
128	-2	4	125	-5	25
130	0	0	130	0	0
135	5	25	135	5	25
142	12	144	178	48	2 304
合计	0	298	合计	0	3 578

$$\sigma_{甲} = \sqrt{\frac{\sum (x - \bar{x})^2}{n}} = \sqrt{\frac{298}{6}} \approx 7.05(辆)$$

$$\sigma_{乙} = \sqrt{\frac{\sum (x - \bar{x})^2}{n}} = \sqrt{\frac{3578}{6}} \approx 24.42(辆)$$

因为 $\bar{x}_{甲} = \bar{x}_{乙}$,而 $\sigma_{甲} < \sigma_{乙}$,因此甲城的汽车平均销售量代表性大。

(2) 加权平均法

根据分组资料,采用加权平均法计算方差和标准差。其计算公式为:

$$\sigma^2 = \frac{\sum (x - \bar{x})^2 f}{\sum f}$$

$$\sigma = \sqrt{\frac{\sum (x - \bar{x})^2 f}{\sum f}}$$

对于分组资料,应先求出组中值,然后按加权平均公式计算。

例 5-19 现以例 5-17 中的资料来说明加权标准差的计算方法,如表 5.12 所示。

项目五 数据分布特征的描述

表 5.12 连锁店商品销售额标准差计算

按销售额分组/千美元	次数 f/个	组中值 x	xf	$x - \bar{x}$	$(x - \bar{x})^2$	$(x - \bar{x})^2 f$
80~100	20	90	1 800	−123	15 129	302 580
100~150	50	125	6 250	−88	7 744	387 200
150~200	120	175	21 000	−38	1 444	173 280
200~250	280	225	63 000	12	144	40 320
250 以上	130	275	35 750	62	3 844	499 720
合计	600	—	127 800	—	—	1 403 100

$$\bar{x} = \frac{\sum xf}{\sum f} = \frac{127\ 800}{600} = 213(千美元)$$

$$\sigma = \sqrt{\frac{\sum (x - \bar{x})^2 f}{\sum f}} = \sqrt{\frac{1\ 403\ 100}{600}} \approx 48.36(千美元)$$

2. 是非标志的方差和标准差

在对社会经济现象进行分析时,经常把某种经济现象的全部单位划分为具有某种属性和不具有某种属性的两组,即"是"与"非"两组。例如,将学生按照性别分为"男生"和"女生",将产品按质量划分为"合格"与"不合格"。由于这些反映单位属性或性质的标志不是数量标志,而是品质标志,且只有"是"与"非"两种表现,所以,称之为"是非标志",有时也称为"交替标志"。在进行抽样推断时,是非标志的标准差具有重要的意义。

(1) 成数(比例)

是非标志只有两种表现,把总体中或样本中具有某种表现或不具有某种表现的单位数占全部单位数的比重称为成数。它反映了总体或样本中"是"与"非"的构成,并且代表着两种表现或性质各反复出现的程度,即频率。例如,某一批产品,合格品占95%,不合格品占5%,在这里,95%和5%均为成数。

若用 N_1 表示总体中具有某种表现的单位数,N_0 表示总体中不具有某种表现的单位数,N 表示总体单位数,则成数可表示为:

$$P = \frac{N_1}{N}$$

或:

$$1 - P = \frac{N_0}{N}$$

(2) 是非标志的平均数

是非标志是一种品质标志,其表现为文字。因此,在计算平均数时,首先需要将文字表现进行数量化处理,用 1 表示具有某种表现,用 0 表示不具有某种表现;然后以 1 和 0 作为变量值,计算加权算术平均数,即:

$$\bar{x}_p = \frac{1 \times N_1 + 0 \times N_0}{N_1 + N_0} = \frac{N_1}{N} = P$$

由此可知,总体是非标志的平均数,即为被研究标志具有某种表现的成数 P。

(3) 是非标志的方差与标准差

将经过量化处理的是非标志的表现 1 和 0 作为变量值代入总体的方差计算公式,即:

$$\sigma_P^{\ 2} = \frac{\sum (x-\bar{x})^2 f}{\sum f} = \frac{(1-P)^2 N_1 + (0-P)^2 N_0}{N_1 + N_0} = P(1-P)$$

为区别于一般变量值的方差,将是非标志的方差记为 σ_P^2,即:

$$\sigma_P^{\ 2} = P(1-P)$$

是非标志的标准差为:

$$\sigma_P = \sqrt{P(1-P)}$$

例 5-20 从一批产品中随机抽取 100 件产品进行质量测试,测试的结果为 96 件合格,4 件不合格。试计算成数的方差和标准差。

$P = \frac{96}{100} = 96\%$ $1-P = \frac{4}{100} = 4\%$

$\sigma_P^2 = 96\% \times 4\% = 3.84\%$ $\sigma_P = \sqrt{96\% \times 4\%} \approx 19.6\%$

是非标志的方差、标准差,当 $P=0.5$ 时取得最大值,即方差最大值为 0.25,标准差最大值为 0.5,也就是说,此时是非标志的变异程度最大。例如,某学生群体中男生数和女生数相等,即男、女生的成数均为 0.5(或 50%),说明该学生群体性别差异程度最大。是非标志的方差、标准差的最小值均为 0。

标准差都是用有名数表示的平均差异程度,其数值大小除了受标志值差异程度影响外,还受平均指标数值大小和计量单位两个因素的影响。当总体平均指标数值比较大时,标准差的数值也会大;反之,标准差的数值就会小。因此,在比较不同平均水平总体的变异程度时,就不能使用标准差,而应使用变异系数。

(四) 变异系数

变异系数是反映一组数据相对差异程度的指标,是各变异指标与其算术平均数的比值,也称为离散系数。变异系数是一个无名数,消除了计量单位不同和平均水平高低的影响,只反映标志值离散程度,可以用于比较不同数列的变异程度,其数值的大小与平均数的代表性成反比,通常用 V 表示。常用的离散系数有平均差系数和标准差系数,其计算公式分别为:

$$V_{\text{A.D.}} = \frac{\text{A.D.}}{\bar{x}} \times 100\%$$

$$V_\sigma = \frac{\sigma}{\bar{x}} \times 100\%$$

例 5-21 甲、乙两组工人的平均工资分别为 138.14 元、176 元,标准差分别为 21.32 元、24.67 元。试计算两组工人工资水平离散系数。

$$V_{\sigma甲} = \frac{21.32}{138.14} \times 100\% = 15.43\%$$

$$V_{\sigma乙} = \frac{24.67}{176} \times 100\% = 14.02\%$$

从标准差来看,乙组工人工资水平的标准差比甲组的大,但不能断言,乙组平均工资的代表性小。这是因为两组工人的工资水平处在不同的水平上,所以不能直接根据标准差的大小做结论。正确的方法要用消除了数列水平的离散系数比较。从两组的离散系数可以看

项目五 数据分布特征的描述

出,甲组相对的变异程度大于乙组的,因而乙组平均工资的代表性要大。

任务三 Excel 在平均指标中的应用

一、Excel 函数在求和、平均数运算中的运用

假设某人记录了某天某小时正点的气温值,如图 5.2 所示。利用 Excel 描述数据指标的各个特征,具体操作过程如下。

① 打开 Excel,创建新文件,然后输入如图 5.2 所示的数据,并保存文件。

② 选择"工具"|"数据分析"命令,打开"数据分析"对话框,选择"描述统计"选项,单击"确定"按钮。

③ 在"描述统计"对话框中,根据图 5.3 所示进行设置,设置完成后单击"确定"按钮,得出如图 5.4 所示的结果。从中可以得出诸多描述统计指标,其中就有求和数和平均数。

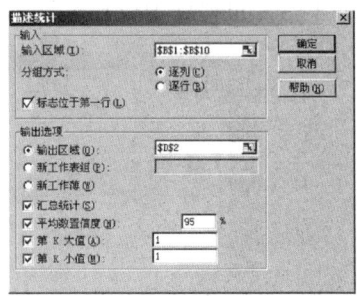

图 5.2 数据输入　　　　　　　　图 5.3 设置"描述统计"对话框

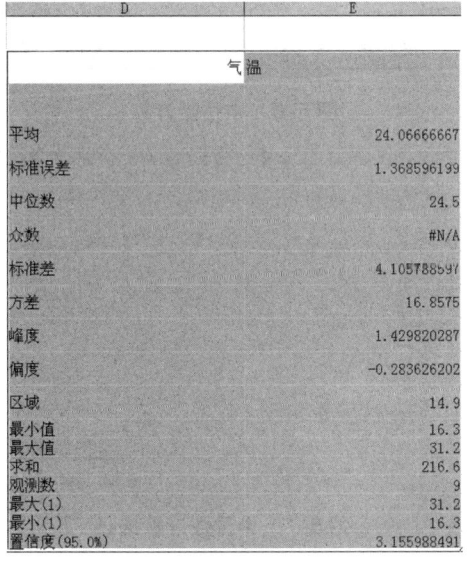

图 5.4 计算结果显示

二、Excel 在中位数计算中的运用

将样本数由小到大排列,中间的那个值即是中位数。例如,样本中有 7 个值,排序后第 4 个值便是中位数;如果样本中有 8 个值,排序后第 4 个和第 5 个值的算术平均数便是中位数。

在 Excel 中可以利用函数 MEDIAN 计算中位数。例如,输入" =MEDIAN(10,20,30,40)"可得到 25。但是也可以不通过对数列排序,而是直接用函数表达式来计算,具体方法如下。

① 打开 Excel 文件,把已知数据输入,如图 5.5 所示。

时间	气温
1	26.2
2	25.2
3	31.2
4	21.9
5	24.5
6	16.3
7	21.1
8	24.1
9	26.1

图 5.5　数据输入

② 注意在 Excel 中,输入公式时需要在该单元格前输入等号,表示开始输入公式了。

③ 然后在某单元格输入公式" =MEDIAN(26.2,25.2,31.2,21.9,24.5,16.3,21.1,24.1,26.1)"即可得到中位数。具体操作如图 5.6 所示,得出结果如图 5.7 所示。

时间	气温	
1	26.2	
2	25.2	
3	31.2	
4	21.9	
5	24.5	
6	16.3	
7	21.1	
8	24.1	
9	26.1	
公式		计算结果
=MEDIAN(26.2,25.2,31.2,21.9,24.5,16.3,21.1,24.1,26.1)		

图 5.6　中位数计算

时间	气温	
1	26.2	
2	25.2	
3	31.2	
4	21.9	
5	24.5	
6	16.3	
7	21.1	
8	24.1	
9	26.1	
公式		计算结果
		24.5

图 5.7　中位数计算结果

项目五 数据分布特征的描述

复习思考题

一、填空题

1. 要了解某年山东和山西两省粮食平均亩产量的差异程度,应用_____指标。
2. 计算相对指标和平均指标的基础是_____。
3. 算术平均数是统计中最常用的一种表示数据_____的代表值,是_____除以_____之商。
4. 在变量数列中,哪一组的次数所占比重大,则该组变量值对_____的影响就大。因此,当各组的次数所占比重相等时,加权算术平均数等于_____。
5. 若在一个变量数列中,各组次数均增减几倍,则频率_____,平均数也_____。
6. 极差也称_____,是变量分布中_____与_____之差,在组距数列中,可以用_____与_____之差。
7. 为了比较某校人数不等的两个班级学生的学习成绩的优劣,需要计算_____,而为了说明哪个班级学生的学习成绩比较整齐,则需要计算_____。
8. 在社会经济现象统计中,常用的平均指标有_____、_____、_____、_____、_____。
9. 简单算术平均数的大小只受一个因素的影响,即_____;而加权算术平均数的大小要受两个因素的影响,一个是变量数列中的_____,一个是_____。

二、单项选择题

1. 最容易受极端变量值影响的平均指标是(　　)。
   A. 众数　　　　　B. 几何平均数　　　　C. 中位数　　　　D. 算术平均数
2. 加权算术平均数的大小(　　)。
   A. 主要受各组变量值大小的影响,而与各组次数多少无关
   B. 既受各组变量值大小的影响,也受各组次数多少的影响
   C. 主要受各组次数多少的影响,而与各组变量值的大小无关
   D. 既与各组变量值大小无关,也与各组次数多少无关
3. 权数对算术平均数的影响作用决定于(　　)。
   A. 次数本身数值的大小
   B. 作为权数的次数占总体次数的比重大小
   C. 各组变量值的大小
   D. 权数的经济意义
4. 各项变量值皆不相同时,(　　)。
   A. 众数就是出现次数最多的那个变量值　　B. 众数就是最大的那个变量值
   C. 众数就是居于中间位置的那个变量值　　D. 众数不存在
5. 下列离差程度数值中易受极端数值影响的是(　　)。
   A. 全距　　　　　B. 标准差　　　　　C. 平均差　　　　D. 标准差系数

6. 全距和标准差离差程度数值的计量单位(   )。
   A. 与各变量值的计量单位相同　　　B. 与各变量值的次数的计量单位相同
   C. 不存在计量单位　　　　　　　　D. 通常以百分数作为计量单位
7. 甲、乙两厂职工工资的离散系数是甲厂大于乙厂,所以(   )。
   A. 不能说明两厂职工平均工资的代表性谁大
   B. 乙厂职工平均工资的代表性大于甲厂的
   C. 甲厂职工平均工资的代表性大于乙厂的
   D. 乙厂职工工资的标准差大于甲厂的
8. 有两个变量数列,甲数列:$\bar{x}_甲=80$,$\sigma_甲=12.6$;乙数列:$\bar{x}_乙=96$,$\sigma_乙=13.8$。此资料表明(   )。
   A. 甲数列平均数的代表性大于乙数列的
   B. 乙数列平均数的代表性大于甲数列的
   C. 两数列平均数代表性相同
   D. 两数列平均数代表性无法比较
9. 有甲、乙两组工人加工同样的零件,甲组工人每人加工件数为32、25、29、28、26,乙组每人加工件数为30、25、22、36、27,变异大的组是(   )。
   A. 甲组　　　　B. 乙组　　　　C. 一样　　　　D. 无法比较
10. 对比两个不同计量单位分布数列变量值的差异程度,应采用(   )。
    A. 算术平均数　　B. 全距　　C. 离散系数　　D. 标准差

三、多项选择题

1. 一班同学的平均身高为 $\bar{x}_1$,标准差为 σ_1,二班同学的平均身高为 $\bar{x}_2$,标准差为 σ_2,如果(   )。
   A. $\bar{x}_1 > \bar{x}_2, \sigma_1 > \sigma_2$,则一班身高均值的代表性低
   B. $\bar{x}_1 < \bar{x}_2, \sigma_1 > \sigma_2$,则一班身高均值的代表性低
   C. $\bar{x}_1 = \bar{x}_2, \sigma_1 > \sigma_2$,则一班身高均值的代表性低
   D. $\bar{x}_1 < \bar{x}_2, \sigma_1 < \sigma_2$,则一班身高均值的代表性低
   E. $\bar{x}_1 < \bar{x}_2, \sigma_1 = \sigma_2$,则一班身高均值的代表性低
2. 简单算术平均数之所以简单是因为(   )。
   A. 所依以计算的资料已分组　　　B. 各变量值的频率相等
   C. 各变量值的频率不等　　　　　D. 所依以计算的资料未分组
   E. 各变量值的次数分布不同
3. 是非标志的标准差计算公式为(   )。
   A. $\sigma_P=\sqrt{P(Q-1)}$　B. $\sigma_P=\sqrt{P(1-Q)}$　C. $\sigma_P=\sqrt{P(1-P)}$　D. $\sigma_P=\sqrt{PQ}$
   E. $\sigma_P=\sqrt{P-Q}$
4. 下列标志变异指标中用有名数表示的是(   )。
   A. 标准差系数　　B. 变异全距　　C. 平均差　　D. 标准差
   E. 离散系数

项目五 数据分布特征的描述

5. 加权算术平均数的大小(　　　　)。
   A. 受各组次数多少的影响　　　　B. 受各组标志值大小的影响
   C. 受各组标志值和次数的共同影响　　D. 不受各组标志值的影响
   E. 与各组次数分布多少无关

四、判断题

1. 所有变量值与平均数的离差之和为最大。(　　)
2. 各变量值的次数相同时,众数不存在。(　　)
3. 平均差是各变量值对算术平均数的离差的平均数。(　　)
4. 标准差的实质与平均差基本相同,也是各个标志值对其算术平均数的平均距离。(　　)
5. 平均数反映了总体分布的集中趋势,是总体分布的重要特征值。(　　)

五、简答题

1. $\bar{x}$、σ 和 $\dfrac{\sigma}{\bar{x}}$ 各反映什么问题?
2. 什么是几何平均数? 在什么情况下使用?
3. 数值平均数和位置平均数各自的优缺点分别是什么?
4. 强度相对指标和平均指标有什么区别?

六、实训题

1. 某地甲、乙两村玉米生产情况资料如下表所示。

土地按自然条件分组	甲 村				乙 村			
	播种面积		总产量/t	单产/t	播种面积		总产量/t	单产/t
	绝对数/km²	比重/(%)			绝对数/km²	比重/(%)		
山地	1		300		1.70		540	
丘陵地	1.333		600		1.19		560	
平原地	1		525		0.51		285	
合计	3.333		1 425		3.40		1 385	

要求:

(1) 计算并填列表中空格中的数字;
(2) 简要分析说明哪个村生产情况好? 为什么?

2. 甲、乙两单位人数及月工资资料如下表所示。

月工资/元	甲单位人数/人	乙单位人数比重/(%)
400 以下	4	2
400~600	25	8
600~800	84	30
800~1 000	126	42
1 000 以上	28	18

| 合计 | 267 | 100 |

要求:

(1) 比较甲、乙两单位哪个单位工资水平高;

(2) 说明哪个单位工资更具有代表性?

3. 某班级分甲、乙两个学习小组,在统计学考试中,甲小组平均成绩 75 分,标准差 11.5 分,乙小组成绩资料如下表所示。

成绩/分	人数/人
60 以下	2
60～70	5
70～80	8
80～90	6
90 以上	4

要求:以尽可能精确的方法比较两个小组平均成绩的代表性。

4. 某商场在各地区的销售价格有很大的差异,现根据其销售量和销售价格资料整理成如下表所示的变量数列。

价格/(元/件)	110～120	120～130	130～140	140～150	150～160	160～170	170～180
销售量/百件	128	239	768	486	201	196	131

要求:

(1) 计算该商品价格的算术平均数。

(2) 确定该商品价格的中位数和众数。

根据算术平均数、中位数和众数之间的数量关系,判断该商品价格分布的特点。

项目六

时间数列分析

项目说明

社会经济现象总是随着时间的推移而不断地发展变化的,我们对搜集到的"过去"时间里大量的数据资料,采用科学方法,得出规律性的结论,然后结合"目前"的客观现状,就可以对"未来"做出判断和预测。如何将有用的信息汇编成科学的时间数列?怎样描绘、分析数列中的指标?时间数列的数据是否具有规律性的变动特征?如何反映其发展趋势并据此对未来进行预测?本项目将介绍时间数列的理论和方法。

能力目标

1. 掌握以时间数列为基础分析经济现象发展变化特点及其规律的方法。
2. 掌握长期趋势的测定方法。

知识目标

1. 了解时间数列的概念、种类及编制原则。
2. 熟练掌握现象发展的水平分析指标。
3. 熟练掌握现象发展的速度分析指标。

任务导入

2007—2018年我国国内生产总值数据如下表所示。

美元

年 份	GDP
2007	3.55 万亿
2008	4.6 万亿
2009	5.11 万亿
2010	6.1 万亿
2011	7.57 万亿
2012	8.56 万亿
2103	9.61 万亿
2014	10.48 万亿
2015	11.06 万亿
2016	11.19 万亿
2017	12.24 万亿
2018	13.6 万亿

任务分析

把不同年份的数据进行对比能说明什么问题？对经济分析工作能起到什么作用？

任务一　时间数列概述

一、时间数列的概念和作用

在许多情况下，仅仅对现象进行静态分析是不够的，因为社会经济现象的规模水平、发展速度和比例关系等，都随着时间的推移而处在变化之中，所以，分析时需要搜集现象的时间序列数据进行动态分析。动态分析是从动态的角度对现象的发展变化状态进行分析，揭示现象发展变化的过程和规律。

统计、编制时间数列，分析社会经济现象在时间上的变动，即从动态上研究社会经济现象的发展过程和变化。通过动态分析可以认识事物发展变化的规律，以便科学地预测未来，有效地指导和控制生产经营和其他社会活动。

时间数列也称动态数列，是指社会经济现象的统计指标按时间先后顺序排列而形成的数列，如表6.1所示。

表6.1　某市2013—2017年年末全市职工工资情况

年　份	2013	2014	2015	2016	2017
职工工资总额/亿元	3 939.2	6 656.4	8 100.0	9 080.0	9 405.3
年末职工人数/万人	14 792	14 849	14 908	14 845	14 668
国有经济单位职工工资总额所占比重/(%)	78.45	77.78	45.06	74.81	76.69
职工平均货币工资/元	2 711	4 538	5 500	6 210	6 470

从表6.1可以看出，时间数列由两个基本要素构成：一是被研究对象所属的时间，可以用年、季、月、日等表示，如表6.1中的2015年、2016年等；二是现象在各时间上的统计指标数值，也称为发展水平，如表6.1中的职工工资总额。发展水平可以是总量指标、相对指标或平均指标。

编制时间数列是计算动态指标、进行动态分析的基础，在统计研究中具有极为重要的作用。

① 通过编制和分析时间数列，可以从事物在不同时间上的量变过程中，认识社会经济现象的发展变化方向、程度、趋势和规律，为制定政策、编制计划提供可行的依据。

② 通过研究时间数列，可以发现研究现象发展变化的规律和未来趋势，以便对社会经济现象进行预测、分析。

项目六 时间数列分析

③ 通过对比时间数列,可以对不同国家或地区的同类现象进行比较、分析,揭示现象发展过程中的差距。

二、时间数列的种类

时间数列根据其统计指标的表现形式不同,可分为总量指标(绝对数)时间数列、相对指标(相对数)时间数列和平均指标(平均数)时间数列3种。其中,总量指标时间数列是最基本的时间数列,相对指标时间数列和平均指标时间数列是在其基础上派生而成的时间数列。

(一) 总量指标时间数列

总量指标时间数列又称绝对数时间数列,是指将一系列总量指标按时间的先后顺序排列起来所形成的时间数列,如表6.1中所形成的时间数列即为总量指标时间数列。总量指标时间数列反映了社会经济现象总量在各个时期所达到的绝对水平及其发展变化过程,是计算与分析相对指标时间数列和平均指标时间数列的基础。

总量指标时间数列按其指标所反映的时间状况的不同,又分为时期时间数列和时点时间数列两种类型。

1. 时期时间数列

时期时间数列简称时期数列,是指由时期指标构成的数列,即数列中各项指标反映某现象在一段时期内发展过程的总量,如工业总产值、国民生产总值和国民收入等。如表6.1中所列的时间数列即为时期数列,其中每项指标分别反映2000—2006年间各年的利润总额的总量。

时期数列具有以下特点。

① 时期数列的每个指标数值总是和一定的时期相对应,数列中各项指标数值可以相加,相加后的数值表示现象在一段时期内发展过程的总量。

② 时期数列中每个指标数值大小与其所属的时期长短有直接关系,一般来讲,时期越长,指标数值越大;时期越短,指标数值越小。

③ 时期数列中每个指标数值,通常是通过经常性调查及连续不断地登记、汇总而取得的。

2. 时点时间数列

时点时间数列简称时点数列,是指由时点指标构成的数列,即数列中各项指标反映的是某一现象在某一时点(时刻)所处的水平、状态,如职工人数、人口数、在校学生数、企业的固定资产数等,如表6.2所示中所列的数列即为时点数列。

表6.2 某省2013—2017年末全省就业人数情况

年 份	2013	2014	2015	2016	2017
年末全省就业人员/万人	4 468.67	4 482.52	4 510.12	4 564.76	4 618.14

时点数列具有以下特点。

① 时点数列中每个指标只表明社会经济现象在一定时点上的水平,各项数值不能相加。

② 时点数列中每个指标数值大小与其时间间隔长短没有直接关系。
③ 时点数列中每个指标数值是通过一次性登记而取得的。

（二）相对指标时间数列

相对指标时间数列又称相对数时间数列，是指由相对指标按时间先后顺序排列起来所形成的时间数列。它反映社会经济现象之间数量对比关系的发展变化过程及规律。如表 6.3 所示，企业产量计划完成程度数列就是相对指标时间数列。在相对指标时间数列中，每个指标数值是不能相加的。

表 6.3　某企业 2013—2017 年的部分资料

年　份	2013	2014	2015	2016	2017
产量计划完成程度/(%)	98	102	110	112	113
职工年平均工资/元	13 500	14 700	15 600	19 800	25 500

（三）平均指标时间数列

平均指标时间数列又称平均数时间数列，是指由平均指标按时间先后顺序排列起来所形成的时间数列。它反映社会经济现象在一段时间内一般水平的发展变化过程。例如，如表 6.3 所示，企业职工年平均工资数列就是平均指标时间数列。在平均指标时间数列中，每个指标数值也是不能相加的。

三、时间数列的编制原则

编制时间数列的目的，是通过对各个时期指标数值的对比，来研究社会经济现象的发展变化及规律。因此，保证数列中各个指标数值的可比性，是编制时间数列应遵守的基本原则。具体来说，编制时间数列的原则主要有以下 4 点。

（一）时间长短应该统一

对于时期数列而言，时期数列中每个指标数值大小与其所属的时期长短有直接关系。因此，只有指标所属的时期长短一致，才能保证各项指标数值之间的可比性，否则很难直接做出判断和比较。

对于时点数列而言，虽然每个指标数值大小与其时间间隔长短没有直接关系，但也要求各时点间隔尽可能保持一致，以便更准确地反映现象的发展趋势和变化规律。

（二）总体范围应该统一

时间数列中，每个指标所包括的总体范围，前后应当一致。若被研究对象所属空间范围发生了变化，指标数值也将随之发生变化，导致所形成的指标不可比。例如，研究某地区工业生产的发展情况，如果该地区的行政区划发生了变动，则前后指标数值就不能直接对比，必须对资料进行适当调整，统一总体范围后，再做动态分析。

（三）计算方法应该统一

时间数列中，各项指标的计算口径、计算单位和计算公式应当一致，并在一定时期内保持不变。例如，要研究某企业劳动生产率的变化，产量用实物量还是价值量，人数用全部职工数还是生产工人数,前后应保持一致。又如,要对比不同时期的工业产值,应注意其价格水平的变化,采用统一的不变价格表示。如果价格标准不统一,就不能通过指标的对比正确反映工业产值的实际变化程度。

此外,同一时间数列中各项指标数值应当采用同样的计量单位。

(四) 指标的经济内容应该统一

统计指标中,有时会出现名称相同,其含义内容却不完全相同的情况,因此,时间数列中各项指标所反映的经济内容应该一致。例如,工业企业的工资总额,按费用要素分组的工资包括全部职工的工资,但按成本项目分组的工资只包括基本生产工人的工资。如果不加以区分地把这些指标数值编入同一个时间数列,由于二者的经济内容不同,没有可比性,就会导致得出错误的分析结论。因此,编制时间数列时,不仅要看指标名称,更要注意指标所属的含义内容。随着我国经济体制改革的不断深化,某些指标的经济含义也在发生变化,保证各期指标经济内容的一致性就十分必要。

任务二 时间数列的水平分析指标

在编制时间数列的基础上,为了分析研究社会经济现象在不同时间条件下的发展变化规律,需要计算各种动态分析指标。时间数列的分析指标包括水平分析指标和速度分析指标两大类。水平分析指标包括发展水平、平均发展水平、增长量与平均增长量;速度分析指标包括发展速度、平均发展速度、增长速度和平均增长速度。水平分析指标是速度分析指标的基础,速度分析是水平分析的深入和继续。

一、发展水平

发展水平是指时间数列中的每一项指标数值,具体反映某种社会经济现象在各个发展时期或时点上实际所达到的规模或程度。发展水平是计算其他动态分析指标的基础,一般用 a_i 表示。

发展水平一般是时期或时点总量指标,如销售额、利润总额等;也可以是平均指标,如平均工资、单位产品成本等;还可以是相对指标,如计划完成程度、劳动生产率等。

在时间数列中,由于发展水平所处的位置不同,因此有最初水平、中间水平和最末水平之分。最初水平是指数列中的第一项水平,最末水平是指数列中的最后一项水平,其余的中间各项为中间水平。设时间数列各项为 $a_0, a_1, a_2, \cdots, a_n$。其中,$a_0$ 为最初水平,a_n 为最末水平,其余各项为中间水平。

发展水平根据其作用不同,有报告期水平和基期水平之分。报告期水平是所要计算分析的那个时期的发展水平,又称计算期水平,一般用 a_i 表示;基期水平是作为比较基础时期的发展水平,通常用 a_0 或 a_{i-1} 表示。

这些发展水平的概念不是一成不变的,会随着研究目的的不同而有所变化。例如,今年是报告期水平,可能将来就是基期水平;这一个时间数列的最末水平,可能就会是另一个数列的最初水平。

在实际工作中,发展水平在文字说明上习惯用"增加到"、"增加为"或"降低到"、"降低为"表示事物"增加"或"降低"到某种水平。

二、平均发展水平

平均发展水平又称序时平均数或动态平均数,是将整个时间数列作为一个整体,从而反映这个整体的一般水平,即将时间数列不同时间上的发展水平加以平均而得到的平均数。

平均发展水平在动态分析中具有重要的意义。它可以把时间长短不等的总量指标由不可比变为可比,并消除现象在短期内波动的影响,便于观察现象的发展变化趋势和规律性。为此,平均发展水平指标在动态分析中被广泛运用。

(一)根据总量指标时间数列计算平均发展水平

根据总量指标时间数列计算平均发展水平的计算方法是最基本的,是计算相对指标或平均指标时间数列平均发展水平的基础。总量指标时间数列分为时期数列和时点数列,由于它们具有不同的特点和性质,因而在计算平均发展水平时,需要采用不同的计算方法。

1. 根据时期数列计算平均发展水平

时期数列各项指标数值能直接相加,平均发展水平可采用简单算术平均法计算,即将数列中各项指标数值之和除以时期数列的项数。其计算公式为:

$$\bar{a} = \frac{a_1 + a_2 + \cdots + a_n}{n} = \frac{\sum a_i}{n}$$

式中,$\bar{a}$——序时平均数;a_i——各时期的发展水平;n——时期数列的项数。

例 6-1 某企业2018年各季度销售额资料如表6.4所示。计算该企业2018年各季度平均销售额。

表6.4 某企业2018年各季度销售额资料 万元

时期	第一季度	第二季度	第三季度	第四季度
销售额	21.4	18.6	23.5	39.2

$$\bar{a} = \frac{a_1 + a_2 + \cdots + a_n}{n} = \frac{\sum a_i}{n}$$
$$= (21.4 + 18.6 + 23.5 + 39.2) \div 4 = 25.675(万元)$$

2. 根据时点数列计算平均发展水平

由于时点数列中的各项指标数值都是社会经济现象在某一具体时点条件下的瞬间水平,要计算其平均数,就必须知道在每一时点上的指标数值,事实上这是不可能的,所以在实际中都是有一定的时间间隔。因此,根据时点数列计算平均发展水平的方法比较复杂,而且随着掌握资料的详细情况的不同也有所区别。时点数列有连续时点数列和间断时点数列之分,其计算方法也有差异。

(1)根据连续时点数列计算平均发展水平

所谓连续时点数列,是指按日登记取得资料的时点数列。在实践中,通常用"天"作为最小的时点单位。连续时点数列有两种情况,一是数列中各项指标为逐日进行记录,并且是逐日排列的;二是数列中各项指标并非逐日进行记录,而只是在发生变化时进行记录。通常将前者称为间隔相等的连续时点数列,后者称为间隔不等的连续时点数列。

① 间隔相等的连续时点数列(逐日登记),其平均发展水平的计算可采用简单算术平均法,即用各个时点数值之和除以时点个数(即天数)。其计算公式为:

$$\bar{a} = \frac{\sum a_i}{n}$$

例6-2 某公司某周周一至周五每日出勤人数如表6.5所示。计算该周平均每日出勤人数。

表6.5 某公司本周周一至周五每日出勤人数

时间	一	二	三	四	五
人数/人	52	54	54	53	52

$$\bar{a} = \frac{\sum a_i}{n} = \frac{52 + 54 + 54 + 53 + 52}{5} = 53(人)$$

② 间隔不等的连续时点数列(间隔登记)的各项指标数值不是逐日变动的,而是每隔一段时间变动一次,其平均发展水平采用加权算术平均法计算,以指标数值每次变动结果持续的间隔时间为权数(t)。其计算公式为:

$$\bar{a} = \frac{\sum at_i}{\sum t_i}$$

例6-3 某企业4月1日职工有300人,4月11日新进厂9人,4月16日离厂4人。计算该企业4月份平均职工人数。

$$\bar{a} = \frac{\sum at_i}{\sum t_i} = \frac{300 \times 10 + 309 \times 5 + 305 \times 15}{10 + 5 + 15} = 304(人)$$

(2) 根据间断时点数列计算平均发展水平

所谓间断时点数列,是指按月末、季末或年末登记取得资料的时点数列。它有两种情况,一是时点数列间隔相等,称为间隔相等的间断时点数列;二是时点数列间隔不等,称为间隔不等的间断时点数列。

① 间隔相等的间断时点数列可采用简单算术平均法求各间隔内的期初和期末的平均值,并把各个平均值视为时期值来计算其平均发展水平。其计算公式为:

$$\bar{a} = \frac{\frac{a_1}{2} + a_2 + a_3 + \cdots + a_{n-1} + \frac{a_n}{2}}{n-1}$$

式中,n——时点数列的项数。

利用这种方法计算平均发展水平有一个前提条件,即假定现象在相邻两个时点之间的发展变动是均匀的。该方法称为"首尾折半法"或"首末折半法"。

例 6-4 某企业 2018 年第二季度某种商品的库存量如表 6.6 所示,试求该商品第二季度月平均库存量。

表 6.6　某企业 2018 年第二季度某商品库存量

时间	3 月末	4 月末	5 月末	6 月末
库存量/百件	66	72	64	68

第二季度月平均库存量:$\bar{a} = \dfrac{\dfrac{66}{2}+72+64+\dfrac{68}{2}}{4-1} = 67.67$（百件）

② 间隔不等的间断时点数列,首先,应将相邻两个时点值相加后除以 2,得出一系列时点间的平均值,然后以间隔时间长度 t 为权数,对这些平均值进行加权算术平均,求得其平均发展水平。其计算公式为:

$$\bar{a} = \dfrac{\dfrac{(a_1+a_2)}{2}t_1 + \dfrac{(a_2+a_3)}{2}t_2 + \cdots + \dfrac{(a_{n-1}+a_n)}{2}t_{n-1}}{t_1+t_2+\cdots+t_{n-1}}$$

例 6-5 某农场 2018 年生猪存栏数如表 6.7 所示,计算该农场 2018 年生猪的月平均存栏数。

表 6.7　某农场 2018 年生猪存栏数

日期	1 月 1 日	3 月 1 日	8 月 1 日	10 月 1 日	12 月 1 日
生猪存栏数/头	1 420	1 400	1 200	1 250	1 460

月平均存栏数:

$$\bar{a} = \dfrac{\dfrac{1\,420+1\,400}{2}\times 2 + \dfrac{1\,400+1\,200}{2}\times 5 + \dfrac{1\,200+1\,250}{2}\times 2 + \dfrac{1\,250+1\,460}{2}\times 3}{12}$$

$= 1\,319.58$（头）

(二) 根据相对指标时间数列或平均指标时间数列计算平均发展水平

由于相对数和平均数是由两个有联系的绝对数对比求得,因此,用相对指标时间数列或平均指标时间数列计算平均发展水平时,不能直接根据该相对指标或平均指标时间数列中各项观察值进行简单的平均计算,而应当先分别计算构成该相对指标或平均指标时间数列的分子数列和分母数列的平均发展水平,再将这两个平均发展水平对比求得。其计算公式为:

$$\bar{c} = \dfrac{\bar{a}}{\bar{b}}$$

式中,$\bar{a}$——分子的平均发展水平;$\bar{b}$——分母的平均发展水平。

在实际工作中,a、b 可能都是时期指标或时点指标;也可能一个是时期指标,另一个是时点指标,但它们的平均发展水平都应该根据总量指标的相应计算公式计算。

项目六 时间数列分析

例6-6 某企业2018年第四季度职工人数资料如表6.8所示,计算工人占职工人数的平均比重。

表6.8 某企业2018年第四季度职工人数资料

日 期	9月末	10月末	11月末	12月末
工人人数/人	342	355	358	364
职工人数/人	448	456	469	474
工人占职工比重/(%)	76.34	77.85	76.33	76.79

$$\bar{c} = \frac{\bar{a}}{\bar{b}} = \frac{\frac{a_1}{2} + a_2 + a_3 + \cdots + \frac{a_n}{2}}{\frac{b_1}{2} + b_2 + b_3 + \cdots + \frac{b_n}{2}}$$

$$= \frac{\frac{342}{2} + 355 + 358 + \frac{364}{2}}{\frac{448}{2} + 456 + 469 + \frac{474}{2}} = 76.91\%$$

例6-7 某企业2018年下半年劳动生产率资料如表6.9所示,计算平均月劳动生产率。

表6.9 某企业2018年下半年劳动生产率资料

日 期	6月	7月	8月	9月	10月	11月	12月
总产值/万元	87	91	94	96	102	98	91
月末职工人数/人	460	470	480	480	490	480	450
劳动生产率/(元/人)	1 948	1 957	1 979	2 000	2 103	2 021	1 957

从表6.9所示中可以看到,劳动生产率的分子总产值是时期指标,分母职工人数是时点指标,计算平均月劳动生产率应用下列公式:

$$\bar{c} = \frac{\bar{a}}{\bar{b}} = \frac{(\sum a)/n}{\left(\frac{b_1}{2} + b_2 + b_3 + \cdots + \frac{b_n}{2}\right)/(n-1)}$$

$$平均月劳动生产率 = \bar{c} = \frac{(91 + 94 + 96 + 102 + 98 + 91) \div 6}{\left(\frac{460}{2} + 470 + 480 + 480 + 490 + 480 + \frac{450}{2}\right) \div (7-1)}$$

$$= 2\ 003.5(元/人)$$

三、增长量与平均增长量

(一)增长量

增长量又称增减量,是时间数列中报告期水平与基期水平之差,是两个时期发展水平相

减的差额,用以反映社会经济现象在一定时期内发展水平增减变化的绝对值。其计算公式为:

$$增长量 = 报告期水平 - 基期水平$$

当报告期水平大于基期水平时,增长量为正值,表示现象水平的增加;当报告期水平小于基期水平时,增长量为负值,表示现象水平的下降。有些现象以正增长量为好,如产量增加;有些则以负增长量为好,如成本降低。

由于选择基期的不同,增长量分为逐期增长量和累计增长量。

逐期增长量是指报告期水平与前一期水平之差,表明本期比上一期增长的绝对数值。其计算公式为:

$$逐期增长量 = a_i - a_{i-1} \quad (i = 1, 2, \cdots, n)$$

累计增长量是指报告期水平与某一固定时期水平(通常为最初水平)之差,表明本期比某一固定时期增长的绝对数值,即说明现象在某一较长时期内总的增长量。其计算公式为:

$$累计增长量 = a_i - a_0 \quad (i = 1, 2, \cdots, n)$$

逐期增长量与累计增长量之间有一定的数量关系,即累计增长量等于相应各个时期逐期增长量之和,相邻两个时期累计增长量之差等于相应时期的逐期增长量,即:

$$a_n - a_0 = (a_n - a_{n-1}) + \cdots + (a_3 - a_2) + (a_2 - a_1) + (a_1 - a_0) = \sum a_i - a_{i-1}$$

$$a_i - a_0 - (a_{i-1} - a_0) = a_i - a_{i-1} \quad (i = 1, 2, \cdots, n)$$

在实际工作中,为了消除季节变动的影响,常用本期发展水平与上年同期发展水平相减来计算年距增长量,以反映报告期水平较上年同期水平增长的绝对数值。其计算公式为:

$$年距增长量 = 本期发展水平 - 去年同期发展水平$$

(二)平均增长量

平均增长量是逐期增长量的序时平均数,用以说明社会经济现象在一定时期内平均每期比前期增长的绝对水平。其计算公式为:

$$平均增长量 = \frac{逐期增长量之和}{逐期增长量个数} = \frac{累计增长量}{时间数列项数 - 1}$$

例6-8 根据表6.10所示的数据,计算2014—2018年某省电冰箱年平均增长量。

表6.10 某省2014—2018年电冰箱产量

年 份	2014	2015	2016	2017	2018
产量/万台	768	918	980	1 044	1 060
逐期增长量/万台		150	62	64	16
累计增长量/万台		150	212	276	292

年平均增长率:$\overline{\Delta_a} = \dfrac{292}{4} = 73(万台)$

任务三　时间数列的速度分析指标

时间数列的速度分析指标主要有发展速度、增长速度、平均发展速度和平均增长速度,其中,发展速度是基本的速度分析指标。

一、发展速度

发展速度是指反映社会经济现象发展变化情况的动态相对指标,是报告期发展水平与基期发展水平之比,主要用来说明报告期的水平是基期水平的百分之几或若干倍,计算结果一般用倍数或百分数表示。其计算公式为:

$$发展速度 = \frac{报告期水平}{基期水平}$$

若计算结果大于100%(或大于1),则表示为上升速度;若计算结果小于100%(或小于1),则表示为下降速度。

发展速度由于采用的基期不同,可以分为环比发展速度和定基发展速度。

(一)环比发展速度

环比发展速度是报告期水平与前一时期水平之比,说明现象逐期发展变化的程度。其计算公式为:

$$环比发展速度 = \frac{a_1}{a_0}, \frac{a_2}{a_1}, \cdots, \frac{a_n}{a_{n-1}}$$

(二)定基发展速度

定基发展速度是报告期水平与某一固定时期水平之比,说明现象在一个较长时间内总的发展变化程度,又叫总发展速度。其计算公式为:

$$定基发展速度 = \frac{a_1}{a_0}, \frac{a_2}{a_0}, \cdots, \frac{a_n}{a_0}$$

定基发展速度与环比发展速度之间存在着重要的数量关系。

① 定基发展速度等于环比发展速度的连乘积,即:

$$\frac{a_n}{a_0} = \frac{a_1}{a_0} \times \frac{a_2}{a_1} \times \cdots \times \frac{a_n}{a_{n-1}}$$

② 两个相邻时期的定基发展速度之比等于相应环比发展速度,即:

$$\frac{a_n}{a_0} \div \frac{a_{n-1}}{a_0} = \frac{a_n}{a_{n-1}}$$

二、增长速度

增长速度是报告期增长量与基期水平之比,用以说明现象的报告期水平比基期增长了百分之几或若干倍。其计算公式为:

$$增长速度 = \frac{增长量}{基期水平} = \frac{报告期水平 - 基期水平}{基期水平}$$

增长速度与发展速度关系密切,通过发展速度也可以求得增长速度。

$$增长速度 = 发展速度 - 1$$

从上式可以看出,当发展速度大于1时,则增长速度为正值,表示社会经济现象的增长程度;当发展速度小于1时,则增长速度为负值,表示社会经济现象的减少程度。

按照采用的基期不同,增长速度也可分为环比增长速度和定基增长速度。

(一) 环比增长速度

环比增长速度是逐期增减量与前一时期水平之比,用于描述现象逐期的增长速度。其计算公式为:

$$\frac{a_i - a_{i-1}}{a_{i-1}} = \frac{a_i}{a_{i-1}} - 1 \quad (i = 1, 2, \cdots, n)$$

环比增长速度与环比发展速度的关系用公式表示为:

$$环比增长速度 = 环比发展速度 - 1$$

(二) 定基增长速度

定基增长速度是累积增长量与某一固定时期水平之比,用于描述现象在这一时期内总的增减程度。其计算公式为:

$$\frac{a_i - a_0}{a_0} = \frac{a_i}{a_0} - 1 \quad (i = 1, 2, \cdots, n)$$

定基增长速度与定基发展速度的关系用公式表示为:

$$定基增长速度 = 定基发展速度 - 1$$

注意:环比增长速度与定基增长速度这两个指标不能直接进行相互换算,如果要进行换算,需要先将环比增长速度加1转换为环比发展速度后,再连乘得定基发展速度,然后再减1,才能求得定基增长速度。

三、平均发展速度和平均增长速度

(一) 平均发展速度

平均发展速度是时间数列中的各个环比发展速度的平均数,说明某种现象在一个较长时期内平均发展变化的程度。在实际工作中,平均发展速度的计算方法主要有两种,即几何平均法和方程法。

1. 几何平均法

几何平均法又称水平法,是根据各期的环比发展速度采用几何平均法计算平均发展速度。计算平均发展速度时,因为总速度不等于各期环比发展速度的算术总和,而等于各期环比发展速度的连乘积,所以不能应用算术平均法,而要应用几何平均法。其计算公式为:

$$\bar{x} = \sqrt[n]{\frac{a_n}{a_0}} = \sqrt[n]{X_1 X_2 \cdots X_n} = \sqrt[n]{\prod X}$$

式中,$X_1, X_2, \cdots, X_n$ ——各期环比发展速度。

例 6-9 某公司 2014—2018 年电冰箱生产发展速度如表 6.11 所示,计算该公司 2014—2018 年电冰箱生产的平均发展速度。

项目六 时间数列分析

表6.11 某公司2014—2018年电冰箱生产发展速度

年 份	2014	2015	2016	2017	2018
产量/万台	768	918	980	1 044	1 060
环比发展速度/(%)	—	119.5	106.8	106.5	101.5
定基发展速度/(%)	100	119.5	127.6	135.9	138.0

$$\bar{x} = \sqrt[4]{\frac{1\ 060}{768}} = \sqrt[4]{1.38} = 1.084 = 108.4\%$$

或：$\bar{x} = \sqrt[n]{X_1 X_2 \cdots X_n} = \sqrt[4]{1.195 \times 1.068 \times 1.065 \times 1.015} = \sqrt[4]{1.38} = 1.084 = 108.4\%$

从几何平均法计算平均发展速度的公式中可以看出，平均发展速度实际上只与序列的最初水平 a_0 和最末水平 a_n 有关，而与其他各期水平无关。这一特点表明，几何平均法旨在考察现象在最后一期所达到的发展水平。因此，现象在最后一期应达到的水平，采用几何平均法计算平均发展速度比较合适。

2. 方程法

方程法又称累计法，是以各期发展水平的总和与基期水平之比为基础来计算平均发展速度的，即从最初水平 a_0 出发，每期按平均发展速度发展，经过 n 期后，各期计算的理论发展水平之和，应等于各期实际的发展水平之和，即：

$$\bar{X} + \bar{X}^2 + \bar{X}^3 + \cdots + \bar{X}^n = \frac{\sum_{i=1}^{n} a_i}{a_0}$$

该高次方程的正根，就是所要求的平均发展速度。由于这个方程的求解比较复杂，实际工作中一般是通过查"平均增长速度查对表"求得。

（二）平均增长速度

平均增长速度是各期环比增长速度的序时平均数，用以表明现象在一段时期内逐期平均增长变化的程度。但平均增长速度不能根据环比增长速度直接计算，只能根据增长速度与发展速度之间的关系来推算。所以计算平均增长速度时，必须先计算平均发展速度，然后用平均发展速度减去1（或100%）求得。其计算公式为：

平均增长速度 = 平均发展速度 − 1

当平均发展速度大于1时，平均增长速度为正值，表示在一个较长时期内逐期平均递增的程度；当平均发展速度小于1时，平均增长速度为负值，表示在一个较长时期内逐期平均递减的程度。平均增长速度也可叫作平均递减速度或平均递减率。

例6-10 根据表6.11所示计算该公司2014—2018年电冰箱生产平均增长速度。

平均增长速度 = 平均发展速度 − 1
= 108.4% − 1 = 8.4%

增长速度反映了经济现象增长的相对速度，而增长量反映了经济现象增长的绝对数量。在对经济现象的增长情况进行统计分析时，往往将绝对数与相对数结合起来分析，即将增长1%的绝对值与速度指标结合起来进行统计分析。

增长1%的绝对值是指在报告期水平与基期水平的比较中,报告期比基期每增长1%所包含的绝对量,即逐期增长量与环比增长速度的比值。其计算公式为:

$$增长1\%绝对值 = \frac{逐期增长量}{环比增长速度 \times 100} = \frac{前期水平}{100}$$

任务四 时间数列的趋势分析

一、动态趋势分析的意义

社会经济现象的发展变化是由许多错综复杂的因素共同作用的结果:①有些属于基本因素,对事物的发展起决定性作用,影响事物在一段较长时间内呈现出一定的趋势,沿着一个方向(上升或下降)发展;②有些属于偶然的或非基本的因素,对事物的发展只起局部的非决定性作用,影响时间数列各期发展水平出现短期不规则的波动;③还有些属于季节性因素,影响时间数列以一年为周期的季节性波动。为了研究社会经济现象发展变化的趋势或规律,并以此为依据来预测未来,就需要将这些不同因素的不同作用结果从时间数列的实际数据中分离出来,即通过对时间数列进行深入的分析,研究社会经济现象发展变化的趋势及规律,并以此为依据来预测事物发展的前景,为决策层制定政策与计划,实行科学管理提供有效的咨询服务。

二、影响现象发展的因素

社会经济现象的性质多种多样,发展的时空条件千差万别,影响事物发展的具体原因不可胜数。但就共同规律而言,一般可归纳为长期趋势、季节变动、循环变动和不规则变动4个因素。

(一)长期趋势

长期趋势是时间数列变动的基本形式,是指由于各个时期普遍的、持续的、决定性的基本因素的作用,使发展水平在一个较长时期内保持沿着一个方向,逐渐向上或向下变动的趋势。保持这种趋势的时间,可长可短,短至数年,长至数十年、数百年不等。例如,由于人口出生率高于死亡率,故人口变动有上升的趋势;由于农作物种植方法不断改良,故在播种面积一定的情况下收获量将逐渐增加等。认识和掌握事物的长期趋势,可以把握事物发展变化的基本特点。

(二)季节变动

季节变动是指时间数列受季节影响而发生的变动。其特点是:随着季节的更换,按一定的时间间隔,使现象呈周期重复的变化。引起时间数列产生季节变动的原因既有自然因素,也有人为因素。例如,由于气候条件、节假日以及风俗习惯等原因,使生产、消费和众多活动发生季节性的变动。认识和掌握季节变动,对于做出近期行动决策有重要的作用。

（三）循环变动

循环变动是指时间数列中发生周期比较长的涨落起伏的变动。通常所指的循环变动是经济发展盛衰交替的变动，与春夏交替相继不息的天时季节变动有着显著的不同，也不同于朝单一方向持续发展的长期趋势。循环变动可能由于不同的原因，使得变动的周期长短不同，各期始末难定为何年何月，上下波动程度也不相同。

（四）不规则变动

时间数列除了以上各种变动以外，还有受临时的、偶然因素或不明原因引起的非周期性、非趋势性的随机变动，这就是不规则变动，如政治动荡、严重的自然灾害、战争等。不规则变动是无法预知的。

时间数列分析的任务，就是采用科学的方法，把时间数列受各类因素的影响状况分别测定出来，弄清楚对象发展变化的原因及规律，为预测未来和做出决策提供依据。

三、长期趋势的分析方法

长期趋势的测定就是运用一定的方法对时间数列进行修匀，排除季节变动、循环变动和不规则变动等多种因素的影响，使其固有的长期趋势显示出来。通过对时间数列长期趋势变动的分析，不仅可以掌握现象变动的规律性，还可以对其未来的发展趋势做出判断或预测。测定长期趋势的方法主要有时距扩大法、移动平均法和最小平方法等。

（一）时距扩大法

时距扩大法又称间隔扩大法，是将原有的时间数列中间隔较短的各个时期或时点的数值加以合并归总，得到间隔较长的各个数值，进而形成一个新的时间数列，以消除原数列中因受季节变动和各种偶然因素的影响所引起的波动，从而呈现出现象发展的长期趋势的方法。时距扩大法是长期趋势测定的最简便易行的方法。

时距扩大法把较小的时间跨度转换为较大的时间跨度。例如，由昼夜转换为星期或旬，由旬转换为月，由月转换为季或年，由一年转换为许多年等。时距扩大修匀可以用扩大时距后的绝对数表示，也可以用扩大时距后的平均数表示。前者仅适用于时期数列，后者则可以用于时期数列和时点数列。

 例 6-11 某公司 2018 年各月销售额如表 6.12 所示。

表 6.12 某公司 2018 年各月销售额（原始数据）

月 份	1	2	3	4	5	6	7	8	9	10	11	12
销售额/万元	21.2	20.6	23.2	25	24.2	26.8	25.4	27.4	28	27.5	29	30.4

从表 6.12 可以看出，该公司各月销售额有上升的趋势，但各月之间存在着交替升降的现象。如果将各月的销售额合并为按季计算，即扩大时距，则新编的时间数列如表 6.13 所示。

表 6.13　某公司 2018 年各季度销售额(修匀后数据)

季　　度	一	二	三	四
总销售额/万元	65	76	80.8	86.9
平均销售额/万元	21.7	25.3	26.9	29

重新编制的时间数列中,该公司销售额的增长趋势清晰地显现出来。

应用时距扩大法时,时距扩大到什么程度取决于现象自身的特点。如果时间数列水平波动有一定的周期性,扩大的时距应与波动的周期相吻合;如果时间数列看不出有什么周期性,则要逐步扩大时距,直到趋势的方向变得足够清晰为止。

(二)移动平均法

移动平均法是趋势变动分析的一种较简单的常用方法。该方法的基本原理是将原来的时间数列的时间间隔扩大,并按一定的间隔长度逐期移动,分别计算出一系列移动平均数,形成新的时间数列,新的时间数列对原时间数列的波动起到一定的修匀作用,削弱了原数列中短期偶然因素的影响,从而呈现出现象发展的变动趋势。该方法又可分为简单移动平均法和加权移动平均法两种。

1. 简单移动平均法

简单移动平均法是直接用简单算术平均数作为移动平均趋势值,重新编制新时间数列的一种方法。

例 6-12　某公司 2018 年各月的销售额资料如表 6.14 所示,分别计算 3 个月、5 个月的移动平均趋势值,并进行比较。

表 6.14　某公司 2018 年各月销售额　　　　　　　　　　　　万元

月　份	实际销售额	3 个月移动平均趋势值	5 个月移动平均趋势值
1	28	—	—
2	30	31	—
3	35	34	34.4
4	37	38	37.6
5	42	41	41.4
6	44	45	44.0
7	49	47	46.6
8	48	49	48.6
9	50	50	52.4
10	52	55	58.0
11	63	64	—
12	77	—	—

3 个月移动平均趋势值的第一个移动平均数 =(28 +30 +35)÷3 =31,并将其放在第 2 项对应的位置上;5 个月移动平均趋势值的第一个移动平均数 =(28 +30 +35 +37 +42)÷5 =34.4,并将其放在第 3 项对应的位置上,其余以此类推。

2. 加权移动平均法

加权移动平均法是在简单移动平均法的基础上，给近期数据以较大的权数，给远期数据以较小的权数，计算加权移动平均数，作为重新编制新的时间数列的移动平均趋势值的一种方法。

仍以表 6.14 所示中的已知数据为例，应用加权移动平均法计算 3 个月移动平均趋势值的第一个移动平均数 = $(28 \times 1 + 30 \times 2 + 35 \times 3) \div 6 = 32.17$，放在第 2 项对应的位置上，其余以此类推。

利用移动平均法测定长期趋势时，应注意以下几个问题。

① 移动间隔的长度应长短适中。不难看出，通过移动平均所得到的移动平均数数列，要比原始数据序列匀滑，并且 5 项移动平均数数列又比 3 项移动平均数数列匀滑。因此，为了更好地消除不规则波动，达到修匀的目的，可以适当增加移动的步长。移动的步长越大，所得趋势值越少，个别数值影响作用就越弱，移动平均序列所表现的趋势越明显，但移动间隔过长，有时会脱离现象发展的真实趋势；若移动间隔越短，个别数值的影响作用就越大，有时又不能完全消除序列中短期偶然因素的影响，从而看不出现象发展的变动趋势。

② 在利用移动平均法分析趋势变动时，要注意应把移动平均后的趋势值放在各移动项的中间位置。例如，3 项移动平均的趋势值应放在第 2 项对应的位置上，5 项移动平均的趋势值应放在第 3 项对应的位置上，其余以此类推。若移动间隔长度为奇数时，一次移动即得趋势值；若移动间隔长度为偶数时，需将第一次得到的移动平均值再进行一次 2 项移动平均，才能得到最后的趋势值。由于偶数项移动平均比较复杂，因此，一般常以奇数项为长度。

③ 移动平均法所取的项数的多少，应视资料的特点而定。原有时间数列若有循环周期，则移动平均的项数以循环周期的长度为准。当移动平均的时期长度等于周期长度或其整倍数时，能把周期的波动完全抹掉。例如，当数列资料为季资料时，可采用 4 项移动平均；当数列资料为月资料时，则应采用 12 项移动平均，这样可以消除季节变动的影响，较为准确地提示现象发展的长期趋势。

（三）最小平方法

最小平方法又称最小二乘法，是测定长期趋势最常用的方法。它的基本原理是：要通过对原始数列的数字处理，拟合一条比较理想的趋势直线或趋势曲线，使原数列各数据点与趋势线垂直距离的离差平方和为最小，即 $\sum (y - y_c)^2$ 为最小值，能够满足 $\sum (y - y_c)^2$ 为最小值的直线趋势方程 $y_c = a + bt$。根据数学分析中的极值原理，用偏微分法可得出趋势方程 $y_c = a + bx$ 中，a、b 两参数所需的两个标准方程，即：

$$\sum y = na + b \sum x$$
$$\sum xy = a \sum x + b \sum x^2$$

可得：

$$b = \frac{n \sum xy - \sum x \sum y}{n \sum x^2 - (\sum x)^2}$$

$$a = \frac{\sum y}{n} - b \frac{\sum x}{n} = \bar{y} - b\bar{x}$$

式中,n——时间的项数;$\bar{y}$——$\sum y/n$;$\bar{x}$——$\sum x/n$;其他符号所代表的意义不变。

例 6-13 某地区历年粮食产量资料如表 6.15 所示,用最小平方法进行长期趋势分析。

表 6.15 某地区历年粮食产量 　　万吨

年　份	粮食产量 y	t
2010	217	1
2011	230	2
2012	225	3
2013	248	4
2014	242	5
2015	253	6
2016	280	7
2017	309	8
2018	343	9

设直线方程为 $y_c = a + bt$,则:

$$b = \frac{n\sum ty - \sum t \sum y}{n\sum t^2 - (\sum t)^2}$$

$$a = \bar{y} - b\bar{t}$$

取 2010 年为 1,2011 年为 2,即为 t。

根据表 6.15 数据计算得:

$n = 9, \sum t = 45, \sum t^2 = 285, \bar{t} = 5, \sum y = 2\,347, \sum ty = 12\,591, \bar{y} = 260.78$

解得:

$$b = \frac{9 \times 12\,591 - 45 \times 2\,347}{9 \times 285 - 45 \times 45} = \frac{7\,704}{540} = 14.267$$

$a = 260.78 - 14.267 \times 5 = 189.45$

则:直线方程为 $y_c = 189.45 + 14.267t$

若要预测 2019 年的粮食产量,则 $t = 10$,计算得出:

$y_c = 189.45 + 14.267 \times 10 = 332.12$(万吨)

即:2019 年的粮食产量预测为 332.12 万吨。

为了简化计算,把原数列中间项作为原点。其具体方法是:当时间数列的项数为奇数时,可取中间一项的时间序号等于 0,中间以前的时间序号为负值,中间以后的时间序号为正值。

当时间数列的项数为偶数时,中间以前的时间序号为负值,中间以后的时间序号为正值。中间的两项分别设为 -1、1,这样间隔便为 2,各项依次设成:…, -5, -3, -1, 1, 3, 5, … 在以上两种场合 $\sum t = 0$,使标准方程简化为:

$$\sum y = na$$
$$\sum ty = b\sum t^2$$

可得:
$$a = \frac{\sum y}{n}$$
$$b = \frac{\sum ty}{\sum t^2}$$

任务五　Excel 在时间数列分析中的应用

一、利用 Excel 计算水平指标

例 6-14　根据表 6.16 中的数据,计算平均发展水平、逐期增长量、累计增长量和平均增长量。计算结果如图 6.1 所示。

表 6.16　2012—2018 年各年钢产量资料

年　份	钢产量/万吨
2012	18 155
2013	22 233
2014	27 279
2015	35 239
2016	42 266
2017	55 037
2018	59 237

计算步骤如下。

① 在 A 列输入"年份",在 B 列输入"钢产量(万吨)",其他列见图 6.1。

② 计算平均发展水平,可直接利用函数 AVERAGE 进行计算,单击任一空单元格,本例为 F7,输入"=AVERAGE(B2:B8)",即可得到平均发展水平的计算结果。

③ 计算逐期增长量。在 C3 中输入公式"=B3-B2",并用鼠标拖动将公式复制到 C3:C8 区域。

④ 计算累计增长量。在 D3 中输入公式"=B3-$B$2",并用鼠标拖动将公式复制到 D3:D8 区域。

⑤ 计算平均增长量。在 C11 中输入公式"=(B8-B2)/5",按回车键,即可得到平均增长量。

	A	B	C	D	E	F
1	年份	钢产量/万吨	逐期增长量/万吨	累计增长量/万吨		
2	2012	18155				
3	2013	22233	4078	4078		
4	2014	27279	5046	9124		
5	2015	35239	7960	17084		
6	2016	42266	7027	24111		平均发展水平
7	2017	55037	12771	36882		37063.71429
8	2018	59237	4200	41082		
9						
10			平均增长量			
11			8216.4			

图 6.1　在 Excel 中计算水平指标的有关数据

二、利用 Excel 计算速度指标

例 6-15　仍然根据表 6.16 中的数据，计算定基发展速度、环比发展速度、平均发展速度、定基增长速度和环比增长速度。计算结果如图 6.2 所示。

计算步骤如下。

① 在 A 列输入"年份"，在 B 列输入"钢产量(万吨)"，其他列见图 6.2。

② 计算定基发展速度。在 C3 中输入公式"＝B3/$B$2"，并用鼠标拖动将公式复制到 C3:C8 区域。

③ 计算环比发展速度。在 D3 中输入公式"＝B3/B2"，并用鼠标拖动将公式复制到 D3:D8 区域。

④ 计算平均发展速度(几何平均法)，可直接利用函数 GEOMEAN 进行计算，单击任一空单元格，本例为 C10，输入"＝GEOMEAN(D3:D8)"，即可得到平均发展速度。

⑤ 计算定基增长速度。在 E3 中输入公式"＝C3－1"，并用鼠标拖动将公式复制到 E3:E8 区域。

⑥ 计算环比增长速度。在 F3 中输入公式"＝D3－1"，并用鼠标拖动将公式复制到 F3:F8 区域。

	A	B	C	D	E	F
1	年份	钢产量/万吨	定基发展速度	环比发展速度	定基增长速度	环比增长速度
2	2012	18155				
3	2013	22233	1.224621316	1.224621316	0.224621316	0.224621316
4	2014	27279	1.502561278	1.226959924	0.502561278	0.226959924
5	2015	35239	1.941007987	1.291799553	0.941007987	0.291799553
6	2016	42266	2.328063894	1.199409745	1.328063894	0.199409745
7	2017	55037	3.031506472	1.302157763	2.031506472	0.302157763
8	2018	59237	3.2628477	1.076312299	2.2628477	0.076312299
9						
10	平均发展速度		1.217865891			

图 6.2　在 Excel 中计算速度指标的有关数据

三、利用 Excel 计算移动平均数列

例 6－16　根据表 6.16 中的数据,用简单移动平均法计算长期趋势。计算结果如图 6.3 所示。

F13

	A	B	C	D
1	年份	钢产量 / 万吨	三项移动平均	四项移动平均
2	2012	18155		
3	2013	22233	22555.66667	
4	2014	27279	28250.33333	25726.5
5	2015	35239	34928	31754.25
6	2016	42266	44180.66667	39955.25
7	2017	55037	52180	47944.75
8	2018	59237		

图 6.3　在 Excel 中计算移动平均数列有关数据

计算步骤如下。

① 在 A 列输入“年份”,在 B 列输入“钢产量(万吨)”其他列见图 6.3。

② 计算 3 项移动平均。在 C3 中输入公式“＝(B2＋B3＋B4)/3”,并用鼠标拖动将公式复制到 C3:C7 区域。

③ 计算 4 项移动平均。在 D4 中输入公式“＝SUM(B2:B5)/4”,并用鼠标拖动将公式复制到 D4:D7 区域。

四、利用 Excel 求趋势方程

例 6－17　根据表 6.17 中的数据,用最小平方法求直线趋势方程。计算结果如图 6.4 所示。

表 6.17　2012—2018 年各年钢产量资料

年　份	钢产量 /万吨
2012	18 155
2013	22 233
2014	27 279
2015	35 239
2016	42 266
2017	55 037
2018	59 237

计算步骤如下。

① 在 A 列输入"年份",在 C 列输入"钢产量 y(万吨)",其他列见图 6.4。

② 给时间值 t 分别赋予 1—7。

③ 计算 t^2。在 D2 中输入公式"=B2×B2",并用鼠标拖动将公式复制到 D2:D8 区域。

④ 计算 ty。在 E2 中输入公式"=B2×C2",并用鼠标拖动将公式复制到 E2:E8 区域。

⑤ 计算直线趋势方程的系数。先计算 b,在 B13 中输入公式"=(7×E9－B9×C9)÷(7×D9－B9×B9)",再计算 a,在 B12 中输入公式"=(C9－B13×B9)÷7",即求得直线趋势方程为 $y_c = 7\,943.571 + 7\,280.036t$。

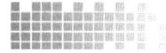

图 6.4 利用 Excel 求趋势方程的有关数据

复习思考题

一、填空题

1. 时间数列可分为_____、_____和_____3 种。

2. 根据时间数列中不同时期的发展水平计算所得到的平均数叫_____,又称_____。

3. 时间数列一般由两个要素构成:一个是现象所属的_____;另一个是反映现象的_____。

4. 计算平均发展速度的方法有_____和_____。

5. 平均增长速度和平均发展速度之间的联系是_____。

6. 动态平均数和一般平均数的共同之处是将_____抽象化,概括地反映现象的_____。

7. 增长量分为_____和_____两种。

8. 根据相对数时间数列计算序时平均数,其基本的方法就是先要计算_____序时平均数,然后再将这两个序时平均数对比。

9. 发展速度可分为_____和_____两种,并且有_____等于相应的环比发展速度的连乘积。

项目六 时间数列分析

10. 计算平均发展速度的几何平均法侧重于考察_____,而方程式法则侧重于整个时期中_____。

二、单项选择题

1. 累计增长量与其相应的各个逐期增长量的关系表现为( )。
   A. 累计增长量等于其相应的各个逐期增长量之和
   B. 累计增长量等于其相应的各个逐期增长量之积
   C. 累计增长量等于报告期水平除以基期水平
   D. 以上都不对

2. 下列等式中,不正确的是( )。
   A. 发展速度 = 增长速度 + 1
   B. 定基发展速度 = 相应各环比发展速度的连乘积
   C. 平均增长速度 = 平均发展速度 − 1
   D. 定基增长速度 = 相应各环比增长速度的连乘积

3. 已知 2015 年某县粮食产量的环比发展速度为 103.5%,2016 年为 104%,2018 年为 105%;2018 年的定基发展速度为 116.4%,则 2017 年的环比发展速度为( )。
   A. 104.5%   B. 101%   C. 103%   D. 113.0%

4. 假定某产品产量 2018 年比 2013 年增加 135%,那 2014—2018 年的平均发展速度为( )。
   A. $\sqrt[5]{135\%}$ B. $\sqrt[6]{135\%}$ C. $\sqrt[6]{35\%}$ D. $\sqrt[5]{35\%}$

5. 由日期间隔不等的连续时点数列计算平均数应按( )计算。
   A. 简单算术平均数   B. 加权算术平均数
   C. 几何平均数   D. 序时平均数

6. 根据时期数列,计算平均发展水平用( )。
   A. 首尾折半法   B. 加权算术平均法
   C. 倒数平均法   D. 简单算术平均法

7. 在时点数列中,称为间隔的是( )。
   A. 最初水平与最末水平之间的距离   C. 最初水平与最末水平之间的距离
   B. 两个相邻指标值在时间上的距离   D. 两个相邻指标数值之间的距离

8. 10 年内每年末国家黄金储备量是( )。
   A. 时期数列   B. 时点数列
   C. 既不是时期数列,也不是时点数列

9. 用最小平方法配合趋势线的数学依据是( )。
   A. $\sum(y-y_c) = 0$ B. $\sum(y-y_c)^2 = 最小值$
   C. $\sum(y-y_c) < 任意值$ D. $\sum(y-y_c)^2 = 0$

10. 若无季节变动,则各月(或各季)的季节比率为( )。
    A. 0   B. 1   C. 大于 1   D. 小于 1

三、多项选择题

1. 构成时间数列的两个基本要素是(　　　　)。
   A. 指标名称　　　　　　　　　　B. 指标数值
   C. 指标单位　　　　　　　　　　D. 现象所属的时间
   E. 现象的处理地点

2. 时间数列中,各项指标数值不能直接相加的有(　　　　)。
   A. 时期数列　　　　　　　　　　B. 连续时点数列
   C. 间断时点数列　　　　　　　　D. 相对数时间数列
   E. 平均数时间数列

3. 时期数列的特点是(　　　　)。
   A. 各项指标数值可以相加
   B. 各项指标数值大小与时期长短有直接关系
   C. 各项指标数值大小与时间长短没有直接关系
   D. 各项指标数值都是通过连续不断登记而取得的
   E. 各项指标数值都是反映现象在某一时点上的状态

4. 时间数列中的发展水平具体包括(　　　　)。
   A. 期初水平和期末水平　　　　　B. 报告期水平和基期水平
   C. 平均发展水平　　　　　　　　D. 中间水平
   E. 增长量

5. 定基发展速度和环比发展速度之间的数量关系是(　　　　)。
   A. 定基发展速度等于相应的各个环比发展速度之和
   B. 定基发展速度等于各环比发展速度之差
   C. 定基发展速度等于相应的各环比发展速度之积
   D. 两个相邻定基发展速度之商等于相应的环比发展速度
   E. 定基发展速度和环比发展速度的基期是一致的

6. 用于分析现象发展速度的指标有(　　　　)。
   A. 发展水平　　B. 平均发展水平　　C. 发展速度　　D. 平均发展速度
   E. 增长量

7. 增长 1% 的绝对值(　　　　)。
   A. 等于前期水平除以 100
   B. 等于逐期增长量除以环比发展速度
   C. 等于逐期增长量除以环比增长速度
   D. 表示增加一个百分点所增加的相对量
   E. 表示增加一个百分点所增加的绝对量

8. 长期趋势的测定方法有(　　　　)。
   A. 季节比率法　　B. 移动平均法　　C. 分段平均法　　D. 最小平方法
   E. 时距扩大法

9. 某公司连续 5 年的销售额资料如下表所示。

时　间	第一年	第二年	第三年	第四年	第五年
销售额/万元	1 000	1 100	1 300	1 350	1 400

根据上表资料计算的下列数据正确的有（　　　　）。

　　A. 第二年的环比增长速度＝定基增长速度＝10%

　　B. 第三年的累计增长量＝逐期增长量＝200（万元）

　　C. 第四年的定基发展速度为135%

　　D. 第五年增长1%绝对值为14万元

　　E. 第五年增长1%绝对值为13.5万元

10. 下列关系正确的是（　　　　）。

　　A. 环比发展速度的连乘积等于相应的定基发展速度

　　B. 定基发展速度的连乘积等于相应的环比发展速度

　　C. 环比增长速度的连乘积等于相应的定基增长速度

　　D. 环比发展速度的连乘积等于相应的定基增长速度

　　E. 平均增长速度＝平均发展速度－1

四、判断题

1. 时间数列中的各项数值就是发展水平。　　　　　　　　　　　　　　　　（　　）
2. 平均增长量等于累计增长量除以逐期增长量的个数。　　　　　　　　（　　）
3. 季节变动指的是现象受自然因素的影响而发生的一种有规律的变动。（　　）
4. 若各期的逐期增长量相等，则各期的环比增长速度是逐期下降的。　（　　）
5. 时期数列是最基本的时间数列。　　　　　　　　　　　　　　　　　　　（　　）
6. 报告期比基期翻一番，即增加一倍；翻两番，即增加两倍。　　　　　（　　）
7. 环比增长速度的连乘积等于定基增长速度。　　　　　　　　　　　　　（　　）

五、简答题

1. 简述时间数列的概念和种类。
2. 编制时间数列的原则是什么？
3. 时期数列和时点数列有什么不同？
4. 什么是发展水平、增长量、平均增长量、发展速度和增长速度？
5. 定基发展速度和环比发展速度、发展速度与增长速度的关系是什么？
6. 什么是平均发展水平？它的计算可以分成几种情况？
7. 影响时间数列的因素有哪几种？各种因素的基本概念是什么？
8. 什么叫长期趋势？研究长期趋势的主要目的是什么？
9. 最小平方法测定长期趋势的原理是什么？
10. 什么是季节变动？为什么要研究季节变动？简述计算季节比率的方法。

六、实训题

1. 某企业2018年上半年销售额各月增加额如下表所示，计算月平均增加值。

时间	1月	2月	3月	4月	5月	6月
增加值/万元	21.4	18.6	23.5	39.2	35.7	28.2

2. 某种股票2018年各统计时点的收盘价如下表所示，计算该股票2018年的年平均价格。

统计时点	1月1日	3月1日	7月1日	10月1日	12月31日
收盘价/元	15.2	14.2	17.6	16.3	15.8

3. 某小区自行车库6月1日存自行车320辆，6月6日调出70辆，6月18日进货120辆，6月26日调出80辆，直至月末自行车数量未发生变动。计算该车库6月份自行车的平均库存量。

4. 2013—2018年各年底某企业职工人数和工程技术人员数资料如下表所示，试计算工程技术人员占全部职工人数的平均比重。

年份	2013	2014	2015	2016	2017	2018
职工人数	1 000	1 020	1 085	1 120	1 218	1 425
工程技术人员	50	50	52	60	78	82

5. 某种商品8月份的库存量记录如下表所示，计算8月份平均日库存量。

日期	1—4	5—10	11—20	21—26	27—31
库存量/台	50	55	40	35	30

6. 某省2014—2018年末人口的部分年份资料如下表所示，计算年平均人口数。

年份	2014	2015	2016	2017	2018
年底总人口/千人	114 333	117 171	121 121	124 810	125 909

7. 某机械厂2018年第四季度各月产值和职工人数资料如下表所示，试计算该季度平均劳动生产率。

月份	10	11	12
产值/元	400 000	462 000	494 500
平均职工人数/人	400	420	430
月平均劳动生产率/元	1 000	1 100	1 150

8. 某地区某种产品产量资料如下表所示，计算：
（1）表中空格所缺统计指标；
（2）平均增长量；
（3）平均发展速度；
（4）平均增长速度。

项目六　时间数列分析

年　份	产量/万件	累计增长量/万件	定基发展速度/(%)	环比发展速度/(%)
2004	200			
2005		50		
2006			125	
2007				115
2008				125
2009		160		

9. 根据我国某地区 2009—2018 年国内生产总值资料如下表所示,计算逐期增长量、累计增长量、平均增长量、定基发展速度、环比发展速度、定基增长速度、环比增长速度、平均发展速度。

亿元

年　份	2009	2010	2011	2012	2013	2014	2015	2016	2017	2018
国内生产总值	18 547.9	21 617.9	26 638.1	34 634.4	46 759.4	58 478.1	67 884.6	74 462.6	78 345.2	81 910.9

10. 某地区粮食总产量如下表所示。用最小平方法拟合直线趋势方程,预测 2019 年的粮食产量。

年　份	2008	2009	2010	2011	2012	2013	2014	2015	2016	2017
产量/万吨	230	236	241	246	252	257	262	276	281	286

11. 某产品专卖店 2016—2018 年各季度销售额资料如下表所示。采用按季平均法和移动平均趋势剔除法计算季节指数。

年　份	一季度	二季度	三季度	四季度
2016	51	75	87	54
2017	65	67	82	62
2018	76	77	89	73

12. 某厂 2018 年各月生产机器台数如下表所示,分别计算 3 个月、5 个月的移动平均趋势值,并进行比较。

月　份	机器台数/台
1	41
2	42
3	52
4	43
5	45
6	51

(续表)

月 份	机器台数/台
7	53
8	40
9	51
10	49
11	56
12	54

13. 某游览点历年观光游客人数资料如下表所示,用最小平方法进行长期趋势分析,并预测 2019 年该游览点的游客人数。

年 份	游客 y/百人
2012	100
2013	112
2014	125
2015	140
2016	155
2017	168
2018	180
合计	980

14. 某市某产品连续 4 年各季度的出口额资料如下表所示。计算该市该产品出口额的季节比率,并对其季节变动情况做简要分析。

万元

季 度	一	二	三	四
第一年	16	2	4	51
第二年	28	4.3	6.7	77.5
第三年	45	7.1	14.2	105
第四年	50	5.1	16.8	114

七、案例分析

根据 2008—2018 年我国国内生产总值数据可以看出我国的国内生产总值呈现出随时间推移增加的长期趋势,说明我国的经济形势发展前景好。

项目七
统计指数

项目说明

在社会经济生活中,各种媒体都有许多关于指数的报道,如气象部门的空气污染指数,反映股票价格变化的上证指数,与我们的经济和生活关系密切的居民消费价格指数(CPI)等。指数分析法是实际中应用较广泛的一种统计分析方法。但我们有时会感到自己对物价的感受与公布的物价指数有差别,实际上这种反差是我们的心理感觉与科学的统计测量之间的差别。

究竟什么是指数?它是如何计算的?它表达怎样的含义?如何利用它来进行决策和分析?本项目将对统计指数的有关理论与方法进行阐述。

能力目标

1. 掌握综合指数的含义、特点及基本形式和编制的一般原则,并能正确地加以应用。
2. 掌握平均指数的含义、特点及基本形式和编制的一般原则,熟知其与综合指数的关系,能正确地加以应用。
3. 掌握利用统计指数体系进行因素分析的方法。

知识目标

1. 理解指数的含义、作用、基本分类与性质。
2. 掌握综合指数的含义、特点及基本形式。
3. 理解统计指数体系的意义。
4. 了解现实中一些重要经济指数的意义与编制方法。

任务导入

"中国·寿光蔬菜指数"(2018年11月25日)周价格指数分析

一、走势描述

本周寿光农产品物流园蔬菜价格定基总指数为86.42点,较上周86.79点下跌0.37个百分点,环比跌幅0.4%,同比跌幅18.6%;物流指数为73.22点,较上周71.23点上涨1.99个百分点,环比涨幅2.8%;蔬菜交易量环比增长6%,同比增长8%。其周价格定基总指数走势如下图所示。

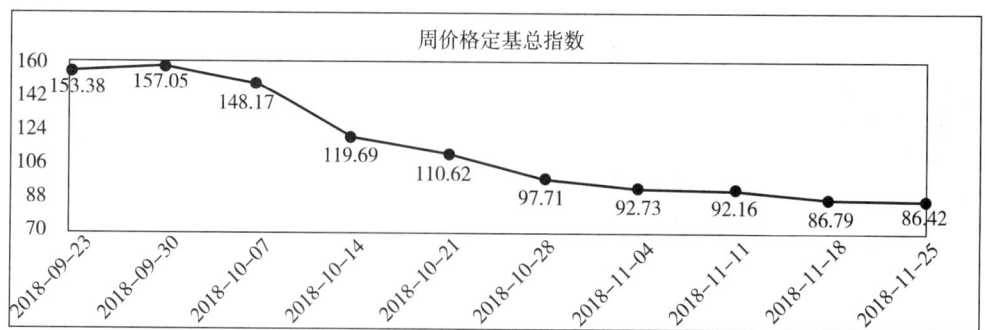

本周监测的十大蔬菜类别指数中,6类指数下跌,4类上涨,其中下跌明显的类别是白菜类、茄果类、菜豆类,环比跌幅分别是8.7%、8.2%、3.9%;上涨明显的类别是葱姜蒜类、瓜菜类,环比涨幅分别是4.8%、4.7%。

二、走势原因分析

从蔬菜价格定基总指数走势图看,本周指数稳中趋跌,主要原因有:①近期天气晴好,温度适宜,省内露天蔬菜上市量依然充足,加之南方蔬菜进场量不断增多,市场供应总量旺盛;②省内部分菜品种植面积的增加,给蔬菜价格的"回暖"带来了抑制作用,短期内价格仍保持下滑走势;③样品丰富的省内及地产蔬菜削弱了客户对南方菜的需求量,对菜价走低起到一定作用。

任务一 统计指数的概念

统计指数是随着研究社会经济现象数量关系,分析社会经济现象在不同时间、空间、条件下的数量变动情况,测定有关因素影响的方向、程度而发展起来的。它产生于18世纪后半期欧洲资本主义迅速发展时期,最早是用于测定物价的变动。此后的200多年,其含义和内容也逐渐发生了变化,指数的应用范围逐步扩大到工业生产、进出口贸易、工资、生活费用、成本、劳动生产率、股票证券等各个领域。统计指数已成为社会经济统计中历史最悠久、应用最广泛,同社会经济生活关系最密切的组成部分。

一、统计指数的概念

统计指数也称经济指数,简称指数,是一种对比性的分析指标,具有相对数的表现形式。广义地讲,任何两个数值对比形成的相对数都可以称为指数,如静态对比中的相对指标和动态对比中的时间序列指标都可以称为指数,狭义的指数是一种特殊的相对数,是说明不能直接相加和对比的多种社会经济现象综合变动程度的相对数,如反映多种商品价格综合变动的物价指数、股票价格指数等。本章将围绕狭义指数展开讨论。概括地讲,指数具有以下性质。

① 相对性。指数作为一种对比的统计指标具有相对数的形式,通常表现为百分数。

② 综合性。指数是一种特殊的相对数,是由一组变量项目综合对比形成的,反映一组变量在不同场合下的综合变动水平,所以它是一种综合性的指数。例如,由若干种商品和服务构成的一组消费项目,通过综合后计算价格指数,以反映消费价格的综合变动水平,而不是某一种商品价格的变动。

③ 平均性。指数是总体水平的一个代表性数值。由于每个个体的变动是参差不齐的,因此,狭义指数所反映的总体的变动只能是一种平均意义上的变动,即表示每个个体变动的一般程度。

二、统计指数的作用

(一) 综合反映事物的变动方向和变动程度

这是指数的主要作用。指数的计算结果一般都用百分比表示,这个百分比如果大于100%,说明现象的数量报告期比基期增加;小于100%,则说明现象的数量报告期比基期减少。例如,商品零售物价指数为125%,则说明多种商品零售物价总的变动情况,具体到某种商品价格可能有涨有落,但从总体上看零售物价仍然上涨了25%。此外,还可以利用综合指数或综合指数变形形式从它的分子与分母指标的比较中,分析由于指数的变动而产生的实际效果。

(二) 分析多因素影响现象的总变动中,各个因素的影响大小和影响程度

在许多情况下,现象的总量指标是若干因素的乘积,例如:

$$商品销售额 = 商品销售量 \times 单位商品价格$$
$$产品总成本 = 产品产量 \times 单位产品成本$$
$$生产费用总额 = 产量 \times 单位产品的消费量 \times 单位价格$$

社会经济现象的数量变动,是很多因素共同影响的结果。例如,商品销售额的变动取决于销售量和价格的变动,工业产品产量的变动取决于工人人数和工人劳动生产率的变动,农作物收获量的变动取决于播种面积和单位面积产量的变动等。统计指数是利用各因素之间的联系编制的,各个因素指数又相互构成指数体系。因此,可以利用指数体系来分析现象总变动中各个因素变动的影响。

(三) 研究事物在长时间内的变动趋势

运用编制的动态指数所形成的连续指数数列,可以反映事物的发展变化趋势。这种方法特别适合于对比、分析有联系而性质又不同的时间数列之间的变动关系,因为用指数的变动进行比较,可以解决不同性质数列之间不能对比的困难。

三、统计指数的种类

(一) 按照说明现象范围的不同,统计指数分为个体指数和总指数

个体指数是说明单项事物动态比较的指标,也叫单项指数。例如,说明一种商品价格动态的个体价格指数,说明一种产品产量动态的个体产量指数,以及个体销售量指数、个体成

本指数等,通常记为 K。个体指数又分为数量指标指数和质量指标指数,其计算公式为:

$$个体指数 \begin{cases} 数量指标指数 & K_q = \dfrac{q_1}{q_0} \\ 质量指标指数 & K_p = \dfrac{p_1}{p_0} \end{cases}$$

式中,q_1——报告期某种商品销售量;q_0——基期某种商品销售量;p_1——报告期某种商品价格;p_0——基期某种商品价格。

总指数是说明多种事物综合动态比较指标。例如,说明多种商品价格综合变动的批发价格指数、零售价格总指数,说明多种产品产量综合变动的工业产品产量总指数,以及商品销售量总指数、成本总指数等,通常记为 $\overline{K}$。

(二)按照内容的不同,统计指数分为数量指数和质量指数

数量指数是反映物量变动水平的,如产量指数、商品销售量指数等;质量指数是反映事物内涵数量的变动水平的,如价格指数、产品成本指数等。

(三)按照表现形式的不同,统计指数分为综合指数、平均指数和平均指标对比指数

综合指数是通过两个有联系的综合总量指标的对比计算的总指数;平均指数是对个体指数用加权平均法计算出来的指数,分为算术平均数指数和调和平均数指数;平均指标对比指数是通过两个有联系的加权算术平均指标对比计算出来的指数。

(四)按计算形式的不同,统计指数分为可分为简单指数和加权指数

简单指数又称不加权指数,它把计入指数的各个项目的重要性视为相同;加权指数则对计入指数的项目依据重要程度赋予不同的权数,然后再进行计算。目前应用的主要是加权指数。

(五)按所反映时间状况的不同,统计指数分为动态指数和静态指数

动态指数又称为时间指数,是将不同时间上的同类现象水平进行比较的结果,反映现象在时间上的变化过程和程度,如物价指数、股票价格指数、工业生产指数等。静态指数包括空间指数和计划完成情况指数两种,空间指数是将不同空间的同类现象水平进行比较的结果,反映现象在空间上的差异程度;计划完成情况指数则是将某种现象的实际水平与计划任务对比的结果,反映计划的执行情况或完成与未完成的程度。

任务二 综合指数

总指数主要是解决复杂现象总体数量对比关系的指数。根据具体编制方法不同,可以分为综合指数和平均指数两种。综合指数采用先综合后对比的方式编制,平均指数采用先对比后平均的方式编制。不同方式编制总指数不仅方法不同,而且解决的问题与依据的基本原理也存在差异。

一、综合指数的概念

复杂经济现象的总量变动可以分解为两个或两个以上因素的变动,将其中一个或一个

以上的因素指标固定下来,只观察另一个因素指标的变动程度,这样的总量指标对比形成的总指数就叫综合指数。综合指数的编制方法是先综合后对比,即先解决不能相加的问题,然后再进行对比。

二、综合指数的编制原理

某企业基期和报告期商品销售量和销售价格资料如表 7.1 所示。

表 7.1　商品销售量和销售价格资料

商品名称	计量单位	销售量		价格/元	
		基期 q_0	报告期 q_1	基期 p_0	报告期 p_1
甲	件	85	60	750	800
乙	千克	8.081	10.714	2 500	2 650
丙	米	1.64	1.96	1 000	920

假如计算:
① 各种商品的价格指数和销售量指数;
② 全部商品的价格指数和销售量指数。

问题①要求分别计算 3 种商品的价格指数和销售量指数,即求 3 种商品的价格个体指数和销售量个体指数。价格个体指数是质量指标个体指数,销售量个体指数是数量指标个体指数。其计算公式分别为:

$$K_p = \frac{p_1}{p_0}$$

式中,K_p——质量指标个体指数;p_1——报告期质量指标;p_0——基期质量指标。

$$K_q = \frac{q_1}{q_0}$$

式中,K_q——数量指标个体指数;q_1——报告期数量指标;q_0——基期数量指标。

将表 7.1 中的相关数据代入以上公式计算出甲、乙、丙 3 种商品的价格指数分别为 106.67%、106%、92%,销售量指数分别为 70.59%、132.58%、119.51%。

问题②要综合考察 3 种商品的价格和销售量变动,可以尝试以下方法。

全部商品的价格指数 = 106.67% + 106% + 92%,全部商品的销售量指数 = 70.59% + 132.58% + 119.51%。结论显然是错误的,因为 3 种商品的计量单位不同,3 种商品的价格表面上看起来相同,都是"元",但实际上不一样,甲商品是"元/件",乙商品是"元/千克",丙商品是"元/米",销售量不能直接相加。价格即使单位一致,但价格简单地相加无实际经济意义。

当要综合反映多种事物的动态变化时,往往面临多个事物不能直接汇总的情况,比如上面提到的不同计量单位商品的销售量就不能简单相加。为了综合反映多种商品销售量的变动情况,把价格因素固定下来(固定在基期或报告期),用固定价格去分别乘以报告期、基期相对应的销售量得出销售额,销售额可以相加,报告期的总销售额比基期的总销售额就可以反映多种商品销售量的综合变动了。同样的道理,为了反映多种商品价格的综合变动,把销售量相对固定不变(固定在基期或报告期),用固定销售量去分别乘以报告期、基期相对应的价格得出销售额,销售额可以相加,报告期的总销售额比基期的总销售额就可以反映多种商品价格的综合变动了。

以上就是综合指数编制的基本原理,即先综合后对比。先解决总体中的每个个体由于使用价值、计量单位等的不同而不能直接相加对比的问题,以价格不变去度量销售量的变化,即 $\overline{K_q} = \dfrac{\sum q_1 p}{\sum q_0 p}$,以销售量不变去度量价格的变化,即 $\overline{K_p} = \dfrac{\sum p_1 q}{\sum p_0 q}$。这个不变的价格和不变的销售量是引入的一个媒介因素,称为同度量因素,也可称为媒介因素。同度量因素使不能直接相加对比的现象变成能够直接相加对比的现象。把综合指数所要测定的因素称为指数化指标,如果商品销售量是所要测定的因素,那么,它就是指数化指标了。

综上所述,综合指数的编制步骤如下:首先,根据所研究现象的特点和现象之间的联系引入同度量因素,使其可以计算出复杂总体的综合总量;其次,将同度量因素固定,以消除同度量因素变动的影响;最后,将两个时期的总量指标进行对比,即可得到综合指数。

同度量因素是固定在基期还是报告期呢?用不同时期的同度量因素计算,会得到不同的综合指数编制方法。所以要从实际出发,根据编制指数和统计研究的目的来确定同度量因素所属的时期。

三、综合指数的分类及具体编制

综合指数有两种,即数量指标指数和质量指标指数,在计算公式的形成上,其基本道理是一样的。

1864年,德国经济学家埃蒂恩·拉斯贝尔(Etienne Laspeyres)认为,无论是编制商品销售量综合指数(数量指标综合指数),还是编制商品价格综合指数(质量指标综合指数)时,都应当将同度量因素固定在基期。

但到了1874年,德国另一位经济学家哈曼·帕舍(Herman Paasche)则认为,无论是编制商品销售量综合指数(数量指标综合指数),还是编制商品价格综合指数(质量指标综合指数)时,都应当将同度量因素固定在报告期。

拉斯贝尔(固定在基期):

销售量(数量指标)综合指数　　$\overline{K_q} = \dfrac{\sum q_1 p_0}{\sum q_0 p_0}$

价格(质量指标)综合指数　　$\overline{K_p} = \dfrac{\sum p_1 q_0}{\sum p_0 q_0}$

帕舍(固定在报告期):

销售量(数量指标)综合指数　　$\overline{K_q} = \dfrac{\sum q_1 p_1}{\sum q_0 p_1}$

价格(质量指标)综合指数　　$\overline{K_p} = \dfrac{\sum p_1 q_1}{\sum p_0 q_1}$

项目七 统计指数

(一) 数量指标综合指数

数量指标综合指数是综合反映复杂现象总体总量指标变动或差异程度的总指数,如工业产品产量指数、商品销售量指数、职工人数指数等。

 例 7-1 以销售量指数的编制为例说明其编制方法,资料如表7.2所示。

表7.2 综合指数计算

商品名称	计量单位	销售量		单价/元		销售额/元			
		基期 q_0	报告期 q_1	基期 p_0	报告期 p_1	$q_0 p_0$	$q_1 p_1$	$q_1 p_0$	$q_0 p_1$
甲	件	12	10	20	25	240	250	200	300
乙	支	10	12	4	5	40	60	48	50
丙	台	6	10	29	30	174	300	290	180
合计	—	—	—	—	—	454	610	538	530

① 把同度量因素 P 固定在基期(拉氏指数)。

$$\overline{K_q} = \frac{\sum q_1 p_0}{\sum q_0 p_0} = \frac{10 \times 20 + 12 \times 4 + 10 \times 29}{12 \times 20 + 10 \times 4 + 6 \times 29} = \frac{538}{454} = 118.50\%$$

$$\sum q_1 p_0 - \sum q_0 p_0 = 538 - 454 = 84(万元)$$

计算结果表明:3 种商品的销售量平均增加了 18.50%,由于销售量增加而使销售总额增加的绝对额为 84 万元。

② 把同度量因素 P 固定在报告期(帕氏指数)。

$$\overline{K_q} = \frac{\sum q_1 p_1}{\sum q_0 p_1} = \frac{610}{530} = 115.09\%$$

$$\sum q_1 p_1 - \sum q_0 p_1 = 610 - 530 = 80(万元)$$

计算结果表明:3 种商品的销售量平均增加了 15.09%,由于销售量增加而使销售总额增加的绝对额为 80 万元。

(二) 质量指标综合指数

质量指标综合指数是综合反映复杂经济现象性质变动或差异程度的总指数,如价格指数、单位产品成本指数、劳动生产率指数等。

 例 7-2 以价格指数的编制为例说明其编制方法,资料见表7.1。

① 把同度量因素 q 固定在基期(拉氏指数)。

$$\overline{K_p} = \frac{\sum p_1 q_0}{\sum p_0 q_0} = \frac{530}{454} = 116.24\%$$

$$\sum p_1 q_0 - \sum p_0 q_0 = 530 - 454 = 76(万元)$$

计算结果表明:3 种商品的价格平均增加了 16.24%,由于价格增加而使销售总额增加的绝对额为 76 万元。

② 把同度量因素 q 固定在报告期(帕氏指数)。

$$\overline{K_p} = \frac{\sum p_1 q_1}{\sum p_0 q_1} = \frac{610}{538} = 113.38\%$$

$$\sum p_1 q_1 - \sum p_0 q_1 = 610 - 538 = 72(万元)$$

计算结果表明:3 种商品的价格平均增加了 13.38%,由于价格增加而使销售总额增加的绝对额为 72 万元。

从例 7-1、例 7-2 中可以看到,同一个资料,帕氏指数与拉氏指数的结果是不同的。从包含的因素看,帕氏价格指数用报告期的销售量 q_1 作为同度量因素,以基期作为比较标准,销售量从 q_0 变到 q_1。所以,帕氏价格指数在反映零售商品价格变动的同时,也包含有销售量变动的因素在内,这意味着帕氏指数并没有完全排除同度量因素的干扰。用计算公式表示为:

$$\sum p_1 q_1 = \sum p_1 (q_1 - q_0 + q_0)$$

$$\sum p_0 q_1 = \sum p_0 (q_1 - q_0 + q_0) = \sum p_0 (q_1 - q_0) + \sum p_0 q_0$$

因此,公式 $\overline{K_p} = \frac{\sum p_1 q_1}{\sum p_0 q_1}$ 中包含有 $(q_1 - q_0)$ 的影响。从绝对数来看,其计算公式为:

$$\sum p_1 q_1 - \sum p_0 q_1 = \sum p_1 q_0 - \sum p_0 q_0 + \sum (p_1 - p_0)(q_1 - q_0)$$

式中,$\sum (p_1 - p_0)(q_1 - q_0)$ —— 价格与销售量的共变影响额。

是否由于共变影响因素的存在就完全否认帕氏指数而全部选择拉氏指数呢?这还应该从指数应用的现实经济意义去分析。计算价格指数的目的是测定商品价格的波动情况,以说明市场物价变动对人民生活的影响程度。如果用拉氏指数公式即同度量因素固定在基期,其分子与分母之差额说明由于物价的变动,居民按过去的购买量及其结构购买商品,支出的金额的多少,这显然没有什么现实意义的。从实际生活角度看,人们更关心在报告期销售量条件下,由于价格变动对实际生活的影响。如果用帕氏指数公式即同度量因素固定在报告期,可以同时反映出价格和消费结构的变化,具有比较明确的经济意义。公式的分子与分母之差额,说明由于物价的变动,居民按目前的购买量及其结构购买商品,支出的金额的多少。可见,用帕氏指数公式计算价格指数,比较符合价格指数的计算目的。销售量指数的计算目的在于反映销售量的变动,把价格固定在基期水平上意味着在原来价格水平的基础上测定销售量的综合变动是比较恰当的。因此,在编制销售量指数或产品产量综合指数时,应选择相应的质量指标——价格,作为同度量因素,并将其固定在基期水平上,说明假定价格不变的情况下,报告期总销售量或总产量的变动情况,即编制数量指标综合指数的一般原则。在非特别目的情况下,一般选择拉氏指数公式。

综上所述,可以得出如下结论:在编制销售量(数量指标)综合指数时,同度量因素固定在基期,采用拉氏指数公式;在编制销售价格(质量指标)综合指数时,同度量因素固定在报告期,采用帕氏指数公式,即:

销售量（数量指标）综合指数 $\overline{K_q} = \dfrac{\sum q_1 p_0}{\sum q_0 p_0}$

价格（质量指标）综合指数 $\overline{K_p} = \dfrac{\sum p_1 q_1}{\sum p_0 q_1}$

任务三　平均指数

用综合指数法计算总指数有局限性，即需要关于研究对象的全面资料信息。以销售量指数为例，要事先知道各种商品基期和报告期的销售量以及各种商品基期的价格，要搜集齐全这些资料在实际中不可行，而且指数的及时性也差。因此产生了另一种编制总指数的方法——平均指数。平均指数是利用非全面资料计算总指数的一种有效方法。

一、平均指数的概念

总指数是反映由多个要素构成的复杂经济现象综合变动的相对数。总指数所反映的综合变动并不是多个个体变动程度的总和而是其一般水平，即反映的是多个个体的平均变动程度。从这一思路出发，可以以个体指数为基础，通过对个体指数进行平均得到总指数，由于各个个体的重要性不同，进行平均计算时，只能采用加权平均法。这就是平均指数的概念。

在平均指数的具体编制过程中，还要考虑两个基本问题：一个是权数的选择，另一个是对个体指数进行平均时各种不同的平均数形式的选择。根据平均指数权数和形式的选择可以形成不同方案，首先，按采用平均方法的不同，分为加权算术平均指数、加权调和平均指数和固定权数平均指数；再根据不同的权数，分为基期价值总量 $p_0 q_0$ 权数、报告期价值总量 $p_1 q_1$ 权数和固定权数 W 三种。

二、平均指数的编制

（一）加权算术平均指数

根据数量指标综合指数公式—— $\overline{K_q} = \dfrac{\sum q_1 p_0}{\sum q_0 p_0}$ 做如下推导。

由 $K_q = \dfrac{q_1}{q_0}$，得：$q_1 = K_q q_0$，将 $q_1 = K_q q_0$ 代入上式得：

$$\overline{K_q} = \dfrac{\sum q_1 p_0}{\sum q_0 p_0} = \dfrac{\sum K_q q_0 p_0}{\sum q_0 p_0}$$

可见该公式是以个体指数 K_q 为变量，以基期价值总量 $p_0 q_0$ 为权数计算的加权算术平均指数，也就是数量指标综合指数的变形。

 例 7-3　某企业生产 3 种产品的有关资料如表 7.3 所示，试计算这 3 种产品产量的总指数。

表7.3 某企业生产3种产品的有关数据

商品名称	计量单位	总成本/万元 基期 $p_0 q_0$	总成本/万元 报告期 $p_1 q_1$	价格个体指数 p_1/p_0	产量个体指数 q_1/q_0
甲	件	200	220	1.14	1.03
乙	台	50	50	1.05	0.98
丙	箱	120	150	1.20	1.10

$$\overline{K_q} = \frac{\sum K_q q_0 p_0}{\sum q_0 p_0} = \frac{1.03 \times 200 + 0.98 \times 50 + 1.10 \times 120}{200 + 50 + 120} = 104.6\%$$

甲产品产量上升了3%,乙产品产量下降了2%,丙产品产量上升了10%,平均上升了4.6%。

（二）加权调和平均指数

根据质量指标综合指数公式—— $\overline{K_p} = \dfrac{\sum p_1 q_1}{\sum p_0 q_1}$ 做如下推导。

由 $K_p = \dfrac{p_1}{p_0}$,得: $p_0 = \dfrac{p_1}{K_p}$,将 $p_0 = \dfrac{p_1}{K_p}$ 代入上式得:

$$\overline{K_p} = \frac{\sum p_1 q_1}{\sum p_0 q_1} = \frac{\sum p_1 q_1}{\sum \dfrac{1}{K_p} p_1 q_1}$$

可见该公式是以个体指数 K_p 为变量,以报告期价值总量 $p_1 q_1$ 为权数计算的加权调和平均指数,也是质量指标综合指数的变形。

例7-4 资料如表7.3所示,试计算3种产品价格的总指数。

$$\overline{K_p} = \frac{\sum p_1 q_1}{\sum \dfrac{1}{K_p} p_1 q_1} = \frac{220 + 50 + 150}{\dfrac{200}{1.14} + \dfrac{50}{1.05} + \dfrac{150}{1.20}} = 114.88\%$$

甲产品价格上升了14%,乙产品价格上升了5%,丙产品价格上升了20%,平均上升了14.88%。

（三）固定权数平均指数

在统计实践工作中,常把平均指数的权数加以固定,以正常年份的物量构成或价格水平作为编制价格指数或产量（销售量）指数的权数,并且使用一段时间保持不变,这种权数叫作固定权数。作为固定权数的平均指数有两种形式,计算公式如下:

$$\overline{K_p} = \frac{\sum K_p W}{\sum W}$$

项目七 统计指数

$$\overline{K}_p = \frac{\sum W}{\sum \frac{1}{K_p} W}$$

固定权数平均指数在国内外的指数实践中得到了广泛应用,如生活中常见的零售物价指数、居民消费价格指数、工业生产指数等,都属于这种形式的指数。它往往采用经济发展比较稳定的某一时期的价值总量结构作为固定的权数,一经确定便沿用 5～10 年不变,这就大大减少了工作量。同时,在不同时期内采用同样的权数,可比性强,有利于从时间上纵向分析经济现象的发展。

现以表 7.4 所示的资料,说明价格总指数的编制和计算过程。

表7.4 零售价格总指数计算

商品类别及名称	代表规格品	计量单位	平均价格/元		权数 W /(%)	指数 K /(%)	KW
			P_0	P_1			
总指数					100	115.1	1.151 44
一、食品类					51	117.5	0.599 25
1. 粮食					35	105.3	0.368 55
细粮					65	105.6	0.686 40
面粉	标准粉	kg	2.40	2.52	40	105.0	0.420 00
大米	二等粳米	kg	3.50	3.71	60	106.0	0.636 00
粗粮					35	104.8	0.366 80
2. 副食品					45	125.4	0.564 30
3. 烟酒茶					11	126.0	0.138 60
4. 其他食品					9	114.8	0.103 32
二、衣着类					20	115.2	0.230 40
三、日用品类					11	109.5	0.120 45
四、文化娱乐用					5	110.4	0.055 20
五、书报杂志类					2	108.6	0.021 72
六、药及医疗用品类					6	116.4	0.069 84
七、建筑装潢材料类					2	114.5	0.022 90
八、燃料类					3	105.6	0.031 68

① 计算出各代表规格品的价格指数,如面粉价格指数为:

$$K = \frac{P_1}{P_0} = \frac{2.52}{2.40} = 105.0\%$$

② 根据各代表规格品的价格指数及给出的相应权数,加权算术平均计算小类指数,如细粮类价格指数为:

$$\overline{K}_p = \frac{\sum KW}{\sum W} = \frac{105.0\% \times 40 + 106.0\% \times 60}{100} = 105.6\%$$

③ 根据各小类指数及相应的权数,加权算术平均计算中类指数,如粮食类价格指数为:

$$\overline{K_p} = \frac{\sum KW}{\sum W} = \frac{105.6\% \times 65 + 104.8\% \times 35}{100} = 105.3\%$$

4）根据各中类指数及相应的权数，加权算术平均计算大类指数，如食品类价格指数为：

$$\overline{K_p} = \frac{\sum KW}{\sum W} = \frac{105.3\% \times 35 + 125\% \times 45 + 126.0\% \times 11 + 114.8\% \times 9}{100} = 117.5\%$$

5）根据各大类指数及相应的权数，加权算术平均计算总指数，即：

$$\overline{K_p} = \frac{\sum KW}{\sum W} = \frac{\begin{array}{c}117.5\% \times 51 + 115.2\% \times 20 + 109.5\% \times 11 + 110.4\% \times 5 \\ + 108.6\% \times 2 + 116.4\% \times 6 + 114.5\% \times 2 + 105.6\% \times 3\end{array}}{100} = 115.1\%$$

三、平均指数与综合指数的关系

平均指数和综合指数是计算总指数的两种形式，它们之间既有区别，又有联系。从区别看，一是在解决复杂总体不能直接同度量问题上思路不同。综合指数是通过引进同度量因素，先计算出总体的总量，然后进行对比，即先综合，后对比；而平均指数是在个体指数的基础上计算总指数，即先对比，后综合。二是在运用资料的条件上不同。综合指数需要研究总体的全面资料，起综合作用的同度量因素的资料要求比较严格，一般应采用与指数化指标有明确经济联系的指标，且应有一一对应的全面的实际资料，如计算产品实物量综合指数，就必须掌握各产品的实际价格资料；平均指数则既适用于全面的资料，也适用于非全面的资料。三是在经济分析中的具体作用上不同。综合指数的资料是总体的有明确经济内容的总量指标，因此，综合指数除可表明复杂总体的变动方向和程度外，还可从指数化指标变动的绝对效果上进行因素分析；平均指数除作为综合指数变形加以应用的情况外，一般只能表明复杂总体的变动方向和程度，而不能用于对现象进行因素分析。

平均指数和综合指数的联系主要表现为在一定的权数条件下，两类指数间有变形关系。由于这种变形关系的存在，当掌握的资料不能直接用综合指数形式计算时，则可以用平均指数形式计算，这种条件下的平均指数与其相应的综合指数具有完全相同的经济意义和计算结果。

任务四　指数体系和因素分析

总指数可以反映复杂经济现象在某一方面的综合变动，而社会经济现象之间又是相互联系的，一个复杂的经济现象总是受到多个因素的共同影响。为了反映复杂的经济现象在各个方面的总变动，只编制单个指数是不够的，实践中往往需要将多个指数结合起来加以运用，这就要求建立相应的指数体系。

项目七 统计指数

一、指数体系的概念和作用

(一) 指数体系的概念

指数体系可以有两种不同的含义。广义的指数体系类似于指标体系的概念,泛指由若干个内容上互相关联的统计指数所形成的体系。根据考察问题的需要,构成这种体系的指数可多可少。例如,工业品批发价格(出厂价格)指数、农产品收购价格指数、消费品零售价格指数等构成了市场物价指数体系;而国民经济运行的生产、流通和使用各个环节以及国民经济各部门的多种经济指数则构成了国民经济核算指数体系,其中,除了上面列举的有关价格指数之外,还包括诸如国内总产出价格指数和物量指数、国内生产总值(GDP)价格指数和物量指数、投资价格指数和物量指数,以及资产负债存量价格指数等,其内容构成十分复杂。

狭义的指数体系仅指几个指数之间在一定的经济联系基础之上所形成的较为严密的数量关系式。其最为典型的表现形式是:一个总值指数等于若干个(两个或两个以上)因素指数的乘积。下面专门讨论这种形式的指数体系。例如:

$$销售额指数=销售量指数\times 销售价格指数$$
$$总成本指数=产量指数\times 单位产品成本指数$$
$$总产量(或总产值)指数=员工人数指数\times 劳动生产率指数$$
$$增加值指数=员工人数指数\times 劳动生产率指数\times 增加值率指数$$
$$销售利润指数=销售量指数\times 销售价格指数\times 销售利润率指数$$

像这种3个或3个以上有联系的经济指标之间若能构成一定的数量对等关系,就可以把这种经济上有联系,在数量上保持一定关系的3个或3个以上的指数称为指数体系。这种数量上的对应关系,不仅表现在相对数之间,也表现在绝对数之间。例如,编制如下指数体系,即:

$$商品销售额指数=商品销售量指数\times 商品销售价格指数$$

$$\frac{\sum p_1 q_1}{\sum p_0 q_0}=\frac{\sum p_0 q_1}{\sum p_0 q_0}\times \frac{\sum p_1 q_1}{\sum p_0 q_1}$$

这种数量上的对应关系,不仅表现在相对数之间,也表现在绝对数之间,即:

$$销售额的总变动量=销售量变动引起的增减额+价格变动引起的增减额$$

$$\sum p_1 q_1 - \sum p_0 q_0 = \left(\sum p_0 q_1 - \sum p_0 q_0\right) + \left(\sum p_1 q_1 - \sum p_0 q_1\right)$$

指数体系的分析作用主要有两个方面:一是进行因素分析,即分析现象的总变动中各有关因素的影响程度;二是进行指数推算,即根据已知的指数来推算未知的指数。

社会经济现象是复杂的,在现实生活中,有些现象总体是受两个或两个以上的因素影响,这3个或3个以上的因素在经济意义和数量上都存在着广泛的联系。例如:

$$商品销售额=商品销售量\times 商品销售价格$$
$$产品总成本=产品产量\times 产品单位成本$$

如果将这些数量关系的报告期水平除以基期水平,即将这些静态联系推广到动态上,则有如下指数体系:

$$商品销售额指数=商品销售量指数\times 商品销售价格指数$$

产品总成本指数=产品产量指数×产品单位成本指数

销售利润指数=销售量指数×销售价格指数×销售利润率指数

（二）指标体系的作用

指数体系是因素分析的基础和依据。所谓因素分析是利用指数体系对多因素现象进行动态对比分析，从相对数和绝对数方面来测定各个因素在总变动中的影响程度。这种分析可以深刻揭露复杂经济现象背后的本质，有助于更好地掌握现象的规律和特征，以便做出正确的决策。利用指数体系进行因素分析，主要分析如下两方面的问题。①分析现象总量指标的变动受各种因素变动的影响程度，可根据因素的个数分为总量指标变动的两因素分析和多因素分析。例如，编制多种产品的销售量指数和价格指数，分析销售量和价格的变动对销售总额变动的影响。②利用指数体系进行指数间的相互推算，主要指借助指数体系中各指数间的数量对等关系，由一些已知指数可推算出未知指数。例如，我国商品销售量总指数往往就是根据商品销售额总指数和价格总指数进行推算的，即：商品的销售量指数=销售额指数÷价格指数。

二、总量指标变动的两因素分析

（一）总量指标变动的两因素分析内容

总量指标变动的两因素分析就是将总量指标分解为数量指标和质量指标两个因素，通过建立指标体系，将分别从相对数方面测定各影响因素的变动程度，从绝对数方面测定各影响因素所引起的总量指标变动额。

（二）分析步骤

下面结合例子说明两因素分析的计算过程和实际分析意义。

例 7-5 现以表 7.5 的资料为例，说明总量指标变动的两因素分析方法。

表 7.5　商品销售量和商品价格资料

商品名称	计量单位	销售量		价格/元		销售额/元			
		基期 q_0	报告期 q_1	基期 p_0	报告期 p_1	$p_0 q_0$	$p_1 q_1$	$p_0 q_1$	$p_1 q_0$
甲	支	400	600	0.25	0.2	100	120	150	80
乙	件	500	600	0.4	0.36	200	216	240	180
丙	个	200	180	0.5	0.6	100	108	90	120
合计	—	—	—	—	—	400	444	480	380

① 计算出销售额的总变动，即：

销售额总指数 $= \overline{K}_{pq} = \dfrac{\sum q_1 p_1}{\sum q_0 p_0} = \dfrac{444}{400} = 111\%$

销售额增加数 $= \sum q_1 p_1 - \sum q_0 p_0 = 444 - 400 = 44$（元）

它说明报告期3种商品的总销售额比基期增长了11%,增加的金额为44元。

② 分析销售额总变动的具体原因。通过销售额指数体系,把销售额的变动归结为销售量和商品价格两个因素变动共同作用的结果。分析销售额总变动的具体原因,就是利用指数体系分离出销售量的变动和价格的变动对销售额变动的影响方向、程度和实际效果。其分析过程如下。

1) 销售量变动影响,即:

销售量指数 = $\overline{K_q} = \dfrac{\sum q_1 p_0}{\sum q_0 p_0} = \dfrac{480}{400} = 120\%$

对销售额的影响 = $\sum q_1 p_0 - \sum q_0 p_0 = 480 - 400 = 80$(元)

它说明了由于报告期商品销售量的变动而使商品销售额增长20%,由此引起的商品销售额增加的金额为80元。

2) 物价变动的影响,即:

价格指数 = $\overline{K_p} = \dfrac{\sum q_1 p_1}{\sum q_1 p_0} = \dfrac{444}{480} = 92.5\%$

对销售额的影响 = $\sum q_1 p_1 - \sum q_1 p_0 = 444 - 480 = -36$(元)

它说明了由于物价的变动使报告期3种商品的总销售额比基期下降了7.5%,由此引起的商品销售额减少的绝对额为36元。

上述分析使用的指数体系,代入数据可表示为:111% = 120% × 92.5%。

其因素影响的绝对值之间的关系为:44 = 80 + (-36)。

通过上述分析可以看出,该商店3种商品的销售额报告期比基期增长11%,是由于销售量增长20%与价格下降7.5%共同引起的。商品销售额增加44元,是由于销售量变动使其增加80元和价格变动使其减少36元共同影响的。在例7-5中的销售量和价格两因素中,前者对销售额是正影响,后者是负影响。

三、总量指标变动的多因素分析

(一)总量指标变动的多因素分析内容

总量指标变动的多因素分析就是将反映复杂经济现象的总量指标分解为3个或3个以上的影响因素,分别测定各影响因素对该现象的影响程度和影响的绝对额。

多因素分析的原理和方法与两因素分析是一致的,首先要依据综合指数编制的一般原则建立相应的指数体系,但由于影响因素涉及3个或3个以上,具体编制过程又区别于两因素变动分析,因此有几个问题需要注意。

① 确定数量指标与质量指标。由于影响因素个数至少有3个,指标性质的区分是两两相对而言的,所以要相对地判别数量指标和质量指标。

② 确定多个因素的排列顺序。应以各因素间的经济联系为客观依据,使两两因素相乘有经济意义,各相邻因素合并后成为更高层意义上的影响因素,一般遵循数量指标在前,质量指标在后的规律。中间指标与左右指标结合形成有经济意义的各类指标后,仍然是数量

指标在前,质量指标在后的形式。

③ 运用连锁替代法逐步分析各因素的影响方向和程度。在多因素分析中,涉及因素一般都在两个以上,当测定其中某个因素的影响时,要使其余所有的因素都固定起来,也就是说,计算各影响因素指数时,作为同度量因素的指标不是一个,而是两个或两个以上。最后应用连锁替代法逐一进行分析,即分析第一个因素时,把其余因素都固定在基期;分析第二个因素时,将已分析过的第一个因素固定在报告期,其余未分析过的因素都固定在基期,以此类推。例如:

$$总产值 = 工人数 \times 工人劳动生产率 \times 产品价格$$

将总产值分解为工人数、工人劳动生产率、产品价格 3 个因素,首先应该确定指标性质。由于工人劳动生产率和产品价格的乘积是人均产值,相对于工人数是质量指标,因此,计算工人数指数时应将后两个因素作为质量指标固定在基期;又因为工人数和工人劳动生产率的乘积是总产量,相对于产品价格是数量指标,因此计算产品价格指数时应将前两个因素作为数量指标固定在报告期;中间指标工人劳动生产率相对于工人数而言是质量指标,相对于产品价格而言又是数量指标,所以,在计算工人劳动生产率指数时,工人数应固定在报告期,产品价格应固定在基期。

(二)分析步骤

结合例子说明总量指标多因素分析的计算过程和实际分析意义。

例 7-6 某企业的销售情况资料如表 7.6 所示,试对该企业的利润总额的变动进行因素分析。

表7.6 某企业销售相关资料

产品名称	计量单位	销售量		单位商品价格/元		利润率/(%)	
		q_0	q_1	p_0	p_1	r_0	r_1
甲	台	4 500	5 000	60	65	8	7
乙	个	230	220	200	180	29	34
丙	件	140	150	300	280	10	15

① 利润总额变动分析。

利润总额变动指数:$\overline{k_{qpr}} = \dfrac{\sum q_1 p_1 r_1}{\sum q_0 p_0 r_0}$

$$= \frac{5\,000 \times 65 \times 7 + 220 \times 180 \times 34 + 150 \times 280 \times 15}{4\,500 \times 60 \times 8 + 230 \times 200 \times 29 + 140 \times 300 \times 10}$$

$$= \frac{425.14}{391.4} = 108.62\%$$

利润总额变动的绝对量 $= \sum q_1 p_1 r_1 - \sum q_0 p_0 r_0 = 425.14 - 391.4 = 33.74$(万元)

② 销售量变动影响分析。

销售量变动指数:$\overline{k_q} = \dfrac{\sum q_1 p_0 r_0}{\sum q_0 p_0 r_0}$

项目七 统计指数

$$= \frac{5\,000 \times 60 \times 8 + 220 \times 200 \times 29 + 150 \times 300 \times 10}{4\,500 \times 60 \times 8 + 230 \times 200 \times 29 + 140 \times 300 \times 10} = \frac{412.6}{391.4}$$
$$= 105.42\%$$

销售量变动影响绝对量 $= \sum q_1 p_0 r_0 - \sum q_0 p_0 r_0 = 412.6 - 391.4 = 21.2(万元)$

③ 单位产品价格影响分析。

单位产品价格变动指数：$= \overline{k_p} = \dfrac{\sum q_1 p_1 r_0}{\sum q_1 p_0 r_0}$

$$= \frac{5\,000 \times 65 \times 8 + 220 \times 180 \times 29 + 150 \times 280 \times 10}{5\,000 \times 60 \times 8 + 220 \times 200 \times 29 + 150 \times 300 \times 10} = \frac{416.84}{412.6}$$
$$= 101.03\%$$

单位产品价格变动影响绝对量 $= \sum q_1 p_1 r_0 - \sum q_1 p_0 r_0 = 416.84 - 412.6 = 4.24(万元)$

④ 利润率影响分析。

利润率变动指数：$\overline{k_r} = \dfrac{\sum q_1 p_1 r_1}{\sum q_1 p_1 r_0}$

$$= \frac{5\,000 \times 65 \times 7 + 220 \times 180 \times 34 + 150 \times 280 \times 15}{5\,000 \times 65 \times 8 + 220 \times 180 \times 29 + 150 \times 280 \times 10} = \frac{425.14}{416.84}$$
$$= 101.99\%$$

利润率变动影响绝对量 $= \sum q_1 p_1 r_1 - \sum q_1 p_1 r_0 = 8.3(万元)$

⑤ 影响因素综合分析。

相对数方面：

$$\frac{\sum q_1 p_1 r_1}{\sum q_0 p_0 r_0} = \frac{\sum q_1 p_0 r_0}{\sum q_0 p_0 r_0} \times \frac{\sum q_1 p_1 r_0}{\sum q_1 p_0 r_0} \times \frac{\sum q_1 p_1 r_1}{\sum q_1 p_1 r_0}$$

$$108.62\% = 105.42\% \times 101.03\% \times 101.99\%$$

绝对数方面：

$$\sum q_1 p_1 r_1 - \sum q_0 p_0 r_0 = \left(\sum q_1 p_0 r_0 - \sum q_0 p_0 r_0\right) + \left(\sum q_1 p_1 r_0 - \sum q_1 p_0 r_0\right) + \left(\sum q_1 p_1 r_1 - \sum q_1 p_1 r_0\right)$$

$$33.74 = 21.2 + 4.24 + 8.3$$

分析结果表明：从相对数方面看，该企业的利润总额报告期比基期增长8.62%，是由于销售量增长5.42%、产品单位价格上涨1.03%和利润率上涨1.99%这3个因素共同作用的结果；从绝对数方面看，该企业利润总额报告期比基期增加33.74万元，是由于销售量上升使利润总额增加21.2万元、单位产品价格上涨使利润额增加4.24万元和利润率增加使利润总额增加8.3万元共同作用的结果。

任务五　平均指标指数及因素分析

一、平均指标指数的概念

将两个不同时期的同一经济内容的平均指标对比，所计算的动态对比关系的相对数，称为平均指标指数。简单地说，就是两个平均数在时间上的对比相对数。例如，劳动生产率指数、平均工资指数等，其分子、分母的平均指标是针对分组资料计算的，是对各组平均数的加权平均，其权数是各组单位数占总体单位数的比重，因此，也称为总平均数指数。

二、平均指标指数体系

平均指标指数的变动受两个因素的影响：一个是各组平均水平变动的影响，另一个是各组单位数在总体中所占比重的影响。例如，劳动生产率的变动，既受各组劳动生产率水平变动的影响，也受不同劳动生产率的工人在总体中所占比重的影响。平均指标变动的两因素分析就是从数量上分析这两个因素变动对平均指标总变动的影响，与总量指标的两因素分析一样，可以从相对量和绝对量两方面对其进行分析。通过对平均指标指数的因素分析，可以对某种经济现象平均水平的变动有更深入和本质的认识，从而不断优化现有结构，提高经济效益。

根据指数因素分析方法的要求，对于平均指标变动进行两因素分析，首先必须建立一个平均指标指数体系。其通用计算公式为：

$$可变构成指数 = 固定构成指数 \times 结构影响指数$$

上式用符号可以表示为：$\dfrac{\sum x_1 f_1}{\sum f_1} \div \dfrac{\sum x_0 f_0}{\sum f_0} = \left(\dfrac{\sum x_1 f_1}{\sum f_1} \div \dfrac{\sum x_0 f_1}{\sum f_1} \right) \times \left(\dfrac{\sum x_0 f_1}{\sum f_1} \div \dfrac{\sum x_0 f_0}{\sum f_0} \right)$

而因素影响差额之间的关系为：$\dfrac{\sum x_1 f_1}{\sum f_1} - \dfrac{\sum x_0 f_0}{\sum f_0} = \left(\dfrac{\sum x_1 f_1}{\sum f_1} - \dfrac{\sum x_0 f_1}{\sum f_1} \right) + \left(\dfrac{\sum x_0 f_1}{\sum f_1} - \dfrac{\sum x_0 f_0}{\sum f_0} \right)$

上述各项指数的具体含义说明如下。

① 可变构成指数（$\overline{K}_{xf}$）。统计上把在分组条件下包含各组平均水平及其相应的单位数结构这两个因素变动的总平均指标指数，称为可变构成指数。其计算公式为：

$$\overline{K}_{xf} = \dfrac{\sum x_1 \dfrac{f_1}{\sum f_1}}{\sum x_0 \dfrac{f_0}{\sum f_0}}$$

式中，$\bar{x}$——总平均指标；x——各组标志值，即平均水平；f——各组单位数。

② 固定构成指数（$\overline{K}_x$）。为了单纯反映变量值变动的影响，就需要消除总体中个组单位数所占比重变化的影响，即需要将总体内部结构固定起来计算平均指标指数，这样的指数叫

固定构成指数。它只反映各组平均水平对总平均指标变动的影响。其计算公式为：

$$\overline{K}_x = \frac{\sum x_1 \frac{f_1}{\sum f_1}}{\sum x_0 \frac{f_1}{\sum f_1}}$$

③ 结构影响指数（$\overline{K}_f$）。为了单纯反映总体结构变动的影响，就需要把变量值固定起来，这样计算的平均指标指数叫结构影响指数。它只反映总体结构变动对总平均指标变动的影响。其计算公式为：

$$\overline{K}_f = \frac{\sum x_0 \frac{f_1}{\sum f_1}}{\sum x_0 \frac{f_0}{\sum f_0}}$$

三、平均指标指数的因素分析

分析平均指标变动原因时，与总量指标变动原因的分析步骤完全相同，也要先分析说明总变动，再说明各因素变动，最后分析综合影响；也要算相对数与绝对数，相对数分析就是算指数，绝对数分析就是算相应指数的分子、分母之差。

例 7-7 某企业技术工人、普通工人月平均工资及工人数如表 7.7 所示，试分析该企业工人月平均工资的变动及其原因。

表 7.7 某企业工人月平均工资资料

工人类别	工人数/人		月平均工资/元		$x_0 f_0$	$x_1 f_1$	$x_0 f_1$
	基期 f_0	报告期 f_1	基期 x_0	报告期 x_1			
技术工人	33	35	4 000	4 500	132 000	157 500	140 000
普通工人	42	43	2 800	3 100	117 600	133 300	120 400
合计	75	78	—	—	249 600	290 800	260 400

① 可变构成指数：$\overline{K}_{xf} = \dfrac{\sum x_1 \dfrac{f_1}{\sum f_1}}{\sum x_0 \dfrac{f_0}{\sum f_0}} = \dfrac{\dfrac{290\ 800}{78}}{\dfrac{249\ 600}{75}} = \dfrac{3\ 728.21}{3\ 328.00} = 112.03\%$

② 结构影响指数：$\overline{K}_f = \dfrac{\sum x_0 \dfrac{f_1}{\sum f_1}}{\sum x_0 \dfrac{f_0}{\sum f_0}} = \dfrac{\dfrac{260\ 400}{78}}{\dfrac{249\ 600}{75}} = \dfrac{3\ 338.46}{3\ 328.00} = 100.32\%$

③ 固定构成指数：$\overline{K}_x = \dfrac{\sum x_1 \dfrac{f_1}{\sum f_1}}{\sum x_0 \dfrac{f_1}{\sum f_1}} = \dfrac{\dfrac{290\,800}{78}}{\dfrac{260\,400}{78}} = \dfrac{3\,728.21}{3\,338.46} = 111.67\%$

④ 说明上述 3 个指数之间的关系为：

可变构成指数＝结构影响指数×固定构成指数

$$\dfrac{\sum x_1 \dfrac{f_1}{\sum f_1}}{\sum x_0 \dfrac{f_0}{\sum f_0}} = \dfrac{\sum x_0 \dfrac{f_1}{\sum f_1}}{\sum x_0 \dfrac{f_0}{\sum f_0}} \times \dfrac{\sum x_1 \dfrac{f_1}{\sum f_1}}{\sum x_0 \dfrac{f_1}{\sum f_1}}$$

112.03% = 100.32% × 111.67%

⑤ 说明各种变动的影响：

$$\left(\dfrac{\sum x_1 f_1}{\sum f_1} - \dfrac{\sum x_0 f_0}{\sum f_0} \right) = \left(\dfrac{\sum x_0 f_1}{\sum f_1} - \dfrac{\sum x_0 f_0}{\sum f_0} \right) + \left(\dfrac{\sum x_1 f_1}{\sum f_1} - \dfrac{\sum x_0 f_1}{\sum f_1} \right)$$

$(3\,728.21 - 3\,328.00) = (3\,338.46 - 3\,328.00) + (3\,728.21 - 3\,338.46)$

$\qquad 400.21 = 10.46 + 389.75$

分析表明：报告期与基期相比，平均工资提高了 12.03%（增加 400.21 元），是由于工人结构变动（由普通工人向技术工人方向变动）了 0.32%（影响平均工资提高 10.46 元），各组工资提高了 11.67%（影响平均工资提高 389.75 元）共同作用的结果。

任务六　Excel 在指数分析中的应用

统计指数的编制方法比较简单，一般只涉及求比值、求积与求和。但当样本数值较大、数据量较多时，计算过程会相应复杂且计算量很大。这时可以借助 Excel 来计算统计指数，既简化了大量运算工作，又能够快速、准确地得到计算结果。

统计指数在 Excel 中的计算简单、易掌握，主要是利用各种指数公式在 Excel 的各单元格间进行算术运算，下面举例说明。

例 7-8　某企业生产费用资料如表 7.8 所示，试利用 Excel 计算产量总指数。

表7.8　某企业生产费用资料

产品种类	产品生产总费用/千元		产量个体指数
	基期	报告期	
甲	7.9	8.5	1.08
乙	16.0	17.0	1.05
丙	5.9	6.0	1.02

具体操作过程如下，计算结果如图 7.1 所示。

① 在 B2: B4 和 C2: C4 中分别输入生产总费用的基期数据 p_0q_0 和产量个体指数 K_q。

② 在 D2 单元格输入"= B2 * C2"，按回车键，并用鼠标拖动将公式复制到 D2: D4 区域，得到 $K_qp_0q_0$。

③ 在 B5 单元格输入"= SUM(B2: B4)"，得到 $\sum p_0q_0 = 29.8$。在 D5 单元格输入"= SUM(D2: D4)"，得到 $\sum K_qp_0q_0 = 31.35$。

④ 在 B7 单元格输入"= D5 / B5"，即得到产量总指数 $\frac{\sum K_qp_0q_0}{\sum p_0q_0} = 105.201\%$。

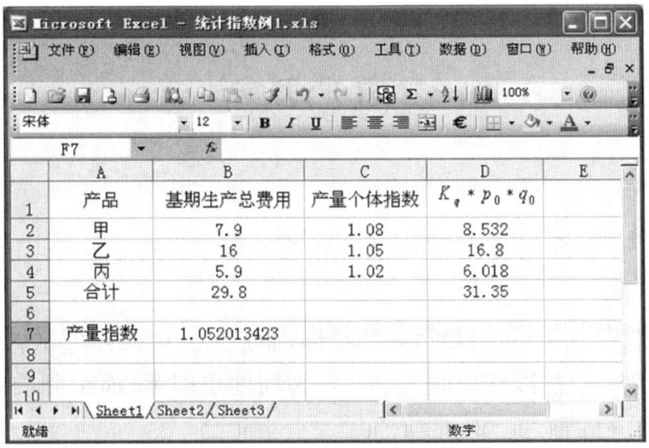

	A	B	C	D	E
1	产品	基期生产总费用	产量个体指数	Kq * p0 * q0	
2	甲	7.9	1.08	8.532	
3	乙	16	1.05	16.8	
4	丙	5.9	1.02	6.018	
5	合计	29.8		31.35	
6					
7	产量指数	1.052013423			
8					
9					
10					

图 7.1　产量指数计算

例 7 - 9　根据某厂 3 种产品的销售量资料，利用 Excel 进行因素分析。

具体操作过程如下，相关数据及计算结果如图 7.2 所示。

① 在 C2:C4 和 E2:E4 中分别输入基期价格和报告期价格，在 D2:D4 和 F2:F4 中分别输入基期销售量和报告期销售量。

② 在 G2 单元格输入"= C2 * D2"，并将公式复制到 G3、G4 单元格。选定区域 G2:G4，单击工具栏上的 $\sum$ 按钮（或用 SUM 函数），在 G5 单元格计算出 $\sum p_0q_0$ 的值。同理，在 H2 中输入"= C2 * F2"，并复制到 H3、H4 中，再单击 $\sum$ 按钮，在 H5 中得到 $\sum p_0q_1$ 的值；在 I2 中输入"= E2 * F2"，复制公式到 I3、I4，单击 $\sum$ 按钮对 I2:I4 求和，在 I5 中得到 $\sum p_1q_1$ 的值。

③ 在 C7 中输入"= I5 / G5"，求得销售额总指数为 108.97%；在 F7 中输入"= I5 - G5"，求得销售额总变动为 21 700 元；在 C8 中输入"= H5 / G5"，求得销售量指数为 103.65%；在 F8 中输入"= H5 - G5"，求得销售量上升引起销售额增加 8 800 元；在 C9 中输入"= I5 / H5"，求得价格总指数为 105.14%；在 F9 中输入"= I5 - H5"，求得价格上升引起销售额增加 12 900 元。

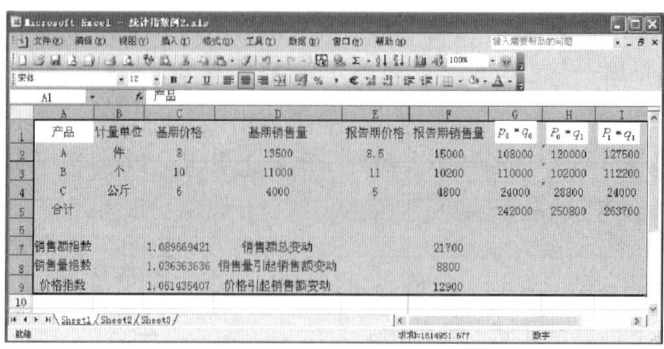

图 7.2 指数分析

复习思考题

一、填空题

1. 在只有两个因素乘积关系构成的经济现象中,必然有一个因素是_____,则另一个是_____。
2. 综合产量指数中,_____是指数化指标,而_____是同度量因素。
3. 编制数量指数一般是以相应的_____为同度量因素,而编制质量指数一般是以相应的_____为同度量因素。
4. 平均指数是从_____出发来编制总指数的,其主要计算形式为_____和_____两种。
5. 平均指标指数又称为_____,分解为_____和_____。
6. 指数体系中,总量指数等于各因素指数的_____,总量指数相应的绝对增减量_____各因素指数引起的相应的绝对增减量的_____。
7. 反映个别事物动态变化的相对数叫_____,反映多种事物总变动程度的相对数叫_____。
8. 商品零售物价指数为105%,商品零售量指数为98%,则商品零售额指数为_____。
9. 物价上涨后,同样多的人民币只能购买原有商品的80%,则物价上涨了_____。
10. 在指数体系中,凡是用某因素的报告期指标为同度量因素所计算的指数,都包含了_____。

二、单项选择题

1. 拉氏数量指数公式的同度量因素采用(　　)。
   A. 基期的质量指标　　　　B. 报告期的质量指标
   C. 基期的数量指标　　　　D. 报告期的数量指标
2. 帕氏质量指数公式的同度量因素采用(　　)。
   A. 基期的质量指标　　　　B. 报告期的质量指标
   C. 基期的数量指标　　　　D. 报告期的数量指标
3. 在由3个指数构成的指数体系中,两个因素指数的同度量因素通常(　　)。

A. 都固定在基期 B. 都固定在报告期
C. 采用基期和报告期的平均数 D. 一个固定在基期,另一个固定在报告期

4. 若销售量增加,而销售额不变,则商品的销售价格指数(　　)。

　A. 增加　　　　B. 减少　　　　C. 不变　　　　D. 无法判断

5. 已知某企业生产两种产品,在掌握其基期和报告期的生产费用及个体产量指数时,计算这两种产品的综合产量指数应是(　　)。

　A. 两种产品个体指数的几何平均数
　B. 利用个体指数和固定权数计算的加权算术平均数
　C. 利用个体指数和基期生产费用计算的加权算术平均数
　D. 利用个体指数和报告期生产费用计算的加权调和平均数

6. 某公司销售某种商品,2018 年的销售额比 2017 年增长 18%,同期销售量增长 12%,于是该商品的价格增长百分比是(　　)。

　A. 6%　　　　B. 2.16%　　　　C. 5.36%　　　　D. 13.22%

7. Q 为销售量,P 为价格,当 $\sum Q_0 P_0 = 120$ 万元,$\sum Q_1 P_1 = 165$ 万元,$\sum Q_1 P_0 = 135$ 万元,$\sum Q_0 P_1 = 140$ 万元时,按一般原则计算的销售量总指数是(　　)。

　A. 112.5%　　　　B. 116.7%　　　　C. 117.9%　　　　D. 122.2%

8. 式子 $\sum q_1 p_0 - \sum q_0 p_0$ 的经济意义为(　　)。

　A. 反映价格综合变动的绝对额
　B. 反映销售量综合变动的绝对额
　C. 反映由于价格变化引起销售额的增减额
　D. 反映由于销售量变化引起销售额的增减额

9. 某企业利润总额与上年相比增长了 10%,职工人数增长了 5%,则该企业工人劳动生产率增长了(　　)。

　A. 15.5%　　　　B. 5%　　　　C. 4.76%　　　　D. 15%

10. 综合指数与平均指数的联系在于(　　)。

　A. 在一定权数条件下,两类指数之间有变形关系
　B. 在一般条件下,两类指数之间有变形关系
　C. 在权数固定条件下,两类指数之间有变形关系
　D. 在一定的同度量因素下,两类指数之间有变形关系

三、多项选择题

1. 甲地区 2018 年工业总产值为乙地区同年的工业总产值的 125%,这个指数是(　　)。

　A. 产量指数　　B. 静态指数　　C. 个体指数　　D. 总指数
　E. 价格指数

2. 某地区的零售物价指数(全部商品)2008 年为 2007 年的 115%,这是(　　)。

　A. 数量指标指数　B. 综合指数　　C. 个体指数　　D. 总指数
　E. 质量指标指数

3. 要反映某地区工业产品产量报告期比基期增长情况,在编制产量指数时(　　)。
   A. 必须用基期价格作为同度量因素
   B. 必须用报告期价格作为同度量因素
   C. 既可以用基期价格,也可用报告期价格作为同度量因素
   D. 可以用不变价格作为同度量因素
   E. 报告期产量用基期价格作为同度量因素,基期产量用基期价格作为同度量因素

4. 下面属于质量指标指数的有(　　)。
   A. 销售量指数   B. 价格指数
   C. 单位成本指数   D. 劳动生产率指数
   E. 工资水平指数

5. 某企业4个车间的产量报告期为基期的120%,这个指数是(　　)。
   A. 个体指数   B. 数量指标指数   C. 质量指标指数   D. 动态指数
   E. 静态指数

6. 设 q 为销售量,p 为价格,则总指数 $\dfrac{\sum q_1 p_0}{\sum q_0 p_0}$ 的意义是(　　)。
   A. 综合反映商品销售额的变动程度
   B. 综合反映商品价格和销售量的变动程度
   C. 综合反映多种商品的销售量的变动程度
   D. 综合反映多种商品价格的变动程度
   E. 反映商品销售量变动时销售额变动的影响程度

7. 同度量因素在指数运算分析中所引起的作用是(　　)。
   A. 比较的作用   B. 权数的作用   C. 平衡的作用   D. 稳定的作用
   E. 同度量的作用

8. 平均指数的特点,包括(　　)。
   A. 它是在个体指数基础上计算的总指数
   B. 对同度量因素资料的要求较为严格
   C. 属于加权指数形式
   D. 在性质上只有相对性和平均性,没有综合性
   E. 对资料要求比较灵活,可以用非全面资料计算

9. 若用某企业职工人数和劳动生产率分组资料来进行分析时,该企业总的劳动生产率的变动主要受到(　　)。
   A. 企业全部职工人数变动的影响
   B. 企业劳动生产率变动的影响
   C. 企业各类职工人数在全部职工人数中所占比重的变动影响
   D. 企业各类工人劳动生产率的变动影响
   E. 各组职工人数和相应劳动生产率两因素的影响

10. 某类产品的生产费用报告期为20万元,比基期多支出4 000元,产品的单位成本报告期综合比基期降低2%,所以(　　)。
    A. 生产费用总指数为102%   B. 单位成本总指数为2%

C. 产品产量总指数为 104% D. 生产费用总指数为 125%

E. 由于单位成本降低而节约 3 920 万元

四、判断题

1. 广义的指数指一切相对数。（   ）
2. 编制销售量指数一般用报告期的价格作为同度量因素。（   ）
3. 综合指数是平均指数的变形形式。（   ）
4. 平均指数是根据非全面资料计算的,故只能反映现象变动的近似值;综合指数则需要根据全面资料计算,故它能反映现象变动产生的实际效果。（   ）
5. 如果生活费指数上涨 20%,则现在的 1 元钱只值原来的 0.8 元钱。（   ）
6. 已知某企业生产 3 种产品,在掌握其基期、报告期生产费用和个体产量指数时,计算 3 种产品的综合产量指数,应是利用个体指数和报告期生产费用计算的加权调和平均指数。（   ）
7. 在各组单位数的变动按等比例变化时,结构影响指数等于 100%。（   ）
8. 2018 年与 2017 年相比,同样多的货币只能购买 90% 的商品,说明物价指数上升 10%。（   ）
9. 商品价格总指数 = 商品销售额总指数 ÷ 商品销售量指数。（   ）
10. 甲、乙、丙 3 种商品的个体销售量指数分别为 106%、94%、112%,则这 3 种商品的销售量总指数为三者的平均数 104%。（   ）

五、简答题

1. 指数具有哪些性质和作用?
2. 编制综合指数有哪些要点和原则?
3. 综合指数与平均指数有何区别和联系?
4. 在计算加权综合指数时,指数中的分子和分母必须是同一时期的吗? 为什么?
5. 指数体系具有哪些作用?
6. 可变构成指数可以分解为哪两个因素? 各自的含义和作用是什么?

六、实训题

1. 某企业生产 3 种产品的单位成本与产量资料如下表所示。

产品名称	计量单位	产品产量		单位成本/元	
		基期	报告期	基期	报告期
甲	万件	80	120	24	20
乙	万只	60	60	18	18
丙	万盒	50	30	15	19

要求:

(1) 计算各种产品的单位成本个体指数;

(2) 计算各种产品的产量个体指数;

(3) 计算3种产品总成本指数及增加额;

(4) 计算3种产品单位成本总指数及由于单位成本变动对总成本的影响额;

(5) 计算3种产品产量总指数及由于产量变动对总成本的影响额;

(6) 用上述(3)~(5)的结果验证指数体系。

2. 已知某市场3种食品的销售情况如下表所示,计算3种食品的销售量总指数。

商　品	计量单位	上月销售额/元	销量个体指数
鸡蛋	只	5 000	90
鲤鱼	条	10 000	110
海参	千克	40 000	125

3. 某公司3种商品销售额及价格变动资料如下表所示。

商品名称	商品销售额/万元		价格变动率/(%)
	基期	报告期	
甲	500	650	2
乙	200	200	-5
丙	1 000	1 200	10

要求:计算3种商品价格总指数和销售量总指数。

4. 某企业资料如下表所示。

产品名称	总成本/万元		产量增长率/(%)
	基期	报告期	
甲	80	90	25
乙	45	60	10
丙	65	75	5

要求:

(1) 产品产量总指数以及由于产量增长而增加的总成本;

(2) 单位成本总指数。

5. 手机、空调、电脑和彩电的销售价格下调。某家电公司这4种商品价格下调幅度及调价后一个月的销售额资料如下表所示。

商品名称	调价幅度/(%)	销售额/万元
手机	-11.5	52
空调	-10.0	103
电脑	-8.0	350
彩电	-13.5	25

要求:与本次调价前一个月的价格水平相比,上述4种商品价格平均下调了百分之几? 由于价格下调使该商品在这4种商品的销售中少收入多少万元?

6. 根据指数之间的关系计算回答下列问题。

（1）某企业 2018 年产品产量比 2017 年增长了 14%，生产费用增长了 10.8%，问 2018 年产品单位成本变动如何？

（2）某公司职工人数增加 7%，工资水平提高了 8.4%，工资总额增长多少？

（3）商品销售额计划增长 10%，而销售价格却要求下降 10%，则销售量如何变化？

（4）价格调整后，同样多的货币少购买商品 10%，问物价指数是多少？

7. 某公司职工按年薪分为 4 个档次，其年薪与工人数资料如下表所示。

年薪等级	年薪/万元		工人数/人	
	2017 年	2018 年	2017 年	2018 年
1	4.0	4.6	200	400
2	5.0	5.4	300	380
3	6.0	6.8	160	180
4	7.0	8.0	80	40

要求：计算该公司职工平均年薪指数，并从相对数和绝对数两方面分析各等级年薪和工人结构变动对平均年薪变动的影响。

8. 企业生产甲、乙、丙 3 种产品，其产品产量、单位产量的原材料消耗量及单位原材料价格如下表所示。试进行多因素分析。

原材料种类	产品种类	生产量		单位产品原材料消耗量		单位原材料价格/元	
		q_0	q_1	m_0	m_1	p_0	p_1
甲/千克	A/件	600	800	0.5	0.4	20	21
乙/米	B/套	400	400	1	0.9	15	14
丙/米	C/套	800	1 000	2.2	2.3	30	28

项目八
统计推断

项目说明

在现实社会经济生活中,对未知的总体数量特征进行全面调查,往往要付出很大的代价,甚至是无法实现的。如何调查少量单位就能够推断出总体的指标或者掌握总体的数量特征,并且保证推断的指标达到要求的可靠程度?抽样推断为社会经济现象的数量分析提供了一个有效地利用样本的有限信息,来了解和掌握总体未知数量特征的科学方法,可以降低调查成本,提高时效性,同时满足对资料可靠性和准确性的要求。本项目主要介绍抽样推断的基本理论和方法。

能力目标
1. 掌握利用样本资料来推断总体数量特征的基本原理。
2. 掌握抽样平均误差、抽样极限误差的计算方法。
3. 会利用样本数据对总体参数进行点估计和区间估计。
4. 掌握必要抽样数目的确定方法。

知识目标
1. 理解抽样推断的概念及特点、主要内容和抽样推断的基本原理。
2. 认识抽样推断的作用及各种抽样的组织方式和特点。
3. 了解统计误差产生的原因。

任务导入

某品牌电脑生产商接到顾客对其 E 型号笔记本电脑的质量投诉后,公司针对该问题进行了一次市场问卷调查,对"您是否遇到过此类质量问题?"设置了两个备选选项:"是"或者"不是"。该公司根据销售部门的有关记录从购买 E 型号笔记本电脑的顾客中随机挑选了 2 000 名顾客,发出 2 000 份问卷,问卷的回收率为 87.5%,其中,有效问卷 1 745 份。在有效问卷中,回答"是"的问卷有 210 份。

由以上的信息,公司能否得出使用该公司 E 型号笔记本电脑的所有顾客中有多少电脑存在此类质量问题?

任务分析

公司的售后服务部门在得到统计信息后,在进行统计计算分析的基础上,查阅 E 型号笔记本电脑所有销售日期记录,找出销售数量密集时段,推迟保修期限,为布置维修任务及维

项目八 统计推断

修人员工作安排提供参考。公司的零部件采购部门预先与供货商联系维修部件的所需型号、数量等问题,为维修提供保障。同时产品研发部门以此为契机,组织技术人员技术攻关,力争在短时间内克服产品质量缺陷。他们是如何利用样本信息来推断使用该公司E型号笔记本电脑的所有顾客中有多少顾客存在此类质量问题的?

相关知识

任务一　抽样推断的基本概念

一、抽样推断的概念和特点

(一) 抽样推断的概念

抽样推断是按随机原则从全部被研究单位中抽取一部分单位进行观察,根据样本资料计算样本的特征值,然后以样本的特征值,对总体的特征值做出具有一定可靠性的估计和判断,以反映总体的数量特征和数量表现的一种统计方法。例如,某地区为加强环境保护,加强水质监测,考察河水中某种污染物质是否超标。显然对河水全部检验是不可能的,只能从河水中按照一定地点定时取样检验,根据检验结果推断河水中污染物是否超标。再如,某水泥厂加强产品质量控制和管理,需考察水泥标号是否达到规定标准,其方法是将水泥做成试块再进行耐压试验。由于这种试验是一种破坏性试验,显然不能把全部水泥都做成试块,只能从全部水泥中抽取部分进行试验。

抽样推断是在抽样调查的基础上,利用样本的实际资料计算样本指标,并据以推算总体相应数量特征的一种统计分析方法。抽样推断方法与其他统计调查方法相比,具有省时、省力、快捷的特点,从而能以较小的代价及时获得关于总体的有关信息。抽样推断不仅是一种科学的、非全面的调查方法,也是一种根据非全面调查资料,推算全面情况的统计研究方法。

(二) 抽样推断的特点

1. 按照随机性原则抽取样本

所谓随机性原则,就是在抽选样本单位时,总体中每一个单位都有相等的被抽中的机会,样本单位是否被抽中完全是偶然的。调查单位的确定既不受调查者主观愿望的影响,也不由被调查者主观意识所决定。完全排除了主观意识的作用,也可称为同等可能性原则。遵循随机性原则抽取样本是为了保证样本对总体具有充分的代表性,避免人为的误差。只有按随机性原则抽样,才能根据样本的数量特征对总体的数量特征进行科学的估计,从而达到推断总体的目的。

2. 由样本数据推断总体特征

抽样推断是由部分资料推算总体数量特征的一种认识方法。抽样调查是一种非全面调查,但调查的目的在于对总体数量特征的认识,抽样调查资料如果不进行抽样推断,这种资料就不会有价值。

3. 抽样推断运用的是概率统计的方法

是否可以通过对几克种子进行催芽试验,来判断该品种整批种子的发芽率?是否可以通过对一部分汽车轮胎进行里程试验,来判断整批轮胎的质量等。如果在方法上不能解决这类问题,那么统计的认识活动就要受到限制,统计科学也很难得到发展。利用统计量来估计总体参数,在数学上运用的是不确定的概率统计法,用样本指标估计和判断总体指标时,其可靠程度到底有多大,这就要在抽样推断中运用概率论原理,做出概率估计,使推断的结果有一定的可信度。

4. 抽样推断的误差可以事先计算并且加以控制

根据抽取的部分资料计算的样本指标与被估计的总体指标不可能完全相等,必有抽样误差。抽样推断中产生抽样误差是无法避免的,但是这种误差在抽样调查之前是可以根据有关资料计算的,并且可以根据抽样推断的要求,采取措施对误差加以控制,使抽样推断结果达到一定的准确度和可靠程度。

二、抽样推断的作用

作为一种科学的统计分析方法,抽样推断在社会经济统计中,有其独特的重要作用。

① 某些现象是无法进行全面调查的,为了解其全面的资料,必须采用抽样推断方法。例如,对无限总体不能采用全面调查。另外,有些产品的质量检查具有破坏性,如电视机使用寿命检验,罐头的防腐期限试验等。这些调查所使用的测试手段对产品具有破坏性,不可能对全部产品进行检验,必须采用抽样推断法,以样本资料推断总体的质量状况。

② 从理论上讲,有些现象虽然可以进行全面调查,但实际上没有必要或很难办到,所以也要采用抽样调查。有些现象总体过大,单位过于分散,进行全面调查实际上是不可能的。例如,检验水库的鱼苗数、森林的木材积蓄量等。有些社会经济现象,调查范围太广,单位太大,因而不必要进行全面调查。例如,要了解全国城乡人民的家庭生活状况,从理论上讲可以挨门逐户进行全面调查,但是调查范围太大,调查单位太多,实际上难以办到,也没有必要。采用抽样调查可以节约时间、人力、物力和财力,提高调查结果的时效性,又能达到和全面调查同样的目的和效果。

③ 用抽样法可以对全面调查的结果加以补充或修正。全面调查由于范围广,工作量大,参加人员多,往往容易发生登记性误差和计算误差。因此,在全面调查(如人口普查)之后进行抽样复查,根据抽查结果计算差错率,并以此为依据检查和修正全面调查结果,从而提高全面调查质量。

④ 抽样推断可以用于工业生产过程的质量控制,可以有效地应用于对成批或大量连续生产的工业产品在生产过程中进行质量控制,检查生产过程是否正常,及时提供有关信息,便于采取措施,防止废品的产生。

⑤ 利用抽样推断的原理,可以对某些总体的假设进行检验,来判断假设的真伪,为做出决策提供依据。例如,新工艺、新技术的改革,是否能收到明显的效果,需要对未知或完全不知道的总体做出一些假设,然后利用抽样推断法,根据实验的材料对所做假设进行检验,做出判断。

三、抽样推断的几个基本概念

(一) 总体和样本

1. 总体

(1) 总体的概念

全及总体又称母体,简称总体,是指所要认识的研究对象的全体。它是由所研究范围内具有某种共同属性的全体单位所组成的集合体。例如,研究济南市职工的生活水平,则该市全部职工即构成全及总体;研究某乡粮食亩产水平,则该乡的全部粮食播种面积为全及总体,用大写的字母 N 代表全及总体的单位数。

(2) 总体的分类

根据总体单位标志的性质,总体可以分为变量总体和属性总体两种。

① 变量总体。若被研究的标志是数量标志,则将这个总体称为变量总体,如反映工资高低的企业职工总体、反映成绩的学生总体等。对于变量总体可分为无限总体和有限总体两类。

② 属性总体。若被研究的标志是品质标志,则这个总体称为属性总体,如反映质量合格与否的产品总体,反映性别状况的人口总体等。

2. 样本

(1) 样本的概念

样本总体又称子样,简称样本,是从全及总体中随机抽取出来,代表全及总体的那部分单位的集合体。

(2) 样本的容量

样本总体的单位数称为样本容量,通常用 n 表示。一般来说,样本单位数达到或超过 30 个称为大样本,而在 30 个以下称为小样本。社会经济现象的抽样调查多为大样本。

(3) 样本个数

样本个数又称为样本可能数目,是指从一个总体中可能抽取多少个样本。样本个数的多少与抽样方法有关。

对于一次抽样调查,全及总体是研究内容的对象,因此它是唯一的,确定的;而样本则是建立在随机基础上抽取出来的,所以每一次选样,都会选出不同的结果,所以它是随机的,不确定的。

(二) 全及指标和抽样指标

1. 全及指标

全及指标是反映总体数量特征的指标,其数值是根据全及总体各单位标志值或标志属性计算的,反映总体某种属性的综合指标,也称为参数。由于全及总体是唯一确定的,所以,根据全及总体计算的全及指标也是唯一确定的。

对于总体中的数量标志,常用的总体参数有总体平均数 $\bar{X}$、总体标准差 σ^2 和总体方差 σ。

总体平均数的计算公式为:

$$\overline{X} = \frac{\sum X}{N}$$

总体方差的计算公式为：

$$\sigma^2 = \frac{\sum (X - \overline{X})^2}{N}$$

总体标准差的计算公式为：

$$\sigma = \sqrt{\frac{\sum (X - \overline{X})^2}{N}}$$

对于属性总体，由于各单位标志不能用数量来表示，只能用一定的文字来加以描述，所以，就应计算结构相对指标，称为总体成数。总体成数常以大写英文字母 P 来表示总体中具有某种性质的单位数在总体全部单位数中所占的比重，以 Q 表示总体中不具有某种性质的单位数在总体中所占的比重。

设总体 N 个单位中，有 N_1 个单位具有某种性质，N_0 个单位不具有某种性质，$N_1 + N_0 = N$，则总体成数为：

$$P = \frac{N_1}{N}$$

$$Q = \frac{N_0}{N} = \frac{N - N_1}{N} = 1 - P$$

如果属性标志表现只有"是"、"非"两种，例如，产品质量标志表现为合格品和不合格品，性别标志表现为男性和女性，则可以把"是"的标志表示为 1，而"非"的标志表示为 0。那么成数 P 就可以视为 $(0,1)$ 分布的平均数，并可以求相应的方差和标准差，即：

$$\overline{X}_P = \frac{0 \times N_0 + 1 \times N_1}{N} = \frac{N_1}{N} = P$$

$$\sigma_P^2 = \frac{(0-P)^2 N_0 + (1-P)^2 N_1}{N} = \frac{P^2 N_0 + Q^2 N_1}{N}$$

$$= P^2 Q + Q^2 P = PQ(P + Q) = PQ$$

那么，总体是非标志标准差为：

$$\sigma_P = \sqrt{P(1-P)} = \sqrt{PQ}$$

2. 抽样指标

根据样本各单位标志值或标志属性计算出来的样本指标，也称样本统计量。由于样本是随机的，因此，依赖于样本的统计量也是个随机变量。在抽样推断中，它是用来估计总体参数的。

为了与总体参数相对应，常用的统计量有样本平均数、样本方差和样本成数、样本成数的方差等，一般用小写字母来表示。

① 对于变量样本，常用的统计量有样本平均数 $\overline{x}$、样本方差 S^2，即：

$$\overline{x} = \frac{\sum x}{n} \quad 或 \quad \overline{x} = \frac{\sum xf}{\sum f}$$

$$S^2 = \frac{\sum (x - \bar{x})^2}{n} \text{ 或 } S^2 = \frac{\sum (x - \bar{x})^2}{\sum f}$$

② 对于属性样本,由于各单位的标志不能用数量来表示,因此,统计量常用成数指标 p 表示,其含义为样本中具有某种标志特征的单位数在样本全部单位数中所占的比重;同时用 q 表示样本中不具有某种标志特征的单位数在样本全部单位数中所占的比重。

设在样本 n 个单位中,有 n_1 个单位具有某种标志特征,n_0 个单位不具有该种标志特征,且 $n = n_1 + n_0$,有:$p = \frac{n_1}{n}$,则:$q = \frac{n_0}{n} = \frac{n - n_1}{n} = 1 - p$。

是非标志的平均数等于成数,即:

$$\bar{x}_p = p$$

属性样本的方差为:

$$S_p^2 = p(1 - p)$$

(三) 抽样方法和样本可能数目

按照随机原则来抽样的,从一个全及总体中可能抽取出很多个不同的样本。把可能抽到的所有样本的数目称为样本可能数目。它的大小与样本容量有关,也和抽样方法有关。

抽样方法有重复抽样和不重复抽样两种。

1. 重复抽样

重复抽样也称回置抽样,在每抽出一个样本单位后,把结果记录下来,随即将该单位放回到总体中去,使它和其余的单位在下一次抽选中具有同等被抽中的机会。在重复抽样过程中,总体单位数始终保持不变,并且同一个单位有多次被抽中的可能性。

一般地说,从总体 N 个单位中,随机重复抽取 n 个单位构成样本,考虑顺序排列的样本可能数目为 N^n 个,不考虑顺序组合的样本可能数目为 C_{N+n-1}^n 个。

2. 不重复抽样

不重复抽样也称不回置抽样,在每抽出一个样本单位后,把结果记录下来,该单位就不再放回到总体中去参加以后的抽选。在不重复抽样过程中,总体单位数逐渐减少,并且每个单位至多只有一次被抽中的可能性。

一般地说,从总体 N 个单位中,随机不重复抽取 n 个单位构成样本,考虑顺序排列的样本可能数目为 P_N^n 个,不考虑顺序组合的样本可能数目为 C_N^n 个。

由此可见,在同一总体中,若对样本的容量要求相同,重复抽样的样本个数总是大于不重复抽样的样本个数。

(四) 抽样的组织方式

根据统计研究的目的和研究对象的特点,抽样调查可以采用不同的组织方式,在统计实践中,抽样调查的组织方式主要有以下 5 种,实际调查所用的方法通常可以是这 5 种方法的各种形式的组合。

1. 简单随机抽样

简单随机抽样也称为单纯随机抽样,从包含 N 个抽样单元的总体中抽取容量为 n 的简单随机样本,可以是从总体中逐个不放回地抽取 n 次,每次都是在尚未入样的单元中等概率抽取的,也可以是从总体中一次取得全部 n 个单元,只要保证全部 n 可能的样本每个被抽到的概率都相等即可。

2. 分层抽样

在抽样调查实践中,经常遇到的情况是:在动手设计抽样方案之前,我们对所要研究的总体构成已经有了某种程度的了解。例如,已知总体单位分属于不同类型的子总体,已知与调查标志相关的一些辅助标志等。此时,就可以利用这种事先获得的有关信息来改进抽样方案设计,以提高抽样推断的精度。分层抽样就是这样一种组织方法。

分层抽样又叫类型抽样,是先将总体各单位按某一有关标志分成若干个类型组,然后按照一定比例再从各类型组中随机抽取样本单位。例如,在对职工家庭生活调查中,可先将全部职工按部门分为工业、商业、文教、卫生等部门,然后再从这些部门中按一定比例抽选基本单位和职工户。采用这种抽样方法可以提高样本的代表性,减少抽样误差。对于那些总体情况复杂、各单位之间差异较大、单位数量较多的抽样调查问题,一般都可以采用分层抽样的方法进行抽样调查。

3. 等距抽样

等距抽样也称系统抽样或机械抽样,是先将总体各单位按某一标志排队,然后按相等的距离或间隔来抽取样本单位。等距抽样也需要事先对总体结构有一定的了解,利用已有的信息来确定各单位在数列中的位置。在此基础上进行间隔抽样,这样可以保证所取得的样本单位在总体中分布均匀,有较高的代表性。

由于排队所依据的标志不同,有两种等距抽样方法。①无关标志排队法,即是指排列的标志和单位标志值的大小无关或不起主要的影响作用。例如,调查职工收入水平时,按职工姓氏笔画排队进行抽样。显然职工收入水平与姓氏笔画之间没有必然的联系。②有关标志排队法,即是指作为排列顺序的标志和单位标志值的大小有密切的关系。例如,职工家计调查,按职工平均工资排队抽取调查户等。按有关标志排队实质上是运用类型抽样的一些特点,有利于提高样本的代表性。

4. 整群抽样

整群抽样是将总体所有单位划分为若干个群(组),然后以群(组)为单位从中随机抽取部分群(组),对抽中的群(组)内所有单位进行全面调查的抽样组织形式。例如,调查某县小学教育情况,可以从该县中随机抽取若干个小学,然后对抽中的小学进行全面调查。整群抽样与前面3种抽样组织方法相比,是抽样单位扩大了,即抽取的基本单位不再是总体单位而是群(组)。

整群抽样的优点在于组织工作简单,搜集资料方便容易,调查费用较少。例如,对某工业产品的质量检验,不便于在流水作业线上一件一件地抽选检查,则可以每隔若干小时抽取一批产品进行检验,这样就方便多了。但是,正因为以群为单位进行抽选,抽选单位比较集中,显著地影响了在总体中各单位分布的均匀性,与其他抽样方式比较,抽样误差比较大,即使要得到同简单随机抽样相同的精确度,整群抽样都要调查相对较多的样本单位。

任务二　认识抽样推断误差

一、抽样误差的概念

用抽样指标去估计全及指标是否可行,关键问题在于抽样误差。抽样误差的大小表明抽样效果的好坏,如果误差超过了允许的限度,抽样调查也就失去了价值。

(一)抽样误差的概念

在抽样中,误差的来源有许多方面。一类是登记性误差,即在调查过程中由于观察、测量、登记、计算上的差错所引起的误差,这类误差是所有统计调查都可能发生的;另一类是代表性误差,即样本的结构与实际总体的结构不一致而产生的误差。它的产生基于以下两种原因。一种是由于违反抽样调查的随机原则,有意地抽选较好或较差的单位进行调查,这种系统性原因造成的样本代表性不足所产生的误差称为系统性误差。系统性误差和登记性误差都是不应当发生的,是可以而且也应该采取措施避免发生或将其减小到最小限度。另一种情况是遵守了随机的原则,但由于偶然抽取的样本结构与总体的结构发生偏差,就会出现或大或小的偶然性的代表性误差。例如,某班级 50 位同学中有 30 位男同学和 20 个女同学,现在随机抽取 5 个同学作为样本,由于随机的原因未必都能抽到 3 个男同学和 2 个女同学,使得利用样本计算的性别比例指标不能代表班级同学的性别比例指标,而发生样本指标和总体指标之间存在绝对离差。它不是由于调查失误所引起的,而是随机抽样所特有的误差。

抽样误差是指由于随机抽样的偶然因素的作用使样本结构不足以代表总体结构,而引起抽样指标与全及指标之间的绝对离差。抽样误差是抽样调查所固有的,是无法避免与消除的,但可以运用数学方法计算其数量界限,并通过抽样设计程序控制其范围。抽样误差不是一个固定的数,它的数值是随样本的不同而变化的,所以也是随机变量。

(二)抽样误差的影响因素

影响抽样误差大小的因素主要有以下几种。

1. 总体各单位标志值的差异程度

在其他条件不变的情况下,标志变异程度越大,抽样误差也越大;反之,则抽样误差就越小。如果标志之间没有差异,每一个单位的标志都一样,则抽出任何一个单位都可代表总体,这时也就不存在抽样误差了。

2. 样本容量 n 的多少

在其他条件不变的情况下,样本容量越大,抽样误差就越小;反之,抽样误差就越大。可以想象,当把样本容量 n 扩大到等于总体容量 N 时,抽样调查也就等于全面调查,抽样误差也就随之消失。

3. 抽样方法的不同

重复抽样和不重复抽样的抽样误差的大小不同,一般地说,重复抽样的误差要大于不重复抽样的误差。这是因为重复抽样有可能使同一单位被多次抽中,因而产生的样本对总体的代表性就较差。这两种方式产生的差别也仅在总体不是很大时才有体现,当总体很大时,这两种抽样的误差也趋于相等。

4. 抽样调查的组织形式

不同的调查组织方式,如简单随机抽样、类型抽样、多阶段抽样等,所产生的抽样误差一般是不同的。因为不同的抽样方式抽出的样本对于总体的代表性高低也不相同,因而抽样误差也就不一样。一般来说,简单随机抽样的抽样误差最大,类型抽样、多阶段抽样的抽样误差就要明显地小一些。在统计实践中,为了有效降低抽样误差、提高抽样推断的可靠性,一方面应该根据被研究总体的性质和特点,选择不同抽样方式进行抽样;另一方面,还要努力寻求多种抽样方式相结合的复合型抽样组织方式。

二、抽样平均误差

(一)抽样平均误差的概念

抽样误差有抽样实际误差和抽样平均误差两种。抽样实际误差是指某一次抽样结果所得到的样本指标与总体指标数值之差。

参数估计的精度通常是指抽样误差的大小。抽样误差越大,参数估计的精度就越低;抽样误差越小,参数估计的精度就越高。参数估计的精度必须通过计算抽样误差才能反映,由于在抽样过程中总体参数总是一个未知的常数,所以,样本估计值与总体参数的真实值之间即抽样实际误差究竟有多大的差距,实际上是无法得知的。同时,由于样本估计值是一个随机变量,会随着每次抽出样本的不同而不同,某一次抽样结果的误差,仅仅是反复抽样中一系列抽样结果可能出现的误差数值中的一个,显然不能用它来概括一系列可能抽样结果所产生的所有实际误差。所以,在抽样调查理论中,应采用抽样平均误差作为参数估计的抽样误差大小的尺度。

抽样平均误差就是反映抽样误差一般水平的指标。通常是用抽样平均数的标准差或抽样成数的标准差来作为衡量误差一般水平的尺度。根据标准差的计算方法,抽样平均数(或成数)的标准差是抽样平均数(或成数)与其平均数离差的平方的算术平均数的平方根。然而由于抽样平均数的平均数等于总体平均数,抽样成数的平均数等于总体成数,抽样指标的标准差恰好反映了抽样指标和总体指标的平均离差程度。

一般地,抽样平均误差用希腊字母 μ 来表示。设用 $\mu_{\bar{x}}$ 表示抽样平均数的平均误差,μ_p 表示抽样成数的平均误差,则:

$$\mu_{\bar{x}} = \sqrt{\frac{\sum(\bar{x_i} - \bar{X})^2}{\text{全部可能的样本个数}}}$$

$$\mu_p = \sqrt{\frac{\sum(p_i - P)^2}{\text{全部可能的样本个数}}}$$

这些公式反映了抽样平均误差的理论意义。但是由于样本可能数目很多,抽取所有的样本计算其平均数和成数是不实际的,同时总体平均数 $\bar{X}$ 与成数 P 也是不知道的,故按上述公式来计算抽样平均误差实际上是不可行的,只是它的理论公式。在实际应用中,要推导出其他公式来计算。

(二) 抽样平均误差的计算

1. 抽样平均数的抽样平均误差

① 在重复抽样的条件下,其计算公式为:

$$\mu_{\bar{x}} = \frac{\sigma}{\sqrt{n}}$$

② 在不重复抽样的条件下,其计算公式为:

$$\mu_{\bar{x}} = \sqrt{\frac{\sigma^2}{n}\left(\frac{N-n}{N-1}\right)}$$

式中,σ——总体标准差;N——总体单位数;n——样本容量。

当 N 的值较大时,上式可以简化为:

$$\mu_{\bar{x}} = \sqrt{\frac{\sigma^2}{n}\left(1-\frac{n}{N}\right)}$$

2. 抽样成数的抽样平均误差

① 在重复抽样条件下,抽样平均误差为:

$$\mu_p = \sqrt{\frac{p(1-p)}{n}}$$

② 在不重复抽样条件下,抽样平均误差为:

$$\mu_p = \sqrt{\frac{p(1-p)}{n}\left(\frac{N-n}{N-1}\right)}$$

当 N 的值较大时,上式可以简化为:

$$\mu_p = \sqrt{\frac{p(1-p)}{n}\left(1-\frac{n}{N}\right)}$$

为了理解抽样平均误差的概念,现举例加以验证。

例 8 – 1 设有 4 位工人的全及总体,他们的周工资分别是:800 元、900 元、1 100 元、1 200 元。这一总体的平均工资和工资标准差为:

$$\bar{X} = \frac{\sum X}{N} = \frac{800+900+1\,100+1\,200}{4} = 1\,000(元)$$

$$\sigma = \sqrt{\frac{\sum(X-\bar{X})^2}{N}}$$

$$= \sqrt{\frac{(800-1\,000)^2+(900-1\,000)^2+(1\,100-1\,000)^2+(1\,200-1\,000)^2}{4}}$$

$$= 158.1(元)$$

现用重复抽样的方法从 4 人总体中,随机抽取两人组成样本,并求样本的平均工资,用以代表 4 人总体的平均工资水平。若考虑顺序所有可能样本共有 16 个,每个样本都有一个平均工资,如表 8.1 所示。

表 8.1　抽样误差计算

可能样本序号	样本变量 x		样本平均数 $\bar{x}$	平均数离差 $\bar{x} - E(\bar{x})$	离差平方 $[\bar{x} - E(\bar{x})]^2$
1	800	800	800	−200	40 000
2	800	900	850	−150	22 500
3	800	1 100	950	−50	2 500
4	800	1 200	1 000	0	0
5	900	800	850	−150	22 500
6	900	900	900	−100	10 000
7	900	1 100	1 000	0	0
8	900	1 200	1 050	50	2 500
9	1 100	800	950	−50	2 500
10	1 100	900	1 000	0	0
11	1 100	1 100	1 100	100	10 000
12	1 100	1 200	1 150	150	22 500
13	1 200	800	1 000	0	0
14	1 200	900	1 050	50	2 500
15	1 200	1 100	1 150	150	22 500
16	1 200	1 200	1 200	200	40 000
合计	—		16 000	—	200 000

16 个样本平均数的平均数为：$E(\bar{x}) = \dfrac{\sum \bar{x}}{M} = \dfrac{16\,000}{16} = 1\,000(元)$

按理论计算的抽样平均误差为：$\mu_{\bar{x}} = \sqrt{\dfrac{\sum(\bar{x} - \overline{X})^2}{M}} = \sqrt{\dfrac{200\,000}{16}} = 111.8(元)$

按重复抽样平均误差公式计算为：$\mu_{\bar{x}} = \dfrac{\sigma}{\sqrt{n}} = \dfrac{158.1}{\sqrt{2}} = 111.8(元)$

上面两种计算的结果完全相同。

从以上计算过程，可以看出几个基本关系：

① 抽样平均数的平均数等于总体平均数，即：$E(\bar{x}) = \overline{X}$；

② 抽样平均误差要比总体的标准差小得多，重复时仅为总体标准差的 $\dfrac{1}{\sqrt{n}}$；

③ 抽样平均误差与总体的标准差成正比变化，而与样本单位数 n 的平方根成反比变化。在其他条件不变的情况下，平均误差要减小一半，样本单位数 n 就要扩大 3 倍，即为原来的 4 倍；而抽样平均误差允许增加一倍，则样本单位数 n 只需要原来的 1/4 等。

例 8-2　现仍用例 8-1 为例，假设用不重复抽样从总体中抽取两个工人组成样本，则可能出现的样本资料如表 8.2 所示。

表 8.2 抽样误差计算

可能样本序号	样本变量 x		样本平均数 $\bar{x}$	平均数离差 $\bar{x} - E(\bar{x})$	离差平方 $[\bar{x} - E(\bar{x})]^2$
1	800	900	850	−150	22 500
2	800	1 100	950	−50	2 500
3	800	1 200	1 000	0	0
4	900	800	850	−150	22 500
5	900	1 100	1 000	0	0
6	900	1 200	1 050	50	2 500
7	1 100	800	950	−50	2 500
8	1 100	900	1 000	0	0
9	1 100	1 200	1 150	150	22 500
10	1 200	800	1 000	0	0
11	1 200	900	1 050	50	2 500
12	1 200	1 100	1 150	150	22 500
合计	—		12 000	—	100 000

12 个样本平均数的平均数为：$E(\bar{x}) = \dfrac{\sum \bar{x}}{M} = \dfrac{12\,000}{12} = 1\,000(元)$

按理论计算的抽样平均误差为：$\mu_{\bar{x}} = \sqrt{\dfrac{\sum (\bar{x} - \bar{X})^2}{M}} = \sqrt{\dfrac{100\,000}{12}} = 91.3(元)$

按不重复抽样平均误差公式计算为：$\mu_{\bar{x}} = \sqrt{\dfrac{\sigma^2}{n}\left(\dfrac{N-n}{N-1}\right)} = \sqrt{\dfrac{158.1^2}{2}\left(\dfrac{4-2}{4-1}\right)} = 91.3(元)$

上面两种计算结果完全相同。

上面不重复抽样误差的近似公式与重复抽样误差公式的区别是公式中多了一个$\left(1 - \dfrac{n}{N}\right)$。这是一个修正系数，也称为校正因子。由于修正系数$\left(1 - \dfrac{n}{N}\right)$是一个大于 0 而小于 1 的系数，因此，在同样情况下，不重复抽样的平均误差也总是小于重复抽样的平均误差。如果总体的单位数很大而样本的单位数相对很小时，则$\left(1 - \dfrac{n}{N}\right)$接近于 1，这时修正系数也就作用不大了。因此，实际工作中，按不重复抽样方法进行抽样时，也往往用重复抽样的公式来计算抽样平均误差。

上面介绍的抽样平均误差公式，都要在总体方差为已知的条件下才能计算，但是总体方差在抽样推断之前总是未知的。因此，在实际操作中通常用以下几种方法解决。

① 用历史资料代替。如果历史上做过同类型的全面调查或抽样调查，就用过去所掌握的总体方差或样本方差。倘若曾经做过多次调查，有多个方差资料，一般宜选用其中最大的方差。

② 用样本方差来代替。只要样本的分布接近总体分布，样本方差就相当接近总体方差，但是它只能在抽样调查之后才能计算，即 S^2 用代替 σ^2；用样本成数 $p(1-p)$ 代替总体成数 $P(1-P)$。

③ 进行试验性抽样取得估计资料。如果既没有历史资料,又需要在调查之前就要计算抽样平均误差,则可组织一次小规模的试验性抽样调查,计算出抽样方差作为总体方差的估计值。

例 8-3 从财经系某年级 1 600 名学生中,按简单随机抽样方式抽取 40 名学生,对基础理论课的考试成绩进行检查,样本标准差 10 分,试计算平均成绩的抽样平均误差。

根据已知条件,用样本标准差来代替总体标准差,平均成绩的抽样平均误差为:

重复抽样:$\mu_{\bar{x}} = \frac{\sigma}{\sqrt{n}} \approx \frac{S}{\sqrt{n}} = \frac{10}{\sqrt{40}} = 1.581(分)$

不重复抽样:$\mu_{\bar{x}} = \sqrt{\frac{\sigma^2}{n}\left(1-\frac{n}{N}\right)} \approx \sqrt{\frac{S^2}{n}\left(1-\frac{n}{N}\right)} = \sqrt{\frac{10^2}{40}\left(1-\frac{40}{1\,600}\right)} = 1.561(分)$

例 8-4 某企业检查产品质量,从 5 000 件产品中随机抽取 200 件进行检验,结果有 12 件不合格,试计算合格品比率的抽样平均误差。

根据已知资料可计算出:

样本合格品的成数:$p = \frac{200-12}{200} = 94\%$

样本成数的方差:$p(1-p) = 94\% \times 6\% = 5.64\%$

那么,在重复抽样条件下,合格率的抽样平均误差为:

$\mu_p = \sqrt{\frac{p(1-p)}{n}} = \sqrt{\frac{5.64\%}{200}} = 1.68\%$

在不重复抽样条件下,合格率的抽样平均误差为:

$\mu_p = \sqrt{\frac{p(1-p)}{n} \cdot \left(1-\frac{n}{N}\right)} = \sqrt{\frac{5.64\%}{200} \times \left(1-\frac{200}{5\,000}\right)} = 1.65\%$

例题中,是用样本的方差代替总体方差来计算抽样平均误差的。

三、抽样极限误差的意义

根据定义,抽样平均误差是所有可能样本指标与总体指标之间的平均离差。而在组织抽样推断时,实际只抽取一个样本,用一个样本指标去推断总体指标。由于抽样是按随机原则进行的,所有不同的样本组合都可能被抽到,这样所得到的每个样本实际误差,有可能小于抽样平均误差,也有可能大于抽样平均误差。这样在用一个样本指标估计总体指标时,两者之间有多大的误差就不能完全肯定,需要研究和计算抽样极限误差。把这种可允许的误差范围称为抽样极限误差,通常用 Δ 表示。

设 $\Delta_{\bar{x}}$ 和 Δ_p 分别表示样本平均数 $\bar{x}$ 和样本成数 p 的抽样极限误差,则有:

$$|\bar{x} - \bar{X}| \leq \Delta_{\bar{x}}$$

$$|p - P| \leq \Delta_p$$

四、抽样误差的概率度

抽样极限误差是抽样指标与总体指标之间,在一定概率保证程度下的,抽样误差的最大可能范围。总体指标虽然是一个确定的量,但它是未知的,而样本指标是一个随机变量,其取值是不定的,是围绕着总体指标左右变动的。因此,就不能期望某次抽样的样本估计值落在一定区间内是一个必然事件,而只能给予一定的概率保证。因此,在进行抽样估计时,既需要考虑抽样误差的可能范围,同时还需考虑落到这一范围的概率大小。前者是估计的准确度问题,后者是估计的可靠性问题,两者紧密联系、不可分开,这就需要引入一个置信度的概念。抽样估计的置信度就是表明抽样指标和总体指标的误差不超过一定范围的概率保证程度。

从理论上已经证明,在样本单位数足够多($n \geqslant 30$)的条件下,抽样平均数是以总体平均数为中心,两边完全对称分布,就是说抽样平均数的正误差和负误差的可能性是完全相等的。而且抽样平均数愈接近总体平均数,出现的可能性愈大,概率愈大;反之,抽样平均数愈离开总体平均数,出现的可能性愈小,概率愈小,而趋于 0。正态分布的图形如图 8.1 所示。

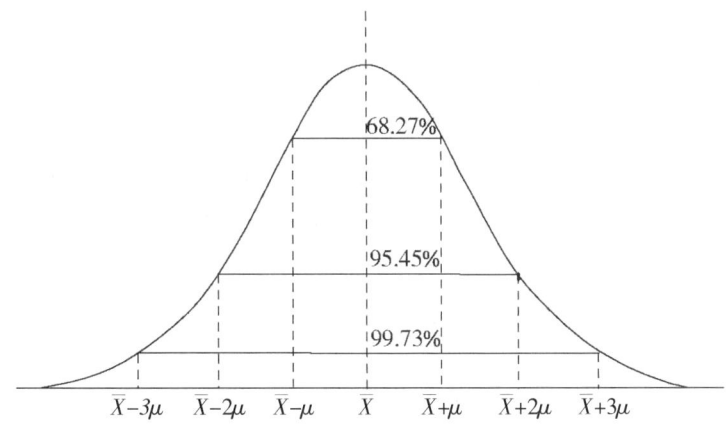

图 8.1　样本的指标置信度

概率度 t 是把抽样平均误差标准化后的一个度量,如果说有 1 个概率度,即 $t=1$,就表明总体指标与样本指标之间相差一个抽样平均误差范围;若说有 2 个概率度,即 $t=2$,就是说总体指标与样本指标之间相差 2 个抽样平均误差范围,也就是说,概率度 t 表示误差范围为抽样平均误差的 t 倍,即:

$$t = \frac{|\bar{x} - \bar{X}|}{\mu_{\bar{x}}} = \frac{\Delta_{\bar{x}}}{\mu_{\bar{x}}}$$

由此可以得出抽样平均数极限误差的计算公式为:

$$\Delta_{\bar{x}} = t\mu_{\bar{x}}$$

同理:
$$t = \frac{|p - P|}{\mu_p} = \frac{\Delta_p}{\mu_p}$$

由此可以得出抽样平均数极限误差的计算公式为:

$$\Delta_p = t\mu_p$$

在正态分布下,由于抽样误差的概率就是概率度的函数,可以通过给定的概率保证程度$F(t)$,查正态分布概率表,直接从表上找出抽样误差的概率度t的值。

在抽样推断中最常用的几个概率$F(t)$与概率度t之间关系如表8.3所示。

表8.3 常用正态分布概率

概率 $F(t)$	概率度 t
0.6827	1
0.9000	1.64
0.9500	1.96
0.9545	2
0.9973	3
0.9999	4

例 8-5 某镇对 100 m² 棉花进行抽样调查,随机抽取 4 m² 进行实测,结果平均亩产 550 kg,标准差位 25 kg,在概率为 95% 的保证下,求抽样极限误差。

已知 $F(t)=95\%$,查表得 $t=1.96$,$S=25$,$n=4$

则:$\Delta_{\bar{x}} = t\mu_{\bar{x}} = t\sqrt{\dfrac{S^2}{n}} = 1.96 \times \sqrt{\dfrac{25^2}{4}} = 24.5(\text{kg})$

例 8-6 质监部门从 20 000 袋速冻食品中,随机抽取 600 袋进行质量检验,检查结果有 30 袋变质,在概率 92.81% 的保证下,合格品率的抽样误差的最大允许范围是多少?

已知 $F(t)=92.81\%$,查表得 $t=1.8$,$n=600$

合格品率 $p = \dfrac{600-30}{600} \times 100\% = 95\%$

则:$\Delta_{\bar{p}} = t\mu_{\bar{p}} = t\sqrt{\dfrac{p(1-p)}{n}} = 1.8 \times \sqrt{\dfrac{0.95 \times (1-0.95)}{600}} = 1.6\%$

任务三 总体参数估计

总体参数的估计就是用样本指标来估计总体指标,用样本平均数估计总体平均数,用样本成数估计总体成数。其两种基本方法为点估计与区间估计。

一、总体参数的点估计

(一)点估计的概念

点估计又称定值估计,是利用样本计算出的统计量直接作为总体参数的估计量。例如,用样本平均数的实际值作为总体平均数的估计量,用样本成数的实际值作为总体成数的估计值。再如,根据某地区样本资料计算粮食平均每平方千米产量为 90 kg,优质粮食作物的比重为80%,就可以用这些数值作为全地区粮食单位面积(每平方千米)产量水平和优质品率的估计值。

(二)估计量的评选标准

① 无偏性,即样本统计量的期望值(平均数)等于被估计的总体参数。也就是说,虽然每一次抽样,所计算的统计量和总体参数的真值可能有误差,误差可正可负、可大可小,但在多次反复的估计中,所有样本统计量取值的平均数应该等于总体参数本身,即样本统计量的估计,平均说来是没有偏差的。

② 一致性,即当样本的单位数充分大时,样本统计量也充分靠近总体参数。也就是说,随着样本单位数的无限增加,样本统计量和被估计的总体参数之差的绝对值小于任意小的数,它的可能性也趋近于必然性,或者说实际上是几乎肯定的。

③ 有效性,即作为优良估计量的方差应该比其他估计量的方差小。例如,用样本平均数或用总体某一变量值来估计总体平均数,虽然两者都是无偏的,而且在每一次估计中,两种估计量和总体平均数都可能有离差,但是样本平均数更靠近于总体平均数的周围,平均来说其离差比较小。所以对比说来,样本平均数是更为有效的估计量。

总体参数点估计的方法简便、易行。但这种估计没有表明抽样估计的误差,也没有指出误差在一定范围内的概率保证程度有多大。要研究这些问题,就需要采用区间估计的方法。

二、总体参数的区间估计

(一)区间估计的概念

总体参数的区间估计不是直接给出总体参数的估计值,而是利用实际样本资料,构造出一个置信区间,用这个区间来表明总体参数可能存在的范围,同时给出这个估计相应的概率保证程度(也称置信度)。

1. 总体平均数的区间估计

根据样本平均数的分布特征可知:

$$p(|x-X| \leq \Delta_{\bar{x}}) = F(t) = 1 - \alpha$$

即:
$$p(x - \Delta_{\bar{x}} \leq X \leq x + \Delta_{\bar{x}}) = F(t) = 1 - \alpha$$

在概率保证程度为$F(t)$,概率度为t的情况下,总体平均数的数值将在$x - \Delta_x$和$x + \Delta_x$的范围内。其中,$x - \Delta_x$称为估计下限,$x + \Delta_x$称为估计上限;区间$[x - \Delta_x, x + \Delta_x]$称为置信区间,估计可靠性程度称为置信度。

2. 总体成数的区间估计

总体成数的区间估计原理与总体平均数相同,即:

$$p(|p-P| \leq \Delta_p) = F(t) = 1 - \alpha$$
$$p(p - \Delta_p \leq P \leq p + \Delta_p) = F(t) = 1 - \alpha$$

在概率保证程度为$F(t)$,概率度为t的情况下,总体成数的数值将在$p - \Delta_p$和$p + \Delta_p$的范围内。其中,$p - \Delta_p$称为估计下限,$p + \Delta_p$称为估计上限;区间$[p - \Delta_p, p + \Delta_p]$称为置信区间,估计可靠性程度$1 - \alpha$称为置信度。例如,$1 - \alpha = 0.95$,说明有95%的可能总体参数包括在估计区间内,而不包括在这个区间的概率为$\alpha = 5\%$,叫显著性水平。

由上可见,科学的区间估计方法要具备3个基本要素。

① 要有合适的统计量作为估计量:$\bar{x}$、p。
② 要有合理的允许误差范围:$\Delta_{\bar{x}}$、Δ_p。
③ 要有可靠的概率保证程度:$F(t)$。

(二)区间估计的两种模式

由于参数的允许范围涉及估计的准确性问题,而相应的概率保证程度(置信度)涉及估计的可靠性问题。所以,估计时常常希望准确性尽可能提高,而且可靠性也不能小。但是这两个要求是矛盾的,在样本单位数不变的条件下,要想缩小区间估计,提高估计的准确性,势必要减小置信度,降低估计的可靠性;同样,提高了估计的可靠性,也必然要降低估计的准确性。因此,在抽样估计的时候,只能对其中的一个要素提出要求,而推断另一个要素的变动情况。所以,总体参数的区间估计根据所给定的条件不同,有两种估计方法。

1. 根据给定的抽样误差范围 Δ,估计其概率保证程度 $F(t)$

它的具体步骤如下。

1)抽取样本,根据样本单位标志值计算样本指标,如计算样本平均数或样本成数,作为总体指标的相应估计值,并计算样本标准差以推算抽样平均误差。

2)根据给定的抽样极限误差范围,估计出总体指标(平均数或成数)的下限和上限。

3)根据给定的抽样极限误差除以抽样平均误差,求出概率度 t 值,再根据 t 值查正态分布概率表,求出相应的概率保证程度 $F(t)$,并对总体参数做区间估计。

例 8-7 某城市进行居民家计调查,随机抽取 400 个居民户,调查得年平均每户年文化用品消费支出为 1 200 元,标准差为 200 元。要求抽样极限误差不超过 20 元,试对该市居民年平均每户文化用品消费支出情况做出估计。

第一步,抽取样本,计算样本平均数和标准差,并计算抽样平均误差。

$\bar{x} = 1\ 200(元),\sigma = 200(元)$

$\mu_{\bar{x}} = \dfrac{\sigma}{\sqrt{n}} = \dfrac{200}{\sqrt{400}} = 10(元)$

第二步,根据给定的误差范围,计算该市居民户年均文化用品消费的范围。

下限 $= \bar{x} - \Delta_{\bar{x}} = 1\ 200 - 20 = 1\ 180(元)$
上限 $= \bar{x} + \Delta_{\bar{x}} = 1\ 200 + 20 = 1\ 220(元)$

第三步,计算概率度,并查表估计出置信度。

$t = \dfrac{\Delta_{\bar{x}}}{\mu_{\bar{x}}} = \dfrac{20}{10} = 2$

$F(t) = 0.954\ 5$

计算结果表明,可以有 95.45% 的概率保证程度,估计该市居民户年均文化用品消费支出在 1 180~1 220 元。

例 8-8 某市广播电视局对居民安装有线电视的情况进行调查,随机抽取 900 户,其中,有 675 户居民安装了有线电视。要求抽样极限误差范围不超过 2.73%,试对该市居民户安装有线电视的比重进行估计。

项目八 统计推断

第一步,抽取样本,计算样本成数和标准差,并推算抽样平均误差。

$$p = \frac{675}{900} = 75\%$$

$$\sigma_p = \sqrt{p(1-p)} = \sqrt{0.75 \times 0.25} = 0.43$$

$$\mu_p = \sqrt{\frac{p(1-p)}{n}} = \sqrt{\frac{0.75 \times 0.25}{900}} = 1.4\%$$

第二步,根据给定的误差范围,计算总体成数的上、下限。

下限 $= p - \Delta_p = 75\% - 2.73\% = 72.27\%$

上限 $= p + \Delta_p = 75\% + 2.73\% = 77.73\%$

第三步,计算概率度,并查表估计出置信度。

$$t = \frac{\Delta_p}{\mu_p} = \frac{2.73\%}{1.4\%} = 1.96$$

$$F(t) = 0.95$$

计算结果表明,可以有 95% 的概率保证程度,估计该市居民安装有线电视的比重在 72.27%~77.73%。

2. 根据置信度的要求,估计总体指标出现的可能范围

它的具体步骤如下。

① 抽取样本,根据样本单位标志值计算样本指标,如计算样本平均数或样本成数,作为总体指标的相应估计值,并计算样本标准差用以推算抽样平均误差。

② 根据给定的置信度 $F(t)$ 的要求,查正态分布概率表,求得概率度 t 值。

③ 根据概率度和抽样平均误差来推算抽样极限误差的可能范围,并据以计算被估计总体指标的上、下限,对总体参数做区间估计。

例 8-9 某公司有职工 3 000 人,从中随机抽取 60 人调查其工资收入情况。调查结果表明,职工的月平均工资为 2 350 元,标准差为 193 元,月收入在 2 000 元及以上职工 40 人。试以 95.45% 的置信水平推断该公司职工月平均工资所在的范围和月收入在 2 000 元及以上的职工在全部职工中所占的比重。

第一步,根据样本资料推算抽样平均误差。

$$\mu_{\bar{x}} = \sqrt{\frac{s^2}{n}\left(1 - \frac{n}{N}\right)} = \sqrt{\frac{193^2}{60} \times \left(1 - \frac{60}{3\,000}\right)} = 24.67$$

第二步,根据给定的置信度,查表得概率度。

因为 $F(t) = 95.45\%$,所以 $t = 2$。

第三步,根据概率度和抽样平均误差计算抽样极限误差,并估计总体平均数的上、下限。

$$\Delta_{\bar{x}} = t\mu_{\bar{x}} = 2 \times 24.67 = 49.34$$

$$\bar{x} - \Delta_{\bar{x}} \leq X \leq \bar{x} + \Delta_{\bar{x}}$$

$2\,350 - 49.34 \leq X \leq 2\,350 + 49.34$

$2\,300.66 \leq X \leq 2\,399.34$

计算结果表明,有 95.45% 的把握,该公司职工月平均工资在 2 300.66~2 399.34 元。

月收入在 2 000 元及以上的职工在全部职工中所占的比重为:

$$p = \frac{40}{60} = 66.67\%$$

$$\mu_p = \sqrt{\frac{p(1-p)}{n}\left(1-\frac{n}{N}\right)} = \sqrt{\frac{0.6667 \times (1-0.6667)}{60}\left(1-\frac{60}{3\ 000}\right)} = 6.02\%$$

$$\Delta_p = t\mu_p = 2 \times 6.02\% = 12.04\%$$

$$p - \Delta_p \leqslant P \leqslant P + \Delta_p$$

$$66.67\% - 12.04\% \leqslant P \leqslant 66.67\% + 12.04\%$$

$$54.63\% \leqslant P \leqslant 78.71\%$$

计算结果表明，有95.45%的把握，该公司月收入在2 000元及以上的职工占全部职工的比重在54.63%~78.71%。

任务四　样本单位数目的确定

一、影响必要样本容量的因素

为了确定必要样本容量，必须分析影响样本容量的因素。影响必要样本容量的因素主要有以下几个。

① 总体各单位标志变异程度，即总体方差的大小。总体标志变异程度越大，要求样本容量要大些；反之，则相反。

② 抽样极限误差的大小。抽样极限误差越大，要求样本容量越小；反之，则相反。

③ 抽样方法。在其他条件相同时，重复抽样比不重复抽样要求样本容量大些。

④ 抽样方式。例如，采用类型抽样的样本容量要小于简单随机抽样的样本容量。

⑤ 抽样推断的概率保证程度的大小。概率越大，要求样本容量越大；反之，则相反。

二、样本单位数的计算

一般说来，抽样数目以满足在一定的概率保证下抽样误差不超过给定的允许范围的最小样本容量为界。因此，可根据抽样极限误差与抽样数目的关系来确定抽样数。

（一）平均数的必要样本容量

1. 重复抽样

由 $\Delta_{\bar{x}} = t\mu_{\bar{x}} = t\sqrt{\dfrac{\sigma^2}{n}}$ 可得：

$$n = \frac{t^2 \sigma^2}{\Delta_{\bar{x}}^2}$$

从上式可以看出，若确定了抽样极限误差、总体标准差以及概率度，就能确定必要样本容量。

2. 不重复抽样

由 $\Delta_{\bar{x}} = t\mu_{\bar{x}} = t\sqrt{\dfrac{\sigma^2}{n}\left(1-\dfrac{n}{N}\right)}$ 可得：

$$n = \dfrac{Nt^2\sigma^2}{N\Delta_{\bar{x}}^2 + t^2\sigma^2}$$

例 8-10 某批发站欲估算零售商贩的平均每次进货额,根据历史资料进货额的标准差为 1 000 元,假定到批发站进货的商贩有 2 000 人,若要求置信水平为 99.73%,抽样极限误差不超过 250 元,应该抽取多大的样本?

因为 $F(z) = 99.73\%$,所以 $z = 3$

重复抽样条件下的必要样本容量：

$$n = \dfrac{t^2\sigma^2}{\Delta_{\bar{x}}^2} = \dfrac{3^2 \times 1\,000^2}{250^2} = 144(人)$$

不重复抽样条件下的必要样本容量：

$$n = \dfrac{Nt^2\sigma^2}{N\Delta_{\bar{x}}^2 + t^2\sigma^2} = \dfrac{2\,000 \times 3^2 \times 1\,000^2}{2\,000 \times 250^2 + 3^2 \times 1\,000^2} = 134.33 \approx 135(人)$$

(二) 成数的必要样本容量

1. 重复抽样

由 $\Delta_{\bar{x}} = t\mu_{\bar{x}} = t\sqrt{\dfrac{p(1-p)}{n}}$ 可得：

$$n = \dfrac{t^2 p(1-p)}{\Delta_p^2}$$

2. 不重复抽样

由 $\Delta_{\bar{x}} = t\mu_{\bar{x}} = t\sqrt{\dfrac{p(1-p)}{n}\left(1-\dfrac{n}{N}\right)}$ 可得：

$$n = \dfrac{Nt^2 p(1-p)}{N\Delta_p^2 + t^2 p(1-p)}$$

例 8-11 某社区想通过抽样调查了解居民参加体育活动的比率,如果把误差范围设定在 5%,问如果以 95% 的置信度进行参数估计,需要多大的样本?

因为 $F(z) = 95\%$,所以 $z = 1.96$

根据公式得：

$$n = \dfrac{t^2 p(1-p)}{\Delta_p^2} = \dfrac{1.96^2 \times 0.5 \times 0.5}{5\%^2} = 384.16 \approx 385(人)$$

例 8-12 某市质量技术监督部门拟对市场上某类牛奶制品的质量(合格率)进行检查,要求在 95% 的可靠性之下 ($t = 1.96$),合格率的误差范围不超过 1%。根据最近 3 次同类检查,这类产品的合格率分别为 98.9%、98.2%、97.8%。问:至少应该抽多少件产品进行检验? 若允许误差扩大 1 倍,则应该抽取多少件进行检验?

已知 $t = 1.96$,$\Delta_p = 1\%$,$P = 97.8\%$

样本容量 $n = \dfrac{t^2 P(1-P)}{\Delta_p^2} = \dfrac{1.96^2 \times 0.978 \times 0.022}{0.01^2} = 826.6 \approx 827($件$)$

当允许误差扩大1倍时,即 $\Delta_p = 2\%$,于是样本容量为:

$n = \dfrac{t^2 P(1-P)}{\Delta_p^2} = \dfrac{1.96^2 \times 0.978 \times 0.022}{0.02^2} = 206.7 \approx 207($件$)$

说明

① 本例是成数估计时的样本容量确定。虽然实际的质量检验肯定是采用不重复抽样的,但由于市场上该类产品数量未知,可视做无穷大,故采用重复抽样的样本容量公式。

② 本例的关键是公式中 P 的选择。题中提供了3次同类检查的合格率资料,但一般不能用三者平均数作为 P。样本容量确定时通常采取保守原则,因此应该取最大方差,题中提供的3次调查合格率,其方差分别为 $98.9\% \times (1-98.9\%) = 0.010\ 879$、$98.2\% \times (1-98.2\%) = 0.011\ 784$、$97.8\% \times (1-97.8\%) = 0.021\ 516$,故取 $P = 97.8\%$ 时方差达到最大,据之计算得出的样本容量也最大,据之做出的调查估计也是最保守,从而也是最可靠的。

任务五　用 Excel 进行参数的区间估计

基于以上对总体参数区间估计步骤的分析,可以利用 Excel 的函数工具,通过输入数据与公式的方式,构造出专门用于区间估计的 Excel 工作表格。

为构造区间估计的工作表,应在工作表中输入下列内容:A — C 列各单元格输入样本数据集合,D 列各单元格输入变量名称,E 列各单元格输入计算公式,F 列多单元输入计算结果,如表8.4所示。

表8.4　区间估计的 Excel 工作表格

	A	B	C	D	E	F
1		样本数据		计算指标	公算公式	计算结果
2	6 300	6 300	6 750	样本数据个数	=COUNT(A2:C5)	12.00
3	6 900	6 975	7 050	样本均值	=AVERAGE(A2:C5)	6 418.75
4	7 200	7 350	7 800	样本标准差	=STDEV(A2:C5)	1 066.17
5	4 500	4 800	5 100	抽样平均误差	=E4/SPRT(E2)	307.78
6				置信水平	=0.95	0.95
7				自由度	=E2−1	11.00
8				t 值	=TINV(1−E6,E7)	2.20
9				误差范围	=E8×E5	677.41
10				置信区间下限	=E3−E9	5 741.34
11				置信区间上限	=E3+E9	7 096.16

项目八 统计推断

本表 F 列为 E 列的计算结果。当 E 列各单元格输入完公式后,按回车键即显示 F 列各单元格结果。

下面结合上述各节的研究,运用总体服从正态分布条件下的例子,说明用 Excel 构造参数区间估计的操作步骤。

一、总体平均数的区间估计

例 8-13 为了解某学校 3 000 名学生的日摄入平均热量,随机抽取 300 名学生组成一个样本,样本的均值和修正标准差分别为 2 000 kCal 和 140 kCal,用 Excel 求解该校全部学生日摄入热量 95% 的置信区间,并将结果与以前计算结果对比。

具体操作步骤如下,结果如图 8.2 所示。

图 8.2 学生日摄入平均热量区间估计计算

① 在单元格 A1、B1 中分别输入"样本容量 n"、300,A2、B2 中分别输入"总体单位数 N"、3 000。

② 在单元格 A4、A5、A6 中分别输入样本均值、样本修正标准差和置信度。

③ 在单元格 B3 中输入样本修正系数的计算公式"=SQRT(1-B1/B2)"。

④ 在单元格 B7 中输入计算的表达式"=NURMSINV(1-0.05÷2)"。

⑤ 在单元格 B8 中输入总体均值置信区间的下限公式"=B4-B7(B5/SQRT(B1))B3"。

⑥ 在单元格 B9 中输入总体均值置信区间的上限公式"=B4+B7(B5/SQRT(B1))B3"。

在输入每一个公式后,按回车键,便可得到如图 8.2 所示的计算结果,即该校全部学生日摄入平均热量的 95% 的置信下限为 1 985,置信上限为 2 015。

例 8-14 从某厂生产的一批电子元件中抽取了 30 个作为样本,测得它们的电阻(单位:Ω)数据如下。

0.134 0.145 0.138 0.138 0.139 0.144 0.136 0.140 0.142 0.139 0.134

0.136　0.139　0.144　0.143　0.133　0.134　0.140　0.145　0.138　0.129　0.137
0.144　0.138　0.136　0.150　0.143　0.137　0.142　0.135

假定元件的电阻服从正态分布,试在95%的置信水平下给出这批电子元件平均电阻值的置信区间。

这是一个关于总体均值的区间估计,其中,总体服从正态分布且总体方差未知,在Excel中的具体操作步骤如下,结果如图8.3所示。

图8.3　电子元件平均电阻区间估计计算

① 把数据输入到单元格A2:A31中。
② 在单元格C5、C6中分别输入置信度和自由度。
③ 在C2单元格输入样本容量计算公式"=COUNT(A2:A31)"。
④ 在C3单元格输入样本均值计算公式"=AVERAGE(A2:A31)"。
⑤ 在C4单元格输入样本修正标准差计算公式"=STDEV(A2:A31)"。
⑥ 在C7单元格输入 t 检验双侧分位数计算公式"=TINV(1−C5,C6)"。
⑦ 在C8单元格输入置信区间下限计算公式"=C3−C7*C4/SQRT(C2)"。
⑧ 在C9单元格输入置信区间上限计算公式"=C3+C7*C4/SQRT(C2)"。

最后得到这批电子元件平均电阻95%的置信区间为0.137~0.141。

二、总体成数的区间估计

例8−15　某社区为了解居民住房情况,抽查了100户,其中,人均住房面积不足

$10m^2$ 的困难户有28户。试求该社区住房困难户所占比率的90%的置信区间。

现以本例的数据为例,介绍在Excel中关于总体成数的区间估计问题。具体步骤如下,结果如图8.4所示。

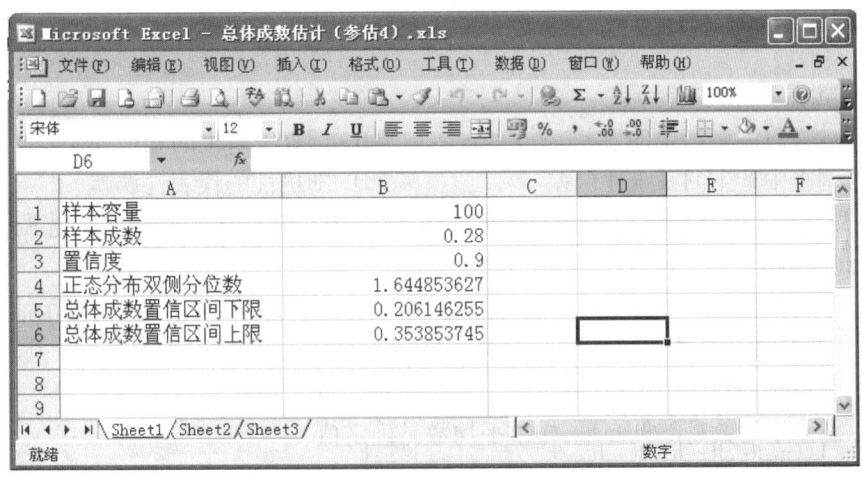

图8.4　总体成数置信区间计算

① 首先,在B1、B2、B3单元格中分别输入样本容量、样本成数和置信度。

② 在B4单元格中输入计算正态分布双侧分位数的公式"＝NORMSINV[1－(1－B3)/2]"。

③ 在B5单元格中输入总体成数置信区间下限的计算公式"＝B2－B4＊SQRT[B2(1－B2)/B1]"。

④ 在B6单元格中输入总体成数置信区间上限的计算公式"＝B2＋B4＊SQRT[B2(1－B2)/B1]"。

最后求得该社区住房困难户所占比例的90%的置信区间为21%～35%。

复习思考题

习题自测

一、填空题

1. 抽样调查是遵循_____抽选样本,通过对样本单位的调查来对研究对象的总体数量特征做出推断的。

2. 只要使用非全面调查的方法,即使遵守随机原则,_____也不可避免会产生。

3. 从全部总体单位中随机抽取样本单位的方法有两种,即_____和_____。

4. 判别估计量优良性的3个准则是:_____、_____ 和_____。

5. 常用的抽样组织形式有_____、_____、_____和_____。

6. 在重复抽样条件下,抽样平均误差与_____成反比,与_____成正比。

7. 扩大抽样误差的范围,可以_____推断的可靠程度,同时_____推断的精确程度。

8. 对于简单随机重复抽样,若其他条件不变,则当极限误差范围Δ缩小一半,抽样单位数必须为原来的_____倍;若Δ扩大一倍,则抽样单位数为原来的_____。

9. 在同样的精度要求下,不重复抽样比重复抽样需要的样本容量_____。

10. 在缺少总体的方差时,可用_____代替来计算抽样误差。

二、单项选择题

1. 抽样误差是指( )。
    A. 计算过程中产生的误差　　　　B. 调查中产生的登记性误差
    C. 调查中产生的系统性误差　　　D. 随机性的代表性误差

2. 事先将全及总体各单位按某一标志排列,然后依固定顺序和间隔来抽选调查单位的抽样组织方式叫作( )。
    A. 分层抽样　　B. 简单随机抽样　　C. 整群抽样　　D. 等距抽样

3. 总体平均数和样本平均数之间的关系是( )。
    A. 总体平均数是确定值,样本平均数是随机变量
    B. 总体平均数是随机变量,样本平均数是确定值
    C. 两者都是随机变量
    D. 两者都是确定值

4. 在一定的抽样平均误差条件下,( )。
    A. 扩大极限误差范围,可以提高推断的可靠程度
    B. 扩大极限误差范围,会降低推断的可靠程度
    C. 缩小极限误差范围,可以提高推断的可靠程度
    D. 缩小极限误差范围,不改变推断的可靠程度

5. 反映样本指标与总体指标之间的平均误差程度的指标是( )。
    A. 抽样误差系数　　B. 概率度　　C. 抽样平均误差　　D. 抽样极限误差

6. 当成数等于( )时,成数的方差最大。
    A. 1　　B. 0　　C. 0.5　　D. -1

7. 对甲、乙两个工厂工人平均工资进行随机不重复抽样调查。调查的工人数一样,两工厂工资方差相同,但甲厂工人总数比乙厂工人总数多一倍,则抽样平均误差( )。
    A. 甲厂比乙厂大　　B. 乙厂比甲厂大　　C. 两个工厂一样大　　D. 无法确定

8. 反映抽样指标与总体指标之间抽样误差可能范围的指标是( )。
    A. 抽样平均误差　　B. 抽样极限误差　　C. 抽样误差系数　　D. 概率度

9. 能够事先加以计算和控制的误差是( )。
    A. 系统性误差　　B. 抽样误差　　C. 登记性误差　　D. 调查误差

10. 计算抽样平均误差时,若有多个样本标准差的资料,应选哪个来计算( )。
    A. 最小一个　　B. 最大一个　　C. 中间一个　　D. 平均值

三、多项选择题

1. 影响抽样误差大小的因素有( )。
    A. 抽样调查的组织形式　　　　B. 抽取样本单位的方法
    C. 总体被研究标志的变异程度　D. 抽取样本单位数的多少

E. 总体被研究标志的属性
2. 在抽样推断中,(　　　)。
   A. 抽样指标的数值不是唯一的　　　B. 总体指标是一个随机变量
   C. 可能抽取许多个样本　　　　　　D. 统计量是样本的函数
   E. 全及指标又称统计量
3. 抽样调查的主要目的是(　　　)。
   A. 对调查单位做深入研究　　　　　B. 用样本指标推断总体的指标
   C. 计算和控制误差　　　　　　　　D. 广泛运用数学方法
   E. 对总体进行科学的估计和判断
4. 在抽样推断中,样本单位数的多少取决于(　　　)。
   A. 总体标准差的大小　　　　　　　B. 允许误差的大小
   C. 抽样估计的把握程度　　　　　　D. 总体参数的大小
   E. 抽样方法
5. 总体参数区间估计必须具备的 3 个要素是(　　　)。
   A. 样本单位数　　B. 样本指标　　C. 全及指标　　D. 抽样误差范围
   E. 抽样估计的置信度
6. 在抽样平均误差一定的条件下,(　　　)。
   A. 扩大极限误差的范围,可以提高推断的可靠程度
   B. 缩小极限误差的范围,可以提高推断的可靠程度
   C. 扩大极限误差的范围,只能降低推断的可靠程度
   D. 缩小极限误差的范围,只能降低推断的可靠程度
   E. 扩大或缩小极限误差的范围,与推断的可靠程度无关
7. 在抽样调查中,(　　　)。
   A. 全及指标是唯一确定的　　　　　B. 样本指标是唯一确定的
   C. 全及总体是唯一确定的　　　　　D. 样本指标是随机变量
   E. 全及指标是随机变量
8. 参数估计方法有(　　　)。
   A. 点估计　　　B. 区间估计　　C. 统计估计　　D. 抽样估计
   E. 假设检验
9. 抽样估计的抽样误差(　　　)。
   A. 是不可以避免的　　　　　　　　B. 是可以改进调查方法消除的
   C. 是可以事先计算的　　　　　　　D. 只有调查结束之后才能计算
   E. 其大小是可以控制的
10. 总体标准差未知时,常用的替代办法有(　　　)。
    A. 用过去调查的同类问题的经验数据　　B. 用样本的标准
    C. 凭调查者经验确定　　　　　　　　　D. 用总体方差
    E. 先组织试验性抽样,用试验样本的标准差

四、判断题

1. 抽样推断是利用样本资料对总体数量特征进行估计的一种统计分析方法,因此,不可避免地会产生误差,这种误差的大小是不能进行控制的。（ ）
2. 从全部总体单位中按照随机原则抽取部分单位组成样本,只能组成一个样本。（ ）
3. 抽样成数的特点是:样本成数越大,则成数方差越大。（ ）
4. 抽样估计的置信度就是表明抽样指标和总体指标的误差不超过一定概率范围的概率保证程度。（ ）
5. 在其他条件不变的情况下,提高抽样估计的可靠程度,可以提高抽样估计的精确度。（ ）
6. 抽样极限误差总是大于抽样平均误差。（ ）
7. 在其他条件不变的情况下,抽样平均误差要减少为原来的1/3,则样本容量必须增大9倍。（ ）
8. 抽样调查所遵循的基本原则是可靠性原则。（ ）

五、简答题

1. 什么是抽样推断？抽样推断有哪些特点？
2. 什么是抽样误差？影响抽样误差大小的因素有哪些？
3. 什么是参数和统计量？各有什么特点？
4. 什么是抽样平均误差和抽样极限误差？二者有何区别？

六、实训题

1. 某企业生产某产品10 000袋,为检验其包装重量是否达到标准,检验员甲按简单随机重复抽样方法抽取200袋进行检查,检验员乙按简单不重复抽样方法抽取100袋进行检查。样本标准差均为2g。试求两种不同抽样方法下包装平均重量的抽样平均误差。

2. 外贸公司出口一种食品,规定每包规格不低于150g,现在用重复抽样的方法抽取其中的100包进行检验,其结果如下表所示。

每包重量/g	包数/包	组中值/g	总重量/g
148～149	10	148.5	1 485
149～150	20	149.5	2 990
150～151	50	150.5	7 525
151～152	20	151.5	3 030
	100		15 030

要求：

（1）以99.73%的概率估计这批食品的范围,以便确定平均重量是否达到规格要求；

（2）以同样的概率保证估计这批食品的合格率范围。

3. 单位按随机重复抽样方式抽取40名职工,对其业务进行考核,其考核成绩如下：

68	89	88	84	86	87	75	73	72	68	75	82	99	58	81	54	79	76	95
76	71	60	91	65	76	72	76	85	89	92	64	57	83	81	78	77	72	61
70	87																	

要求：

（1）按不及格、及格、中、良、优编制变量数列；

（2）以 95.45% 的概率保证程度推断全体职工业务考试成绩的区间范围；

（3）若其他条件不变,将允许误差范围缩小一半,应抽取多少职工？

4. 采用简单随机抽样的方法,抽取一批产品中的 200 件作为样本,其中合格品为 195 件。

要求：

（1）计算样本的抽样平均误差；

（2）以 95.45% 的概率保证程度对该产品的合格率进行区间估计（$t=2$）。

5. 对某厂日产 10 000 个灯泡的使用寿命进行抽样调查,抽取 100 个灯泡,测得其平均寿命为 1 800 小时,标准差为 6 小时。

要求：

（1）按 68.27% 概率计算抽样平均数的极限误差；

（2）按以上条件,若极限误差不超过 0.4 小时,应抽取多少只灯泡进行测试？

（3）按以上条件,若概率提高到 95.45%,应抽取多少灯泡进行测试？

（4）若极限误差为 0.6 小时,概率为 95.45%,应抽取多少灯泡进行测试？

（5）通过以上计算,说明允许误差、抽样单位数和概率之间的关系。

6. 对某地区 30 户家庭的月收支情况进行抽样调查,发现平均每户每月用于书报费支出为 45 元,抽样平均误差为 2 元。试问应以多少概率才能保证每户每月书报费支出在 41.08 ~ 48.92 元。

7. 设托福的考分服从平均数 580 分,标准差为 100 分的正态分布,问当随机抽取 20 人进行调查,样本的平均数介于 550 ~ 610 分的概率是多少？样本的平均分数等于和超过 600 分的概率是多少？

项目九
分析现象的相关性与线性

项目说明

每一种社会经济现象都不是孤立存在的。社会经济现象之间通常存在着相互制约的关系,或相互促进,或此消彼长。例如,观察发现,当一个家庭的可支配收入提高了,那么该家庭在休闲娱乐方面的支出就会增加,这说明收入与休闲娱乐支出之间有相互制约的关系,即相关关系。在此基础上,可以进一步分析收入和休闲娱乐支出之间是否存在具体的量化关系,即两者之间的函数关系。本项目通过对一系列社会经济现象的数据资料做相关分析,判断现象间是否存在相关关系,相关关系的方向、形态以及相关关系的密切程度;通过回归分析,对具有相关关系现象间数量变化的规律性进行测定,建立回归方程式,并对回归方程的有效性进行分析、判断。

能力目标

1. 了解相关系数的概念和种类。
2. 理解相关分析与回归分析之间的关系。
3. 能确定相关关系的系数。
4. 会进行回归分析及预测。
5. 会判断社会经济现象之间相关方向和相关程度。
6. 会用对简单的现象数据进行直线回归分析和预测。

知识目标

1. 熟悉相关分析和回归分析的内容和方法。
2. 掌握相关关系的判断、相关系数的含义和计算。
3. 掌握一元线性回归分析的参数估计、标准误差估计。
4. 能够运用相关分析和回归分析对数据进行分析、处理。

任务导入

根据下表所给数据思考以下问题。

项目九　分析现象的相关性与线性

销售人员序号	工龄/年	平均年销售额/万元
1	1	5
2	3	15
3	1	7
4	6	34
5	4	20
6	4	26
7	6	40
8	8	50
9	10	56
10	10	70
11	13	82
12	11	70

销售人员的工龄对其年销售额有影响吗？工龄越长销售额就一定越高吗？它们之间是什么关系？

任务分析

从给出的资料可以看出，销售人员的工龄不同，销售额也有差别，不同的工龄和销售额之间似乎有某种对应的关系，即工龄长，销售额就高。这种对应关系在多大程度上可以确定存在呢？另外，这种对应的关系有没有因果关联呢？如果有因果关联，能否确定出它们之间的关系式呢？确定它们之间的关系式的可信度又是怎样的？通过本项目的学习，可以进行具体的分析。

相关知识

任务一　认识现象的相关性

一、相关关系的概念

世界是一个普遍联系的整体。自然界或人类社会中，某一现象的存在和发展一方面影响周围一些事物的存在和发展；另一方面又受周围一些事物的影响和制约。某一现象在数量上的变化可能和一个或多个现象的数量变化有关。例如，教育需求量与居民收入水平之间，科研投入与科研产出之间等，都有着一定的依存关系。而这种依存关系一般可分为两种类型：一种是函数关系，另一种是相关关系。

（一）函数关系

函数关系是指事物或现象之间存在着严格确定性的数量关系，其主要特征是它的确定性，即对一个变量的每一个值，另一个变量都具有唯一确定的值与之相对应。变量之间的函

数关系通常可以用函数式 $Y=f(X)$ 确切地表示出来。例如,圆的周长 C 对于半径 r 的依存关系就是函数关系:$C=2\pi r$。

(二)相关关系

如果所研究的事物或现象之间,存在着一定的数量关系,即当一个现象的数量变化一定数值时,与之相对应的另一现象的数量也发生了变化,可是变化的数值不能确定。变量之间的这种不稳定、不精确的变化关系称为相关关系。相关的概念是 19 世纪后期,英国弗朗西斯·高尔顿爵士在研究遗传的生物与心理特性时提出的。

相关关系的特点表现为:①变量之间确实存在数量上的相互依存关系,即一个变量发生数量上的变化时,另一个变量也会相应地发生数量上的变化,例如,人的身高和体重,一般而言,身高者体重也重;②变量之间依存关系的具体数值是不确定的,例如,身高相同的人,体重不一定相等,有差异。之所以会发生这种情况,是因为影响变量发生变化的因素可能不止一个,还有许多其他因素。例如,人的体重除了与身高有关以外,还与胖瘦有关。

在复杂的社会系统中,各种事物或现象之间的联系大多体现为相关关系,而不是函数关系。这主要是由于影响一个变量的因素很多,而其中一些因素还没有被人们所完全认识和掌握,或是处于已经认识但对其产生的影响还不能完全控制和测量,使函数关系表现为非确定性的相关关系。另外,有些因素尽管可以控制和测量,但在操作过程中或多或少都会有误差,所有这些偶然因素的综合作用导致了变量之间的不确定性。

二、相关关系的种类

从不同的分类角度进行分析,相关关系有多种分类。

(一)根据相关程度的不同,相关关系可分为完全相关、不完全相关和不相关

① 当一种现象的数量变化完全由另一种现象的数量变化所确定,这两种现象间的关系为完全相关。例如,在价格保持不变的情况下,某种商品的销售总额与其销售量之间的关系总是成正比。在这种情况下,相关关系就是变成了函数关系。因此,也可以说函数关系是相关关系的一个特例。

② 如果两种现象之间的关系介于不相关和完全相关之间,则称其为不完全相关。通常人们所看到的相关现象绝大多数属于这种不完全相关。

③ 如果两个现象之间互不影响,其数量变化各自独立,则称其为不相关现象。例如,一般认为学习成绩的高低与天气变化是不相关的。不相关也是相关关系的特例。

(二)根据变量值变动方向趋势的不同,相关关系可分为正相关和负相关

① 正相关是指一个变量数值增加或减少时,另一个变量的数值也随之增加或减少,两个变量变化方向相同。例如,技能水平随着练习次数的增加而提高。

② 负相关是指两个变量变化方向相反,即随着一个变量数值的增加,另一个变量的数值反而减少;或随着一个变量数值的减少,另一个变量数值反而增加。例如,练习次数与遗忘量之间是负相关关系。

(三)根据相关形态的不同,相关关系可分为线性相关与非线性相关

① 线性相关也称为直线相关,是指相关的变量中,如果自变量变动时,因变量大致地围

绕一条直线发生变动。

② 非线性相关也称为曲线相关,是指相关的变量中,如果自变量变动时,因变量大致地围绕一条曲线发生变动。

（四）根据影响因素的多少,相关关系可分为单相关、复相关

① 只研究两个变量之间的相关关系,称为单相关。例如,只研究学生数学成绩与物理成绩之间的关系,这种相关关系就是单相关。

② 研究一个变量与两个或两个以上的其他变量的相关关系,称为复相关。例如,研究人的营养与人的身高、体重之间的关系,学生的学习成绩与其学习动机、方法、习惯等方面的关系,都属于复相关。

三、相关分析的作用

（一）判断变量之间有无联系

确定研究现象之间是否具有依存关系是相关分析的起点,也是研究各种现象之间相互关系的前提条件。因为只有确定了依存关系的存在,才有继续研究和探索各种现象之间相互作用、制约以及变化规律的必要和价值。

（二）确定选择相关关系的表现形式及相关分析方法

在确定了变量之间存在依存关系之后,就需要明确体现变量相互关系的具体表现形式。在此基础上,选择恰当的相关分析方法,才能确保研究目的的实现,收到预期的效果。否则,如果把非线性相关错判为线性相关,按照线性相关的性质选择相关分析的方法,就会导致错误的结论。

（三）把握相关关系的方向与密切程度

变量之间的相关关系是一种不精确的数量关系,相关分析就是要从这种不确定的数量关系中,判断相关关系的方向和密切程度。

（四）描述变量之间的关系状况,根据相关关系对现象进行预测

另外,相关分析还可以用来评价测量量具的信度、效度以及项目的区分度等。

任务二　测定现象的相关关系

相关关系可以通过相关表、相关图和相关系数的计算进行测定。其中,相关表和相关图是研究相关关系的直观工具,一般在进行详细的定量分析之前,可以利用它们对现象之间存在的相关关系的方向、形式和密切程度做大致的判断,属于定性分析。相关系数是通过构建数学模型来显示相关关系及密切程度的,属于定量分析。

一、相关表

相关表是一种统计表,是直接根据现象之间的原始资料,将一个变量的若干变量值表按

从小到大的顺序排列,并将另一个变量的值与之对应排列形成的统计表。表 9.1 为某公司 A 产品广告费与销售收入相关表。

表 9.1 某公司 A 产品广告费与销售收入相关表   万元

年　份	2009	2010	2011	2012	2013	2014	2015	2016	2017	2018
年广告费	2	2	3	4	5	6	6	6	7	7
年销售收入	50	51	52	53	53	54	55	56	56	57

从表 9.1 中可以直观地看出,销售收入随着广告费的增加而增长,二者之间存在着一定的正相关关系。

二、相关图

通过编制相关图可以更加直观地判断变量之间呈现的关系。相关图也称相关散点图或散点图,是将具有相关关系的两个变量值描绘在坐标图上,以横轴表示自变量 x,纵轴表示因变量 y,按两个变量的对应值标出坐标点的分布状况的统计图。通过点的分布状况,可以直观地大致判断出两个现象之间存在的关系性质和密切程度。根据表 9.1 绘制相关图,如图 9.1 所示。

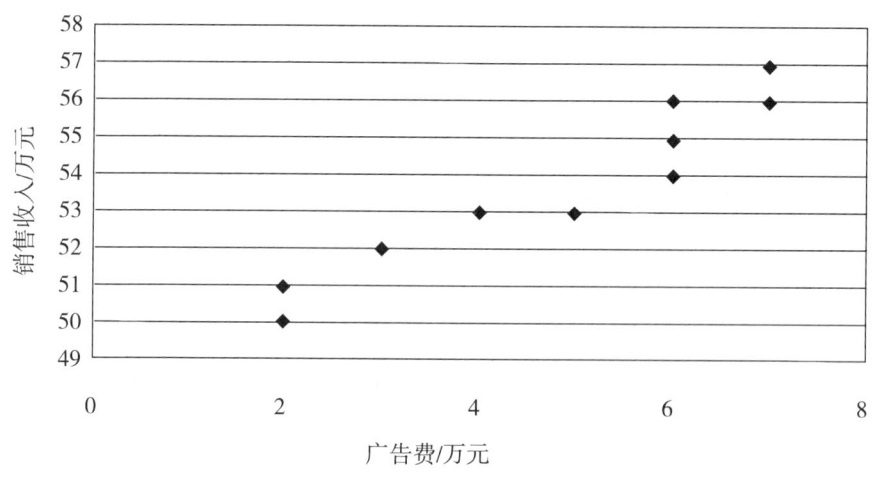

图 9.1 A 产品广告费与销售收入相关图

三、相关系数

(一)相关系数的概念

相关系数是反映变量之间相关关系密切程度的统计分析指标。现象间的相关关系有直线相关和曲线相关,现象之间的特征不同,其统计指标的名称也有所不同。反映两变量间线性相关关系密切程度的统计分析指标称为相关系数;反映两变量间曲线相关关系密切程度的统计分析指标称为非线性相关系数或曲线指数;反映多元线性相关关系的统计指标称为复相关系数。

社会经济现象之间的相关关系大多属于直线相关。故一般情况下,相关系数是指在线性相关条件下,测定变量之间相关关系的密切程度及相关方向的统计分析指标。测定相关系数的两变量为对等关系,可以不区分自变量和因变量,测定的相关系数也只有一个值。

(二)相关系数的计算

相关系数的计算方法有若干种,常用的基本方法是由英国统计学家卡尔·皮尔逊(Karl Pearson,1857—1936)提出的积差法。

积差法将相关系数定义为:两变量的协方差与两变量各自标准差乘积之比。相关系数通常用 γ 表示,其计算公式为:

$$\gamma = \frac{\sigma_{xy}^2}{\sigma_x \sigma_y} = \frac{\dfrac{\sum(x-\bar{x})(y-\bar{y})}{n}}{\sqrt{\dfrac{\sum(x-x^2)^2}{n}}\sqrt{\dfrac{\sum(y-\bar{y})^2}{n}}} = \frac{\sum(x-\bar{x})(y-\bar{y})}{\sqrt{\sum(x-x^2)^2}\sqrt{\sum(y-\bar{y})^2}}$$

$$= \frac{n\sum xy - \sum x \sum y}{\sqrt{n\sum x^2 - (\sum x)^2}\sqrt{n\sum y^2 - (\sum y)^2}}$$

式中,$\sigma_{xy}^2 = \dfrac{\sum(x-\bar{x})(y-\bar{y})}{n}$,$\sigma_{xy}^2$ 是变量 x 和 y 之间的协方差;$\sigma_x = \sqrt{\dfrac{\sum(x-x^2)^2}{n}}$,$\sigma_x$ 是变量 x 的标准差;$\sigma_y = \sqrt{\dfrac{\sum(y-\bar{y})^2}{n}}$,$\sigma_y$ 是变量 y 的标准差。

例 9-1 某公司销售部根据多年记录的销售的原始资料,编制了统计表。根据表 9.2 的数据,计算产品的价格与销售之间的关系。

表 9.2 某产品价格与销售量统计

日期(年月)	价格 x/万元	销售量 y/件	xy	x^2	y^2
2011.01	2	30	60	4	900
2014.03	4	40	160	16	1 600
2016.04	5	45	225	25	2 025
2017.07	6	50	300	36	2 500
2018.10	8	70	560	64	4 900
合计	25	235	1 305	145	11 925

根据表 9.2 中的数据,利用相关系数的公式计算如下:

$$y = \frac{n\sum xy - \sum x \sum y}{\sqrt{n\sum x^2 - (\sum x)^2}\sqrt{n\sum y^2 - (\sum y)^2}}$$

$$= \frac{5 \times 1\,305 - 25 \times 235}{\sqrt{5 \times 145 - 25^2}\sqrt{5 \times 11\,925 - 235^2}} = 0.980\,4$$

相关系数为 0.980 4,说明价格与销售量之间有高度的线性相关关系。

(三) 相关系数的特点

相关系数有以下特点。

① γ 的取值介于 -1 与 1 之间,γ 的取值范围是 $[-1,1]$。

② 在大多数情况下,$0<|\gamma|<1$,即 X 与 Y 的样本观测值之间存在着一定的线性关系,当 $\gamma>0$ 时,X 与 Y 为正相关;当 $\gamma<0$ 时,X 与 Y 为负相关。

$|\gamma|$ 的数值越接近于 1,表示 x 与 y 直线相关程度越高;反之,$|\gamma|$ 的数值越接近于 0,表示 x 与 y 直线相关程度越低。通常判断的标准是:$|\gamma|<0.3$ 称为微弱相关;$0.3 \leq |\gamma|<0.5$ 称为低度相关;$0.5 \leq |\gamma|<0.8$ 称为显著相关;$0.8 \leq |\gamma|<1$ 称为高度相关或强相关。

③ 如果 $|\gamma|=1$,则表明 X 与 Y 完全线性相关;当 $\gamma=1$ 时,称为完全正相关;而 $\gamma=-1$ 时,称为完全负相关。

④ $\gamma=0$,表明两个变量之间不存在线性关系。

任务三 测定现象的线性关系

相关系数可以描述线性相关的两个变量相关关系的方向和程度,不能说明一个变量发生一定量的变化时,另一个变量变化的数值。例如,根据表 9.3 所示的资料,在可支配收入和消费支出之间计算相关系数,发现其为小于 1 的正数,说明可支配收入越高,消费支出越高。那么,可支配收入每增加 1 000 元,消费支出会增加多少元?仅通过相关分析不能得到确切答案。为此,需要测定两个变量间的线性关系,进行回归分析。

表9.3 居民收支基本情况

指 标		2018年第三季度	2018年第二季度	2018年第一季度	2017年第四季度	2017年第三季度	2017年第二季度	2017年第一季度
居民人均可支配收入		6 972	6 248	7 815	6 632	6 410	5 748	7 184
其中	工资性收入	3 893	3 641	4 450	3 601	3 584	3 351	4 084
	经营净收入	1 172	893	1 372	1 290	1 095	837	1 280
	财产净收入	569	523	643	538	513	473	583
	转移净收入	1 338	1 190	1 351	1 202	1 218	1 087	1 237
居民人均消费支出		4 672	4 447	5 162	5 160	4 328	4 038	4 796

（续表）

指　标		2018年第三季度	2018年第二季度	2018年第一季度	2017年第四季度	2017年第三季度	2017年第二季度	2017年第一季度
其中	食品烟酒消费支出	1 249	1 199	1 615	1 527	1 169	1 143	1 535
	衣着消费支出	217	269	441	348	222	265	403
	居住消费支出	1 112	1 050	1 107	1 192	996	941	978
	生活用品及服务消费支出	300	288	310	301	285	258	277
	交通通信消费支出	645	610	676	704	584	566	645
	教育文化娱乐消费支出	624	478	454	615	602	389	480
	医疗保健消费支出	415	436	424	365	368	366	352
	其他用品和服务消费支出	108	118	135	110	101	109	127

数据来源：中华人民共和国统计局．

一、线性回归概述

（一）回归分析的概念与特点

1. 回归分析的概念

"回归"是由英国著名生物学家高尔顿（Francis Galton，1822—1911）在研究人类遗传问题时提出来的。回归分析是指对具有相关关系的变量，依据其关系形态，选择一个合适的数学模型，用来近似地表示变量之间数量平均变化关系的一种统计方法。它可将相关现象间不确定的、不规则的数量关系一般化、规则化。采用的方法是配合直线或曲线，用这种直线或曲线来代表现象之间的一般数量关系。

补充阅读

弗朗西斯·高尔顿

弗朗西斯·高尔顿，英国著名生物学家。他的学术研究兴趣广泛，包括人类学、地理、数学、力学、气象学、心理学、统计学等方面。他是查尔斯·达尔文的表弟，深受其进化论思想的影响，把该思想引入到人类研究。他着重研究个别差异，从遗传的角度研究个别差异形成的原因，开创了优生学。

为了研究父代与子代身高的关系，高尔顿搜集了1 078对父子的身高数据。他发现这些数据的散点图大致呈直线状态，即总的趋势是父亲的身高增加时，儿子的身高倾向于增加。但是高尔顿对试验数据进行了深入的分析，发现了一个很有趣的现象：高个子父母的子女，其身高有低于其父母身高的趋势,而矮个子父母的子女,其身高有高于其父母的趋势,即有"回归"到平均数的趋势,这就是统计学上最初出现"回归"时的含义。高尔顿揭示了统计方法在生物学研究中是有用的,他引进了回归直线、相关系数的概念,开创了回归分析。

2. 回归分析的特点

(1) 回归分析的两个变量是非对等关系

在回归分析中,两个变量之间哪一个是因变量,哪一个是自变量,要根据研究目的的具体情况来确定。自变量、因变量不同,所得出的分析结果也不相同。而在相关分析中,相关关系的两个变量是对等的,不必区分哪一个是自变量,哪一个是因变量。

(2) 回归分析中,因变量y是随机变量,自变量x是可控变量

可依据研究的目的分别建立对于x的回归方程或对于y的回归方程。而相关分析中,被研究的两个变量都是随机变量,只能通过计算相关系数来反映两个变量之间的密切程度。

(二) 回归分析的分类

按统计研究对象和目的的不同,回归分析有不同的分类。

1. 一元回归分析与多元回归分析

根据自变量的个数不同,可分为一元回归分析和多元回归分析。当只有一个自变量时,称为一元回归分析,也称为简单回归分析;当自变量有两个或多个时,称为多元回归分析。

2. 线性回归分析和非线性回归分析

根据变量间相互关系的形态不同,可分为线性回归分析和非线性回归分析。

根据回归分析的方法,得出的数学表达式称为回归方程,也称为回归模型。它可以是直线方程,也可以是曲线方程。若拟合的是直线方程则称为线性回归分析;若是曲线方程,则称为非线性回归分析。

用回归方程来表明两个变量之间线性相互关系的方程式,称为一元线性回归方程(模型),这种分析方法称为一元线性回归分析。

(三) 回归分析的内容

回归分析是指将具有相关关系现象的变量转变为函数关系的一种统计分析方法,具体内容包括以下两个方面。

① 确定现象之间相关关系的数学模型回归方程式。用函数关系式近似地表现变量间的相关关系,进而找出现象间相互依存关系在数量上的规律性,作为判断、推算、预测随机变量变化的依据。

② 测定数学模型的拟合精度。统计学上一般通过计算、估计标准误差测定所建模型的精确度。估计标准误差小,说明模型的适合精度高,所做统计分析结论的效果较好;估计标准误差大,说明模型的拟合精度低,统计分析结论的效果就差。

(四) 相关分析与回归分析比较

相关分析是回归分析的基础和前提,回归分析则是相关分析的深入和继续。相关分析需要依靠回归分析来表现变量之间数量相关的具体形式,而回归分析则需要依靠相关分析来表现变量之间数量变化的相关程度。只有当变量之间存在高度相关时,进行回归分析寻求其相关的具体形式才有意义。如果在没有对变量之间是否相关以及相关方向和程度做出正确判断之前,就进行回归分析,很容易造成"虚假回归"。与此同时,相关分析只研究变量

之间相关的方向和程度,不能推断变量之间相互关系的具体形式,也无法从一个变量的变化来推测另一个变量的变化情况。因此,在具体应用过程中,只有把相关分析和回归分析结合起来,才能达到研究和分析的目的。

二者的区别主要体现在以下3个方面。

① 回归分析的两个变量是非对等关系。在回归分析中,确定哪一个是自变量要根据研究目的的具体情况来确定。自变量、因变量不同,所得出的分析结果也不相同。在相关分析中,相关关系的两个变量是对等的,不必区分哪一个是自变量,哪一个是因变量。

② 回归分析中,因变量是随机变量,自变量是可控变量。可依据研究的目的分别建立对应的回归方程;在相关分析中,被研究的两个变量都是随机变量,通过计算相关系数只能反映两个变量之间的密切程度。

③ 相关分析主要是通过一个指标即相关系数来反映变量之间相关程度的大小,由于变量之间是对等的,因此相关系数是唯一确定的;而在回归分析中,对于互为因果的两个变量,如人的身高与体重,商品的价格与需求量,则有可能存在多个回归方程。

需要指出的是,变量之间是否存在真实相关,是由变量之间的内在联系所决定的。相关分析和回归分析只是定量分析的手段,通过相关分析和回归分析,虽然可以从数量上反映变量之间的联系形式及其密切程度,但是无法准确判断变量之间内在联系的存在与否,也无法判断变量之间的因果关系。因此,在具体应用过程中,一定要始终注意把定性分析和定量分析结合起来,在准确的定性分析基础上展开定量分析。

二、一元线性回归模型的建立与应用

(一) 一元线性回归模型

在相关图中,如果自变量与因变量对应的散布点近似为直线,或计算出的相关系数具有显著的直线相关关系时,都可拟合为一条回归直线。一元线性回归分析有以下特点。

① 两个变量之间不是对等关系,进行回归分析时,应先根据研究目的,确定自变量和因变量。

② 回归方程的作用在于给出自变量的值,估计、推算因变量的值,表明变量间的变动关系。

③ 回归方程中自变量的系数称为回归系数,回归系数有正、负号,正号表明回归方程拟合的是一条上升的直线;负号表明回归方程配合的是一条下降的直线。

④ 回归方程要求自变量是给定的数值,因变量是随机变量。

假设有两个现象分别表现为自变量 x 和因变量 y,拟合一元线性回归方程为:

$$\hat{y} = a + bx$$

式中,$\hat{y}$——因变量 y 的理论估计值,是被解释变量;x——自变量的实际值,是解释变量;a、b——待定参数。其几何意义是:a 是直线方程的截距,b 是斜率。其经济意义是:a 是当 x 为 0 时,y 的估计值;b 是当 x 每变动一个单位时,y 平均变动的数量,b 也叫回归系数。当 b 的符号为正时,表示两个变量正相关;当 b 的符号为负时,表示两个变量负相关。

居民可支配收入与消费支出散点图如图 9.2 所示。

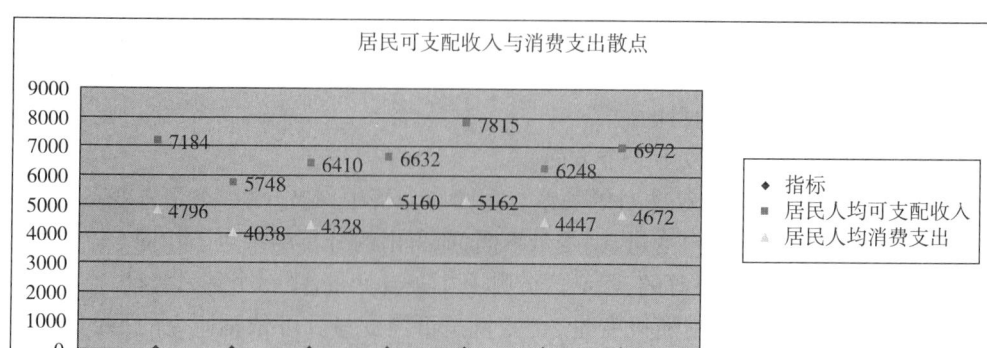

图 9.2 居民可支配收入与消费支出散点图

由于相关图上的散布点仅仅是散布在一条直线的周围,近似于一条直线,其本身不是一条标准的直线。因此,根据散点图上的点可连接若干条直线,其中的每一条都能在一定程度上说明或代表着这些散点。同时,其中的每一条都与这些散点之间存在着或大或小的误差。拟合回归直线的目的是找到一条理想的直线,足以代表全部相关点直线的趋向。

在变量数列中,通常计算一个算术平均数作为分布的中心。对于相关联的两个变量 x 和 y,可分别计算其算术平均数 $\bar{x}$ 和 $\bar{y}$。在选择最理想的直线时,须通过 $(\bar{x},\bar{y})$ 所对应的点来确定。因为,点 $(\bar{x},\bar{y})$ 是各散点的中心,最理想的直线必然通过该散点。

然而,通过点 $(\bar{x},\bar{y})$ 可以做若干条直线,其中一条为最理想的直线。该直线上的每一点都代表着因变量 y 的估计值 $\hat{y}$。估计值 $\hat{y}$ 与实际值 y 之间离差有正有负。它们的代数和,绝对值上一般很小,甚至正、负离差可能相互抵消后为 0。数学上已证明符合"离差平方和最小"的直线是最合适的。在这条直线上,据以推算的理论值 $\hat{y}$ 与实际值 y 离差的平方和,比其他任何直线推算的数值都要小。这种决定直线方程的方法,称为最小二乘法。

用 Q 表示 y 对 $\hat{y}$ 的离差平方和,则:

$$Q = \sum (y - \hat{y})^2$$

将直线方程 $\hat{y} = a + bx$ 代入上式,得:

$$Q = \sum (y - \hat{y})^2 = \sum (y - a - bx)^2$$

为使 Q 具有最小值,必须使其对 a、b 的偏导数等于 0,即:

$$\begin{cases} \dfrac{\partial Q}{\partial a} = 2\sum (y - a - bx)(-1) = 0 \\ \dfrac{\partial Q}{\partial b} = 2\sum (y - a - bx)(-x) = 0 \end{cases}$$

整理得到估计参数 a、b 的标准方程组为:

$$\begin{cases} \sum y = na + b\sum x \\ \sum xy = a\sum x + b\sum x^2 \end{cases}$$

由方程可得 a、b 的解为:
$$\begin{cases} a = \bar{y} - b\bar{x} \\ b = \dfrac{n\sum xy - \sum x \sum y}{n\sum x^2 - (\sum x)^2} = \dfrac{\overline{xy} - \bar{x}\cdot\bar{y}}{\sigma x^2} = \dfrac{\sigma xy^2}{\sigma x^2} \end{cases}$$

项目九　分析现象的相关性与线性

再将求出的 a、b 代入线性方程,得到直线回归分析模型,即:

$$\hat{y} = a + bx$$

(二) 一元线性回归模型的应用

例 9-2　如表 9.4 所示为我国 20 年以来国内生产总值与居民人均消费水平的相关资料。若 2018 年国内生产总值为 90.03 万亿元,试用一元线性回归预测 2018 年居民人均最终消费额。

表 9.4　国内生产总值与居民最终消费额资料

年　份	国民总收入 x/亿元	居民消费水平 y/元
1998	83 817.6	3 126
1999	89 366.5	3 346
2000	99 066.1	3 721
2001	109 276.2	3 987
2002	120 480.4	4 301
2003	136 576.3	4 606
2004	161 415.4	5 138
2005	185 998.9	5 771
2006	219 028.5	6 416
2007	270 704	7 572
2008	321 229.5	8 707
2009	347 934.9	9 514
2010	410 354.1	10 919
2011	483 392.8	13 134
2012	537 329	14 699
2013	588 141.2	16 190
2014	642 097.6	17 778
2015	683 390.5	19 397
2016	737 074	21 285
2017	818 461	22 935
平均	352 256.725	10 127.1

① 首先列示计算表,如表 9.5 所示。

表 9.5　一元线性回归模型参数计算

年份	国民总收入 x/亿元	居民消费水平 y/元	xy	x^2
1998	83 817.6	3 126	262 013 818	7 025 390 070
1999	89 366.5	3 346	299 020 309	7 986 371 322
2000	99 066.1	3 721	368 624 958	9 814 092 169
2001	109 276.2	3 987	435 684 209	11 941 287 886

（续表）

年份	国民总收入 x/亿元	居民消费水平 y/元	xy	x^2
2002	120 480.4	4 301	518 186 200	14 515 526 784
2003	136 576.3	4 606	629 070 438	18 653 085 722
2004	161 415.4	5 138	829 352 325	26 054 931 357
2005	185 998.9	5 771	1 073 399 652	34 595 590 801
2006	219 028.5	6 416	1 405 286 856	47 973 483 812
2007	270 704	7 572	2 049 770 688	73 280 655 616
2008	321 229.5	8 707	2 796 945 257	103 188 391 670.25
2009	347 934.9	9 514	3 310 252 639	121 058 694 638.01
2010	410 354.1	10 919	4 480 656 418	168 390 487 386.81
2011	483 392.8	13 134	6 348 881 035	233 668 599 091.84
2012	537 329	14 699	7 898 198 971	288 722 454 241.00
2013	588 141.2	16 190	9 522 006 028	345 910 071 137.44
2014	642 097.6	17 778	11 415 211 133	412 289 327 925.76
2015	683 390.5	19 397	13 255 725 529	467 022 575 490.25
2016	737 074	21 285	15 688 620 090	543 278 081 476.00
2017	818 461	22 935	18 771 403 035	669 878 408 521.00
合计	7 045 134.5	202 542	101 358 309 586.90	3 605 247 507 118.49

② 计算 a、b 的参数。

$$b = \frac{n\sum xy - \sum x \sum y}{n\sum x^2 - (\sum x)^2} = \frac{20 \times 101\ 358\ 309\ 586.90 - 7\ 045\ 134.5 \times 202\ 542}{20 \times 3\ 605\ 247\ 118.49 - 7\ 045\ 134.5^2}$$

$$= 0.026\ 7$$

$$a = \bar{y} - b\bar{x} = \frac{202\ 542}{20} - 0.026\ 7 \times \frac{7\ 045\ 134.5}{20} = 721.85$$

预测模型为：$\hat{y} = 721.85 + 0.026\ 7x$

③ 预测。

若 2018 年国内生产总值为 90.03 万亿元，则：

$\hat{y}_{2018} = 721.85 + 0.026\ 7 \times 90.03 \times 10\ 000 = 24\ 759.86(元)$

三、估计标准误差

估计标准误差是反映回归直线代表性大小的统计指标。根据回归直线方程推算的因变量的估计值准确性越高，说明根据变量间关系拟合的回归直线方程代表性程度越好。因此，在运用已建立的回归模型进行预测时，需要测算估计标准误差来评价回归直线方程的代表性。

（一）离差总平方和的分解

在直线回归中，因变量的估计值的大小与实际观察值是不等的，实际观察值 y 的大小围绕其平均值上下波动,y 的这种波动现象称为变差。变差产生的原因有两个方面:一方面受自变量 x 的影响,x 取值不同会引起 y 值的不同;另一方面受其他因素(包括未知的因素和偶然的因素)的影响。

对每个观察值来说,变差的大小可通过离差($y - \bar{y}$)来表示,我们要观察的不是某一个变量值与估计值的误差,而是整体的差别情况,则全部 n 个观察值的总变差可由这些离差的平方和表示。

假定给出变量 x 和 y 的样本观测值(x,y),并通过最小二乘法得出样本回归直线 $\hat{y} = a + bx$。y 的某个观测值与样本均值的总离差($y - \bar{y}$),可分解为两部分,如图 9.3 所示。

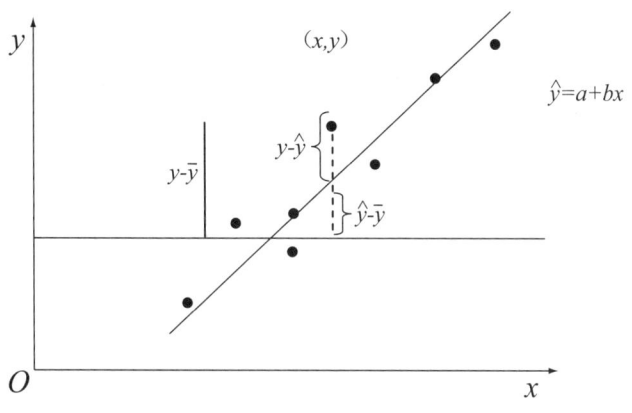

图 9.3　离差总平方和的分解

由图 9.2 可以直接看出:$(y - \bar{y}) = (y - \hat{y}) + (\hat{y} - \bar{y})$

由此推导出以下公式:

$$\sum (y - \bar{y})^2 = \sum (y - \hat{y})^2 + \sum (\hat{y} - \bar{y})^2$$

式中,$\sum (y - \bar{y})^2$——实际观察值与样本均值之差的平方和,反映样本资料中因变量的总变差,称为总离差平方和;$\sum (\hat{y} - \bar{y})^2$——样本回归线上的估计值与样本均值之差的平方和,反映因变量变异中由回归直线解释的部分,称为回归平方和或解释平方和;$\sum (y - \hat{y})^2$——实际观察值与估计值之差的平方和,反映因变量变异中不能由回归直线解释的部分,称为残差平方和。

上述总变差的分解在相关分析与回归分析中很重要,通过这种分解可以对各项影响因素的具体影响进行估算。

(二)估计标准误差

1. 估计标准误差的概念

上述总离差中,回归平方和反映的是样本回归线上的估计值与样本均值之差的平方和,残差平方和是实际观测值与估计值之差的平方和。当利用线性回归方程和给定的自变量 x 预测值 y 时,得到的 $\hat{y}$ 与实际值 y 的误差称为估计标准误差,也称回归估计标准误差。它是衡量回归估计精确度高低或回归方程代表性大小的统计分析指标。若估计标准误差小,表明回归方程准确性高,代表性大;反之,估计不够准确,代表性小。

2. 估计标准误差的计算方法

(1) 定义公式

估计标准误差是指因变量实际值与估计值离差的平均数。统计上定义残差平方和 $\sum(y-\hat{y})^2$ 除以自由度 $(n-2)$ 得到的商的平方根为估计标准误差。其计算公式为：

$$S_y = \sqrt{\frac{\sum(y-\hat{y})^2}{n-2}}$$

式中，S_y——估计标准误差；$n-2$——自由度，因在一元线性回归方程中，计算两个参数 a 和 b，受到两个方程的约束，失去了两个自由度。

(2) 简化公式

估计标准误差公式的含义比较明确，其计算过程表明了估计标准误差是用平均误差来表示的，但计算过程比较烦琐。如果已经计算出回归直线的参数 a、b 之值，可直接利用已有的数据计算。其简化公式如下：

$$S_y = \sqrt{\frac{\sum y^2 - a\sum y - b\sum xy}{n-2}}$$

现采用表9.4的有关资料为例，说明回归估计误差的计算方法。

根据表9.6，按照定义公式计算标准误差，得：

$$S_y = \sqrt{\frac{\sum(y-\hat{y})^2}{n-2}} = \sqrt{\frac{3\,414\,716.552}{20-2}} = 435.55（元）$$

表9.6 标准误差计算

年份	x	y	$\hat{y}$	$(y-\hat{y})^2$	xy	y^2
1998	83 817.6	3 126	2 959.779 92	27 629.115	262 013 817.60	9 771 876
1999	89 366.5	3 346	3 107.935 55	6 674.682 35	299 020 309.00	11 195 716
2000	99 066.1	3 721	3 366.914 87	125 376.279 3	368 624 958.10	13 845 841
2001	109 276.2	3 987	3 639.524 54	120 739.195 3	435 684 209.40	15 896 169
2002	120 480.4	4 301	3 938.676 68	131 278.188 2	518 186 200.40	18 498 601
2003	136 576.3	4 606	4 368.437 21	56 436.079 19	629 070 437.80	21 215 236
2004	161 415.4	5 138	5 031.641 18	11 312.198 59	829 352 325.20	26 399 044
2005	185 998.9	5 771	5 688.020 63	6 885.575 846	1 073 399 651.90	33 304 441
2006	219 028.5	6 416	6 569.910 95	23 688.580 53	1 405 286 856.00	41 165 056
2007	270 704	7 572	7 949.646 8	142 617.105 6	2 049 770 688.00	57 335 184
2008	321 229.5	8707	9 298.677 65	350 082.441 5	2 796 945 256.50	75 811 849
2009	347 934.9	9 514	10 011.711 8	247 717.065 7	3 310 252 638.60	90 516 196
2010	410 354.1	10 919	11 678.304 5	576 543.278 2	4 480 656 417.90	119 224 561
2011	483 392.8	13 134	13 628.437 8	244 468.698 5	6 348 881 035.20	172 501 956

(续表)

年份	x	y	$\hat{y}$	$(y-\hat{y})^2$	xy	y^2
2012	537 329	14 699	15 068.534 3	136 555.598 9	7 898 198 971.00	216 060 601
2013	588 141.2	16 190	16 425.22	55 328.467 22	9 522 006 028.00	262 116 100
2014	642 097.6	17 778	17 865.855 9	7 718.662 679	11 415 211 132.80	316 057 284
2015	683 390.5	19 397	18 968.376 4	183 718.233 3	132 557 255 28.50	376 243 609
2016	737 074	21 285	20 401.725 8	780 173.312 4	15 688 620 090.00	453 051 225
2017	818 461	22 935	22 574.758 7	129 773.794 2	18 771 403 035.00	526 014 225
合计	7 045 134.5	202 542	202 542.091	3 414 716.552	101 358 309 586.90	2 856 224 770

再按照简化公式,已知:$a=721.85$,$b=0.026\ 7$,结合表 9.4,得:

$$S_y = \sqrt{\frac{\sum y^2 - a\sqrt{y} - b\sum xy}{n-2}}$$

$$= \sqrt{\frac{2\ 856\ 224\ 770 - 721.85 \times 202\ 542 - 0.026\ 7 \times 101\ 358\ 309\ 586.90}{20-2}}$$

$$= 456.61(元)$$

上述计算中两种方法稍有差距,属于计算误差。计算表明 20 年以来,人均最终消费额的估计值与实际值的平均误差为 435.55 万元(或 456.61)万元。由此可知,只有将回归估计值与估计标准误差结合起来使用才更有意义。

3. 估计标准误差与相关系数

相关系数是说明现象间相关关系密切程度的统计分析指标,而估计标准误差是说明回归估计误差的大小及回归方程的代表性高低的统计分析指标。这两个指标之间存在着密切的联系,表现在数量上,两者存在相互的推算关系。两者的换算公式为:

$$r = \sqrt{1 - \frac{S_y^2}{\sigma_y^2}}$$

或

$$S_y = \sigma_y \sqrt{1-r^2}$$

公式中,r 与 S_y 的相互换算公式的意义在于:从互相联系的两个公式中可以看出 r 与 S_y 的变化是相反的。当 r 越大时,S_y 就越小,这时变量间的相关密切程度较高,回归直线的代表性就较大;当 r 越小时,S_y 就越大,这时变量间相关关系的密切程度就较低,回归直线的代表性就较小。

在实际的相关分析中,一般不常用这种方法计算相关系数,因为这种计算方法存在两个不足。①需要先求出回归直线方程,计算出估计标准误差,才能求得相关系数。从一般的认识程序来看,只有相关关系较密切的前提下,拟合回归分析方程才有意义;如果相关关系不够密切,回归分析就没有进行的必要,因而要求先计算相关系数来判断相关关系的密切程度。②以这种方法计算出的 r,难以判断是正相关还是负相关。

任务四　应用 Excel 分析现象间关系

一、应用 Excel 进行相关分析

（一）相关图的绘制

利用 Excel 中的图表绘制功能绘制散点图,以表 9.1 为例,具体操作步骤如下。

① 单击 Excel"图表向导"按钮(或选择"插入"|"图表"命令),在"图表类型"中选择"XY 散点图"。

② 在"子图表类型"中选择第一种散点图,如图 9.4 所示。然后单击"下一步"按钮,按照图表向导进行操作,然后单击"完成"按钮,对图形进行修饰编辑,最后得到如图 9.1 所示的 A 产品广告费与销售收入散点图。

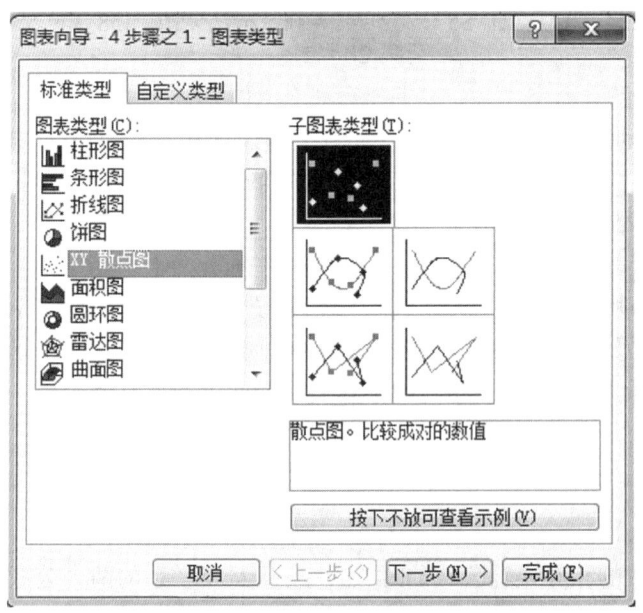

图 9.4　选择图表类型

（二）相关系数的计算

Excel 提供 CORREL 函数计算相关系数。此外,也可以利用 Excel 的数据分析工具。

1. CORREL 函数

以表 9.1 中的数据为例,介绍用 CORREL 函数计算相关系数的操作步骤如下。

① 建立 Excel 数据库。

② 打开 CORREL 函数参数对话框。选择"插入"|"函数"命令,在类别中选择"统计",再选择 CORREL 函数,打开 CORREL 函数参数对话框。

③ 对话框设置。在 Array1 和 Array2 文本框中分别输入广告费和销售收入数据,如图

项目九　分析现象的相关性与线性

9.5 所示。单击"确定"按钮,得到广告费和销售收入的相关系数为 0.955,可以判断广告费和销售收入之间是高度正相关。

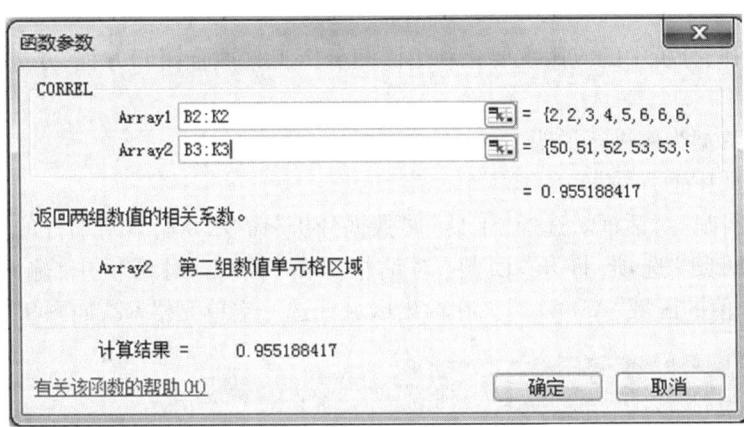

图 9.5　CORREL 函数参数对话框设置

2."相关系数"数据分析工具

"相关系数"数据分析的步骤如下。

① 数据库建立。"相关系数"数据分析工具的数据需要按列计算,所以,将广告费与销售收入按列排列输入 Excel 表格。

② 打开"相关系数"对话框。选择"工具"|"数据分析"命令,选择"相关系数"选项,打开"相关系数"对话框,如图 9.6 所示。

③ 设置对话框。输入数据区域,在"输出选项"中任选一空单元格,单击"确定"按钮,得到相关系数,如图 9.7 所示,可知广告费和销售收入的相关系数为 0.955,与 CORREL 函数计算结果一致。

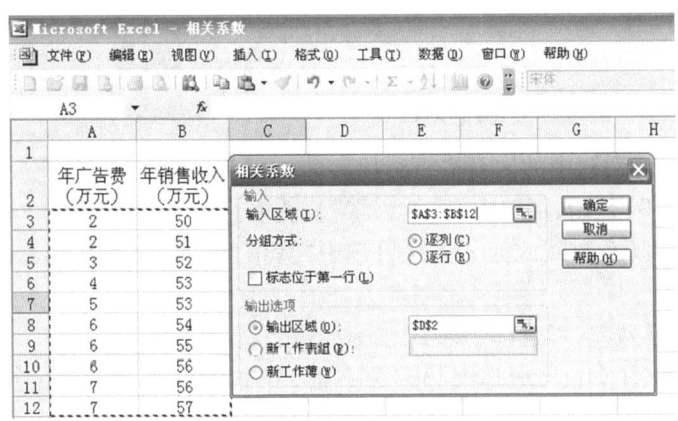

图 9.6　"相关系数"对话框

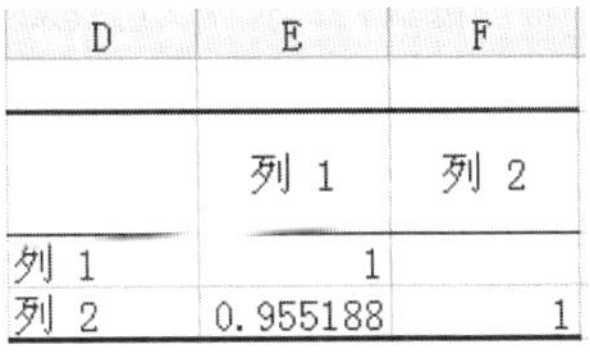

图 9.7　"相关系数"数据分析工具计算结果

二、应用 Excel 进行回归分析

Excel 在回归分析中的应用主要是利用回归分析工具拟合回归方程,并进行显著性检验和回归预测。

以表 9.1 数据为例进行说明。

① 在 Excel 中输入数据。

② 设置"回归"对话框。选择"工具"|"数据分析"命令,从打开对话框的"分析工具"列表框中选择"回归"选项,打开"回归"对话框。在"回归"对话框中,输入 y 值的区域"B3:B12"和 x 值的区域"A3:A12"。在输出区域任选一空单元格 C2,如图 9.8 所示。

图 9.8 "回归"对话框

在"回归"对话框中,可根据对话框中的内容进行选择。

- 若要求回归直线从原点(0)开始,可选中"常数为零"复选框。
- 若要去改变概率保证程度(系数默认为 95%),可选中"置信度"复选框,在其右侧文本框中输入指定的概率。
- 若要求输出残差表和标准残差,可选中"残差"、"标准残差"复选框。
- 选中"残差图""线性拟合图""正态概率图"3 个复选框,可输出相应的统计图。本例只要求输出回归的计算结果。

③ 结果分析。在"回归"对话框中进行相应的设置后,单击"确定"按钮,得到回归分析输出结果,如图 9.9 所示。

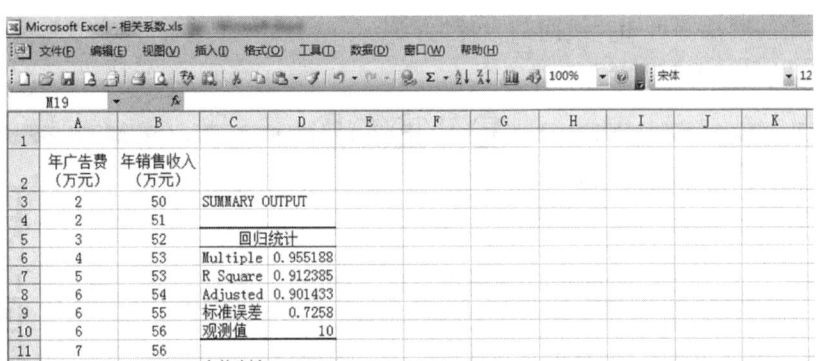

图 9.9　回归分析结果

由图 9.8 输出的回归分析可知,分析结果包括 3 个部分,具体含义如表 9.7、表 9.8 和表 9.9 所示。

表 9.7　SUMMARY OUTPUT(摘要输出)

回归统计	
Multiple R	0.955 188(相关系数 R)
R Square	0.912 385(判定系数)
Adjusted R Square	0.901 433(经过调整的判定系数)
标准误差	0.725 8(估计标准误差)
观测值	10(项数)

表 9.8　方差分析

	df（自由度）	SS（平方和）	MS（方差）	F（F 统计量）	Significance F
回归分析	1	43.885 71	43.885 71	83.308 47	1.67E−05
残差	8	4.214 286	0.526 786		
总计	9	48.1			

表 9.9　回归系数表

	Coefficients（系数）	标准误差	t Stat	P-value	下限 95.0%	上限 95.0%
Intercept（截距 a）	48.214 29	0.643 353	74.942 2	1.12E−12	46.730 71	49.697 86
X Variable 1（回归系数 b）	1.142 857	0.125 212	9.127 348	1.67E−05	0.854 117	1.431 597

根据输出的结果图可知直线回归方程为：
$\hat{y} = 48.214\ 29 + 1.142\ 857x$。

复习思考题

一、填空题

1. 现象之间普遍存在着的相互关系可概括为两类：一类是函数关系，一类是_____。
2. 按相关变量的多少分，有相关关系_____和复相关。
3. 反映回归直线方程精确度的指标是_____。
4. 若两个随机变量 X 和 Y 的协方差为 270，变量 Y 的方差为 260，变量 X 的方差为 340，则 X 和 Y 的相关系数为_____。
5. 若已知 $n = 5$，$\sum x = 15$，$\sum y = 158$，$\sum xy = 506$，$\sum x^2 = 55$，则直线回归方程为：$\hat{y} =$ _____。

二、单项选择题

1. 在计算相关系数时，首先应对两个变量进行(   )。
   A. 定性分析　　B. 定量分析　　C. 回归分析　　D. 因素分析
2. 在相关分析中，由于两个变量的关系是对等的，因而变量 x 与 y 相关同变量 y 与 x 相关是(   )。
   A. 同一问题　　　　　　　　B. 完全不同的问题
   C. 有时相同，有时不同的问题　　D. 有一定联系，但意义不同的问题
3. 确定回归方程时，对相关的两个变量要求(   )。
   A. 都是随机变量　　　　　　B. 都不是随机变量
   C. 只需因变量是随机变量　　D. 只需自变量是随机变量
4. 年劳动生产率 x（千元/人）和职工工资 Y（千元）之间的回归方程为 $Y = 10 + 70x$，这意味着年劳动生产率每提高 1 千元时，职工工资平均(   )。
   A. 增加 70 元　　B. 减少 70 元　　C. 增加 80 元　　D. 减少 80 元
5. 相关关系是指变量之间(   )。
   A. 严格的关系　　　　　　　B. 不严格的关系
   C. 任意两个变量之间关系　　D. 有内在关系的但不严格的数量依存关系
6. 相关系数 γ 的取值范围(   )。
   A. $0 \leq \gamma \leq 1$　　B. $-1 < \gamma < 1$　　C. $-1 \leq \gamma \leq 1$　　D. $-1 \leq \gamma \leq 0$
7. 一元线性回归模型的参数有(   )。
   A. 一个　　B. 两个　　C. 三个　　D. 三个以上
8. 直线相关系数的绝对值接近 1 时，说明两变量相关关系的密切程度是(   )。
   A. 完全相关　　B. 微弱相关　　C. 无线性相关　　D. 高度相关
9. 下列关系中，属于正相关关系的有(   )。
   A. 合理限度内，施肥量和平均单产量之间的关系

B. 产品产量与单位产品成本之间的关系

C. 商品的流通费用与销售利润之间的关系

D. 流通费用率与商品销售量之间的关系

10. 直线相关分析与直线回归分析的联系表现为(　　)。

　　A. 相关分析是回归分析的基础　　B. 回归分析是相关分析的基础

　　C. 相关分析是回归分析的深入　　D. 相关分析与回归分析互为条件

三、多项选择题

1. 下列现象中属于相关关系的有(　　)。

　　A. 压力与压强　　　　　　　　B. 现代化水平与劳动生产率

　　C. 圆的半径与圆的面积　　　　D. 身高与体重

　　E. 机械化程度与农业人口

2. 相关关系与函数关系各有不同的特点,主要体现在(　　)。

　　A. 相关关系是一种不严格的互相依存关系

　　B. 函数关系可以用一个数学表达式精确表达

　　C. 函数关系中各现象均为确定性现象

　　D. 相关关系是现象之间具有随机因素影响的依存关系

　　E. 相关关系中现象之间仍可通过大量观察法来寻求其变化规律

3. 相关系数 γ 的数值(　　)。

　　A. 可为正直　　B. 可为负值　　C. 可大于1　　D. 可等于 -1

　　E. 可等于1

4. 相关系数 $\gamma = 0.9$,这表明现象之间存在着(　　)。

　　A. 高度相关关系　　　　　　　B. 低度相关关系

　　C. 低度负相关关系　　　　　　D. 高度正相关关系

　　E. 低度正相关关系

5. 确定直线回归方程必须满足的条件是(　　)。

　　A. 现象间确实存在数量上的互相依存关系

　　B. 相关系数 γ 必须等于1

　　C. 相关现象必须均属于随机现象

　　D. 现象间存在着较密切的直线相关关系

　　E. 相关数列的项数必须足够多

四、判断题

1. 如果变量 X 与 Y 之间的简单相关系数 $\gamma = 0$,说明二者之间不存在相关关系。(　　)

2. 一般来说,两个变量之间的相关系数值越大,相关程度越高;相关系数值越小,相关程度越低。(　　)

3. 当两个变量之间的相关系数 $\gamma = -0.985$ 时,说明这两个变量的相关程度很低。(　　)

4. 某企业职工的平均工资与劳动生产率之间的相关系数为1.08。(　　)

5. 在相关分析中,要求变量 X 和 Y 都是随机变量;而在回归分析中,则要求 X 为非随机

变量。 ( )
6. 相关系数是测定两个变量之间关系密切程度的唯一方法。 ( )
7. 甲产品产量与单位成本的相关系数是 -0.9,乙产品的产量与单位成本的相关系数是 0.8,因此乙比甲的相关程度高。 ( )
8. 零相关就是不相关。 ( )
9. 两个变量中不论假定哪个变量为自变量 x,哪个为因变量 y,都只能计算一个相关系数。 ( )
10. 相关系数 γ 等于 0,说明两变量之间不存在相关关系。 ( )

五、简答题

1. 什么是相关关系？相关关系有什么特点？
2. 简述相关关系的种类。
3. 相关分析的主要内容包括哪些？
4. 简述回归分析的概念与特点。
5. 什么是估计标准误差？

六、实训题

1. 某种产品的产量与单位成本的资料如下表所示。

产量/千件	单位成本/(元/件)
2	73
3	72
4	71
3	73
4	69
5	68

要求：

（1）计算相关系数 γ,判断其相关方向和程度；

（2）建立直线回归方程。

2. 有几个地区的统计资料如下表所示。

万亿元

国内生产总值	财政收入	银行年末存款余额
2.2	0.8	0.2
2.4	0.9	0.4
2.5	1.0	0.5
2.7	1.2	0.7
2.9	1.4	0.6
3.0	1.5	0.8
15.7	6.8	3.2

项目九 分析现象的相关性与线性

要求：
（1）计算国内生产总值与财政收入的相关系数；
（2）计算财政收入与银行年末存款余额的相关系数；
（3）建立国内生产总值与财政收入的直线回归方程。

3. 试根据下列资料构建直线回归方程。
$\sigma_x^2 = 25$，$\sigma_y = 6$，$r = 0.9$，$a = 2.8$

七、案例分析

根据本项目任务导入中的数据资料,可编制相关表,如下表所示。

销售人员工龄与年销售额相关表

按工龄分组/年	员工数/人	平均年销售额/万元
1	2	6
3	1	15
4	2	23
6	2	37
8	1	50
10	2	63
11	1	70
13	1	82

从上表中可以看到平均年销售额与工龄之间存在着正相关的直线趋势。
再绘制散点图如下图所示。

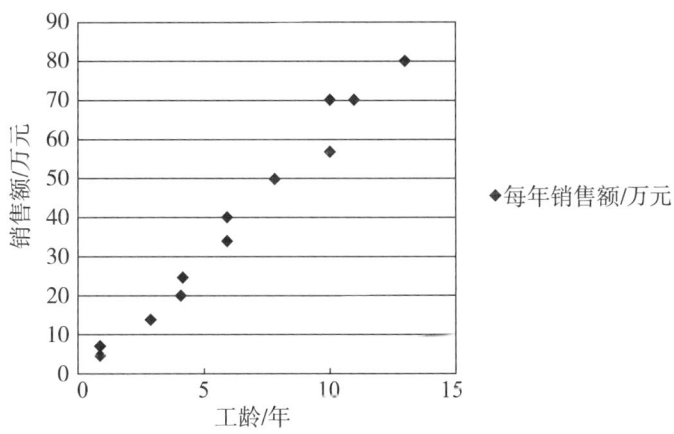

年销售额与工龄关系的相关图

根据上图可以直观地看出,员工工龄与年销售额之间的关系比较密切,且有线性正相关的趋势。
根据上表计算相关系数,如下表所示。

销售人员工龄与销售额相关系数计算

销售人员序号	工龄/年	每年销售额/万元	$x-\bar{x}$	$y-\bar{y}$	$(x-\bar{x})^2$	$(y-\bar{y})^2$	$(x-\bar{x})(y-\bar{y})$
1	1	5	-5.42	-34.58	29.34	1 196.01	187.33
2	3	15	-3.42	-24.58	11.67	604.34	83.99
3	1	7	-5.42	-32.58	29.34	1 061.67	176.49
4	6	34	-0.42	-5.58	0.17	31.17	2.33
5	4	20	-2.42	-19.58	5.84	383.51	47.33
6	4	26	-2.42	-13.58	5.84	184.51	32.83
7	6	40	-0.42	0.42	0.17	0.17	-0.17
8	8	50	1.58	10.42	2.51	108.51	16.49
9	10	56	3.58	16.42	12.84	269.51	58.83
10	10	70	3.58	30.42	12.84	925.17	108.99
11	13	82	6.58	42.42	43.34	1 799.17	279.24
12	11	70	4.58	30.42	21.01	925.17	139.41
合计	77	475	—	—	174.92	7 488.92	1 133.09

将表中数字代入相关系数的计算公式,得:

$$\gamma = \frac{\sum(x-\bar{x})(y-\bar{y})}{\sqrt{\sum(x-\bar{x})^2}\sqrt{\sum(y-\bar{y})^2}} = \frac{1\,133.09}{\sqrt{174.92}\sqrt{7\,488.92}} = 0.99$$

计算结果表明,销售人员的工龄与销售额之间存在高度正相关关系。

根据下表所示预测一元线性回归模型。

一元线性回归模型参数计算

销售人员序号	工龄 x/年	每年销售额 y/万元	xy	x^2
1	1	5	5	1
2	3	15	45	9
3	1	7	7	1
4	6	34	204	36
5	4	20	80	16
6	4	26	104	16
7	6	40	240	36
8	8	50	400	64
9	10	56	560	100
10	10	70	700	100
11	13	82	1 066	169
12	11	70	770	121
合计	77	475	4 181	669

计算 a、b 的参数,即:

$$b = \frac{n\sum xy - \sum x \sum y}{n\sum x^2 - (\sum x)^2} = \frac{12 \times 4\,181 - 77 \times 475}{12 \times 669 - 77^2} = 6.48$$

$$a = \bar{y} - b\bar{x} = \frac{475}{12} - 6.48 \times \frac{77}{12} = -2$$

预测模型为: $\hat{y} = -2 + 6.48x$

附录 A 国民经济和社会发展的重要统计指标

1. 国内生产总值

国内生产总值(GDP)是指一个国家(地区)所有常住单位在一定时期内生产的最终成果。GDP 有产品、价值、收入 3 种表现形态。相应地它可以有支出法、生产法和收入法 3 种计算方法,从不同方面反映国内生产总值。

① 支出法,也称使用法,是从最终使用角度来反映最终产品的生产规模。最终使用包括资本形成总额、最终消费、货物和服务净出口 3 项内容,其计算公式为:

$$GDP = 资本形成总额 + 最终消费 + 货物和服务净出口$$

② 生产法,是从生产角度来计算国内生产总值,等于总产出与中间投入之间的差额,其计算公式为:

$$GDP = 总产出 - 中间投入$$

式中,总产出是指一个国家(地区)的常住单位在一定时期内进行物质生产活动的总成果;中间投入是指在相应生产活动中所消耗的非固定资产货物价值,也称中间产品。

③ 收入法,也称分配法,是从要素收入的角度来计算国内生产总值,其计算公式为:

$$GDP = 劳动者报酬 + 生产税净额 + 固定资产折旧 + 营业盈余$$

国内生产总值是国民经济核算(SNA)体系的核心指标,能够全面反映全社会经济活动的总规模,衡量一个国家(地区)的经济实力。

2. 国民生产总值

国民生产总值(GNP)是指一个国家(地区)所有常住单位在一定时期内收入初次分配的最终成果。一国常住单位从事生产活动所创造的增加值在初次分配过程中主要分配给该国的常住单位,但也有一部分以劳动者报酬和财产收入等形式分配给该国的非常住单位。同时,国外生产所创造的增加值也有一部分以劳动者报酬和财产收入等形式分配给该国的常住单位,从而产生了国民生产总值的概念。

国民生产总值等于国内生产总值加上来自国外的劳动者报酬和财产收入减去支付给国外的劳动者报酬和财产收入。可见,国民生产总值是一个收入概念,是按国民原则计算的;而国内生产总值是一个生产概念,是按国土原则计算的。

3. 增加值

增加值是各单位或部门在一定时期内生产活动的最终成果,等于总产出与中间投入的差额。从实物形态看,增加值表现为各单位或部门的最终生产经营成果;从价值形态看,增加值表现为新创造的价值与固定资产折旧之和。各部门增加值之和等于国内生产总值。

增加值可以反映各单位或部门生产活动的最终成果,也是计算国内生产总值的基础。

4. 社会总产值

社会总产值是一个国家(地区)各物质生产部门自一定时期内所生产的,以货币表现的社会总产品。从实物形态看,它由生产资料和消费资料两部分构成;从价值形态看,它由生产过程中消耗的生产资料转移价值和劳动者为社会创造的价值构成。

工业、农业、建筑业、商业、为生产服务的货物运输及邮电业 5 个行业的总产值之和即为社会总产值。它可以反映一定时期社会产品生产的总规模和总水平。但是,该指标的核算范围仅限于物质生产部门,其数值大小也受转移价值的影响,因而难以真实、客观地反映全社会的生产经营成果。

5. 三次产业

三次产业划分范围如下:第一产业是指农、林、牧、渔业;第二产业是指采矿业,制造业,电力、燃气及水的生产和供应业,建筑业;第三产业是指除第一、第二产业以外的其他行业,包括交通运输、仓储和邮政业,信息传输、计算机服务和软件业,批发和零售业,住宿和餐饮业,金融业,房地产业,租赁和商务服务业,科学研究、技术服务和地质勘查业,水利、环境和公共设施管理业,居民服务和其他服务业,教育,卫生、社会保障和社会福利业,文化、体育和娱乐业,公共管理和社会组织,国际组织。

6. 当年价格

当年价格也称现行价格,指报告期内的实际市场价格。按现行价格计算的各种综合指标可以反映当年国民经济发展水平及比例关系,但因其变化受实物数量增减和价格升降因素的影响,在不同时期之间缺乏可比性。

7. 可比价格

可比价格指计算各种总量指标所采用的扣除了价格变动因素的价格,可进行不同时期总量指标的对比。按可比价格计算总量指标有两种方法:一种是直接用产品产量乘以某一年的不变价格计算,另一种是用价格指数进行缩减。

8. 人口数

人口数指一定时点、一定地区范围内有生命的个人总和。年度统计的年末人口数指每年12月31日24时的人口数。年度统计的全国人口总数内未包括台湾省和港澳同胞以及海外华侨人数。

9. 人口出生率

人口出生率又称粗出生率,是指一定时期内(通常为一年)平均每千人所出生的人数,一般用千分比表示。其计算公式为:

$$人口出生率(‰) = \frac{年出生人口}{年平均人数} \times 1\,000‰$$

10. 人口死亡率

人口死亡率又称粗死亡率,是指一定时期内(通常为一年)一个国家(地区)的死亡人数与同期平均人数之比,一般用千分比表示。其计算公式为:

$$人口死亡率(‰) = \frac{年死亡人数}{年平均人数} \times 1\,000‰$$

11. 人口自然增长率

人口自然增长率指在一定时期内(通常为一年)人口自然增加数与同时期平均人数之比,一般用千分比表示。其计算公式为:

$$人口自然增长率(‰) = \frac{本年出生人数 - 本年死亡人数}{年平均人数} \times 1\,000‰$$
$$= 人口出生率 - 人口死亡率$$

12. 婴儿死亡率

婴儿死亡率指一定时期内(通常为一年)未满周岁的死亡婴儿人数与活产婴儿总数之比,一般用千分比表示。

13. 小学学龄儿童入学率

小学学龄儿童入学率指调查范围内已入小学学习的学龄儿童与校内、外学龄儿童总数之比(包括弱智儿童,不包括盲聋哑儿童的比重)。其计算公式为:

$$小学学龄儿童入学率(\%) = \frac{已入学的学龄儿童数}{校内外学龄儿童总数} \times 100\%$$

14. 职工平均工资

职工平均工资是指企业、事业、机关单位的职工在一定时期内平均每人所取得的货币工资。它可以表明一定时期职工工资收入的高低程度,是反映职工工资水平的主要指标。其计算公式为:

$$职工平均工资 = \frac{报告期实际支付的全部职工工资总额}{报告期全部职工平均人数}$$

公式中,报告期实际支付的全部职工工资总额是指企业、事业、机关单位在报告期内直接支付给本单位

附录 A 国民经济和社会发展的重要统计指标

全部职工的劳动报酬总额。各单位支付给职工的劳动报酬以及其他根据有关规定支付的工资,不论是否计入成本,不论是否按国家规定列入计征奖金税项目,不论是以货币形式支付还是以实物形式支付,均应包括在工资总额内。

15. 职工实际平均工资

职工实际平均工资是指扣除物价变动因素后的职工平均工资,可以比较客观、准确地反映一定时期内职工工资的一般水平。其计算公式为:

$$职工平均实际工资 = \frac{报告期职工平均工资}{报告期城镇居民消费价格指数}$$

公式中,报告期城镇居民消费价格指数是反映一定时期内城镇居民所购买的生活消费品价格和服务项目价格变动趋势及其程度的相对数,可用来观察和分析消费品的零售价格和服务价格变动对城镇居民实际生活费支出的影响程度。把城镇居民消费价格指数与职工平均工资结合起来,可以反映和分析一定时期内职工工资收入的真实水平。职工平均实际工资是职工实际生活的物质基础和保障。

16. 固定资产投资率

固定资产投资率是指在一定时期内,全社会固定资产投资额与国内生产总值之比,是反映固定资产投资规模是否适当的重要指标。其计算公式为:

$$固定资产投资率 = \frac{全社会固定资产投资额}{国内生产总值} \times 100\%$$

17. 固定资产投资效果系数

固定资产投资效果系数是指报告期内,新增国内生产总值与同期固定资产投资额的比率,反映单位固定资产投资额所增加的国内生产总值的数量。其计算公式为:

$$固定资产投资效果系数 = \frac{报告期新增国内生产总值}{同期固定资产投资额}$$

18. 森林覆盖率

森林覆盖率是指森林面积与土地总面积之比,反映一个国家(地区)森林资源和绿化水平。其计算公式为:

$$森林覆盖率(\%) = \frac{森林面积}{土地总面积} \times 100\%$$

19. 货币流通量

货币流通量即流通中的现金,指金融机构以外的机关、团体、部队、企业、事业单位和居民个人在某一时刻持有的现金总量。

20. 城乡储蓄存款余额

城乡储蓄存款余额是指某一时刻(如月初或月末、季初或季末、年初或年末)城乡居民存入银行及农村信用社的存储金额与其他银行及农村信用社取出的金额之差。它是一个时点指标,用来反映城乡居民存储的规模。城乡储存款余额包括城镇居民存储存款和农民个人存储存款两部分,不包括居民的手存现金和工矿企业、部队、机关团体等集体存款。

21. 物价指数

物价指数又称价格指数,指从生产者、购买者和市场的角度,分别反映不同时期货物和服务商品价格总水平变动趋势幅度的相对数。目前,编制物价指数主要有居民消费价格指数、商品零售价格指数、工业品出厂价格指数、固定资产投资价格指数、房地产价格指数等。

22. 城镇居民家庭可支配收入

城镇居民家庭可支配收入指被调查的城镇居民家庭在支付个人所得税、财政税及其他经常性转移支出后所余下的实际收入。

23. 恩格尔系数

恩格尔系数指食物支出金额在生活消费总支出金额中所占的比例。其计算公式为:

$$\text{恩格尔系数} = \frac{\text{食物支出金额}}{\text{生活消费总支出金额}} \times 100\%$$

24. 社会消费品零售总额

社会消费品零售总额指国民经济各行业直接售给城乡居民和社会集团的消费品总额,包括售给城乡居民作为生活用品的商品和修建房屋用的建筑材料;售给社会集团的各种办公用品和公用消费品;售给机关、团体、学校、部队、企事业单位的职工食堂和旅店(招待所)附设专门供本店旅客食用,不对外营业的食堂的各种食品、燃料;企业、单位和国有农场直接售给本单位职工和职工食堂的自己生产的产品;售给部队干部、战士生活用的粮食、副食品、衣着品、日用品、燃料;售给来华的外国人、华侨、港、澳、台同胞的消费品;居民自费购买的中、西药品、中药材及医疗用品;报社、出版社直接售给居民和社会集团的报纸、图书、杂志、集邮公司出售的新、旧纪念邮票、特种邮票、首日封、集邮册、集邮工具等;旧货寄售商店自购、自销部分的商品;煤气公司、液化石油气站售给居民和社会集团的煤气灶具和罐装液化石油气;农民售给非农业居民和社会集团的商品。

25. 资金利税率

资金利税率是指在一定时期内已实现的利润、税金总额与同期的资产之比,可以反映每单位资金所提供的利润税金总额,是考察评价部门或企业资金运用的经济效益,分析资金投入效果的主要分析指标。其计算公式为:

$$\text{资金利税率}(\%) = \frac{\text{报告期累计实现利税总额}}{\text{固定资产净值平均余额} + \text{流动资产平均余额}} \times 100\%$$

26. 产值利税率

产值利税率是指在一定时期内已实现的利润、税金总额占同期总产值的比重,可以反映部门或企业的最终有效产出率。其计算公式为:

$$\text{产值利税率}(\%) = \frac{\text{利税总额}}{\text{总产值}} \times 100\%$$

27. 流动资产周转次数

流动资产周转次数是指在一定时期内流动资产完成的周转次数,可以用来反映流动资产的周转次数。其计算公式为:

$$\text{流动资产周转次数} = \frac{\text{产品销售收入}}{\text{全部流动资产平均余额}}$$

28. 劳动生产率

劳动生产率反映劳动者在单位时间内提供的生产成果,一般按实物量或价值量计算。其计算公式为:

$$\text{实物量劳动生产率} = \frac{\text{产品数量}}{\text{劳动者平均人数}}$$

$$\text{价值量劳动生产率} = \frac{\text{价值指标}}{\text{劳动者平均人数}}$$

以上公式中的分母既可以是工人平均人数,也可以是全部职工(或从业人员)平均人数,由此得到工人劳动生产率和全员劳动生产率两个指标。实物量劳动生产率适合于反映生产单一产品或同类产品的企业或部门劳动者的生产效率;价值量劳动生产率因价值指标具有的高度综合与概括能力而成为应用最广泛的劳动生产率指标,它的分子一般为总产值或增加值。

29. 单位面积产量

单位面积产量简称单产,又称收获率,是指单位面积上所收获的农产品数量,通常按各种农作物分别计算。单位面积产量是反映农业生产水平的主要经济技术指标之一,可以计算播种面积单位,也可以计算耕地面积单产。播种面积单产反映一季农作物的播种面积的生产水平,耕地面积单产反映每公顷耕地面积上全年的生产水平。其计算公式为:

附录 A　国民经济和社会发展的重要统计指标

$$播种面积单产 = \frac{某种农作物的总产量}{该种农作物的实际播种面积}$$

$$耕地面积单产 = \frac{某种农作物全年各季总产量之和}{该种农作物的实际占用耕地面积}$$

30. 单位产品成本

单位产品成本是指报告期生产费用与产品产量之比,反映一定时期内生产某种产品平均每一件所花费的成本,是产品价格的重要组成部分。其计算公式为:

$$单位产品成本 = \frac{报告期生产费用}{报告期产品产量}$$

31. 商品平均销售价格

商品平均销售价格是指报告期商品销售额与商品销售量之比,反映一定时期内某种商品的平均零售价格。其计算公式为:

$$商品平均销售价格 = \frac{报告期商品销售额}{报告期商品销售量}$$

32. 工业增加值

工业增加值指工业行业在报告期内以货币表现的工业生产活动的最终成果。

33. 工业总产值

工业总产值是以货币表现的工业企业在一定时期内生产的已出售或可供出售工业产品总量,反映一定时间内工业生产的总规模和总水平。它包括在本企业内不再进行加工,经检验、包装入库(规定了需包装的产品除外)的成品价值、工业性作业价值、自制半成品、在产品期末期初差额价值(生产周期较长的企业计算)。

34. 城镇居民可支配收入

城镇居民可支配收入指居民家庭在支付个人所得税后余下的实际收入,即实际收入减去个人所得税、家庭副业生产支出和记账补贴后的余额。

35. 流动比率

流动比率指流动资产总额与流动负债总额之比。流动比率表示企业流动资产中在短期债务到期时变现用于偿还流动负债的能力。其计算公式为:

$$流动比率 = \frac{流动资金合计}{流动负债合计} \times 100\%$$

36. 工业产品销售率

工业产品销售率指一定时期内产品销售收入占工业产值的百分比,是反映工业产品生产已实现销售的程度,分析工业产销衔接状况的指标。其计算公式为:

$$工业产品销售率 = \frac{产品销售收入额}{工业总产值(现价)} \times 100\%$$

37. 销售成本利润率

销售成本利润率是指一定时期内实现的利润额与耗费的销售成本总额之间的比率。其计算公式为:

$$销售成本利润 = \frac{利润总额}{产品销售成本} \times 100\%$$

附录 B 正态分布概率表

t	F(t)	t	F(t)	t	F(t)	t	F(t)
0.00	0.000 0	0.13	0.103 4	0.26	0.205 1	0.39	0.303 5
0.01	0.008 0	0.14	0.111 3	0.27	0.212 8	0.40	0.310 8
0.02	0.016 0	0.15	0.119 2	0.28	0.220 5	0.41	0.318 2
0.03	0.023 9	0.16	0.127 1	0.29	0.228 2	0.42	0.325 5
0.04	0.031 9	0.17	0.135 0	0.30	0.258 0	0.43	0.332 8
0.05	0.039 9	0.18	0.142 8	0.31	0.243 4	0.44	0.340 1
0.06	0.047 8	0.19	0.150 7	0.32	0.251 0	0.45	0.347 3
0.07	0.055 8	0.20	0.158 5	0.33	0.258 6	0.46	0.354 5
0.08	0.063 8	0.21	0.166 3	0.34	0.266 1	0.47	0.361 6
0.09	0.071 7	0.22	0.174 1	0.35	0.273 7	0.48	0.368 8
0.10	0.079 7	0.23	0.181 9	0.36	0.281 2	0.49	0.375 9
0.11	0.087 6	0.24	0.189 7	0.37	0.288 6	0.50	0.389 9
0.12	0.095 5	0.25	0.197 4	0.38	0.296 1	0.51	0.389 9
0.52	0.396 9	0.69	0.509 8	0.86	0.610 2	1.03	0.697 0
0.53	0.403 9	0.70	0.516 1	0.87	0.615 7	1.04	0.701 7
0.54	0.410 8	0.71	0.522 3	0.88	0.621 1	1.05	0.706 3
0.55	0.417 7	0.72	0.528 5	0.89	0.626 5	1.06	0.710 9
0.56	0.424 5	0.73	0.534 6	0.90	0.631 9	1.07	0.715 4
0.57	0.431 3	0.74	0.540 7	0.91	0.637 2	1.08	0.719 9
0.58	0.438 1	0.75	0.546 7	0.92	0.642 4	1.09	0.724 3
0.59	0.444 8	0.76	0.552 7	0.93	0.647 6	1.10	0.728 7
0.60	0.451 5	0.77	0.558 7	0.94	0.652 8	1.11	0.733 0
0.61	0.458 1	0.78	0.564 6	0.95	0.657 9	1.12	0.737 3
0.62	0.464 7	0.79	0.570 5	0.96	0.662 9	1.13	0.741 5
0.63	0.471 3	0.80	0.576 3	0.97	0.668 0	1.14	0.745 7
0.64	0.477 8	0.81	0.582 1	0.98	0.672 9	1.15	0.749 9
0.65	0.484 3	0.82	0.587 8	0.99	0.677 8	1.16	0.754 0
0.66	0.490 7	0.83	0.593 5	1.00	0.682 7	1.17	0.758 0
0.67	0.497 1	0.84	0.599 1	1.01	0.687 5	1.18	0.762 0
0.68	0.503 5	0.85	0.604 7	1.02	0.692 3	1.19	0.766 0
1.20	0.769 9	1.37	0.829 3	1.54	0.876 4	1.71	0.912 7
1.21	0.773 7	1.38	0.832 4	1.55	0.878 9	1.72	0.914 6
1.22	0.777 5	1.39	0.835 5	1.56	0.881 2	1.73	0.916 4
1.23	0.781 3	1.40	0.838 5	1.57	0.883 6	1.74	0.918 1

附录 B 正态分布概率表

(续表)

t	F(t)	t	F(t)	t	F(t)	t	F(t)
1.24	0.785 0	1.41	0.841 5	1.58	0.885 9	1.75	0.919 9
1.25	0.788 7	1.42	0.844 4	1.59	0.888 2	1.76	0.921 6
1.26	0.792 3	1.43	0.847 3	1.60	0.890 4	1.77	0.923 3
1.27	0.795 9	1.44	0.850 1	1.61	0.892 6	1.78	0.924 9
1.28	0.799 5	1.45	0.852 9	1.62	0.894 8	1.79	0.926 5
1.29	0.803 0	1.46	0.855 7	1.63	0.896 9	1.80	0.928 1
1.30	0.806 4	1.47	0.858 4	1.64	0.899 0	1.81	0.929 7
1.31	0.809 8	1.48	0.861 1	1.65	0.901 1	1.82	0.931 2
1.32	0.813 2	1.49	0.863 8	1.66	0.903 1	1.83	0.932 8
1.33	0.816 5	1.50	0.866 4	1.667	0.951 0	1.84	0.934 2
1.34	0.919 8	1.51	0.869 0	1.68	0.907 0	1.85	0.935 7
1.35	0.823 0	1.52	0.871 5	1.69	0.909 0	1.86	0.937 1
1.36	0.826 2	1.53	0.874 0	1.70	0.910 9	1.87	0.938 5
1.88	0.939 9	2.12	0.966 0	2.48	0.986 9	2.84	0.995 5
1.89	0.941 2	2.14	0.967 6	2.50	0.987 6	2.86	0.995 8
1.90	0.942 6	2.16	0.969 2	2.52	0.988 3	2.88	0.996 0
1.91	0.943 9	2.18	0.970 7	2.54	0.988 9	2.90	0.996 2
1.92	0.945 4	2.20	0.972 2	2.56	0.989 5	2.92	0.996 5
1.93	0.946 4	2.22	0.973 6	2.58	0.990 1	2.94	0.996 7
1.94	0.947 6	2.24	0.974 9	2.60	0.990 7	2.96	0.996 9
1.95	0.948 8	2.26	0.976 2	2.62	0.991 2	2.98	0.997 1
1.96	0.950 0	2.28	0.977 4	2.64	0.991 7	3.00	0.997 3
1.97	0.951 2	2.30	0.978 6	2.66	0.992 2	3.20	0.998 6
1.98	0.952 3	2.32	0.979 7	2.68	0.992 6	3.40	0.999 3
1.99	0.953 4	2.34	0.980 7	2.70	0.993 1	3.60	0.999 68
2.00	0.954 5	2.36	0.981 7	2.72	0.993 5	3.80	0.999 86
2.02	0.956 6	2.38	0.982 7	2.74	0.993 9	4.00	0.999 94
2.04	0.958 7	2.40	0.983 6	2.76	0.994 2	4.50	0.999 993
2.06	0.960 6	2.42	0.984 5	2.78	0.994 6	5.00	0.999 999
2.08	0.962 5	2.44	0.985 3	2.80	0.994 9		
2.10	0.964 3	2.46	0.986 1	2.82	0.995 2		

参 考 文 献

[1] 奥兹德米尔. 深入浅出数据科学[M]. 北京:人民邮电出版社,2018.
[2] 库尔卡尼,哈曼. 统计学习理论基础[M]. 北京:机械工业出版社,2017.
[3] 陈文贤,陈静枝. 大话统计学[M]. 北京:清华大学出版社,2016.
[4] 栗方忠. 统计学原理[M]. 大连:东北财经大学出版社,2008.
[5] 贾俊平. 统计学[M]. 6版. 北京:中国人民大学出版社,2015.
[6] 胡德华. 统计学原理[M]. 北京:清华大学出版社,2009.
[7] 曾艳英. 应用统计基础[M]. 北京:机械工业出版社,2010.
[8] 陈在余,陶应虎. 统计学原理与实务[M]. 北京:清华大学出版社,2009.
[9] 刘树,赵玉莲,姜燕. 统计学[M]. 北京:清华大学出版社,2010.
[10] 王军虎. 统计学基础[M]. 武汉:武汉理工大学出版社,2010.
[11] 李洁明,祁新娥. 统计学原理[M]. 4版. 上海:复旦大学出版社,2007.
[12] 黄良文. 统计学原理[M]. 北京:中国统计出版社,2002.
[13] 杨晶,李艳,许春燕. 统计学基础[M]. 北京:机械工业出版社,2008.
[14] 周英豪. 新编统计学[M]. 北京:北京大学出版社,2006.
[15] 朱艳,刘婷. 统计学原理[M]. 北京:南京大学出版社,2012.